暨南大学马克思主义与中国社会研究系列丛书

程京武　柏元海／主编

风险社会中人的发展研究

FENGXIAN SHEHUI ZHONG REN DE FAZHAN YANJIU

魏传光／著

中国社会科学出版社

图书在版编目(CIP)数据

风险社会中人的发展研究／魏传光著．—北京：中国社会科学出版社，2015．4

（暨南大学马克思主义与中国社会研究系列丛书）

ISBN 978-7-5161-5660-5

Ⅰ.①风…　Ⅱ.①魏…　Ⅲ.①个人社会学—研究　Ⅳ.①C912.1

中国版本图书馆 CIP 数据核字(2015)第 041705 号

出 版 人　赵剑英
责任编辑　王　茵
特约编辑　英岁香
责任校对　胡新芳
责任印制　王　超

出　　版　中国社会科学出版社
社　　址　北京鼓楼西大街甲 158 号
邮　　编　100720
网　　址　http://www.csspw.cn
发 行 部　010-84083685
门 市 部　010-84029450
经　　销　新华书店及其他书店

印　　刷　北京君升印刷有限公司
装　　订　廊坊市广阳区广增装订厂
版　　次　2015 年 4 月第 1 版
印　　次　2015 年 4 月第 1 次印刷

开　　本　710×1000　1/16
印　　张　16.25
插　　页　2
字　　数　258 千字
定　　价　49.00 元

文化认同、国家认同与人的发展（总序）

蒋述卓

马克思主义是当代中国的主流意识形态，但是要“使马克思主义在中国具体化，使之在其每一表现中带着必须有的中国的特性”。① 马克思主义中国化进程中始终不能回避的是“认同”问题。“认同（identity）是人们意义与经验的来源”，② 是公民实现从思想到行为转变的关键因素。只有公民从理性和情感上对理论产生了认同感，才能自觉地践行和发展。认同构建可以在不同领域开展，每个领域的认同都会对人的发展产生潜移默化的促进作用。

一

在认同领域中，文化认同是深植在历史与文明之中的基础性认同。文化变迁是认同变化的重要缘由，文化认同也会深刻影响经济认同、政治认同、社会认同等认同格局。“必须经年累月，借助集体记忆，借助共享的传统，借助对共同历史和遗产的认识，才能保持集体认同的凝聚性”。③ 文化认同的产生既与文化的凝聚力和说服力相关，也与文化的传播力和渗透力相连，这是文化认同延续的内在和外在力量的结合。从文化的凝聚力和说服力来看，狭义文化特

---

① 《毛泽东选集》第2卷，人民出版社1991年版，第533页。

② ［美］曼纽尔·卡斯特：《认同的力量》，夏铸九、黄丽玲等译，社会科学文献出版社2003年版，第2页。

③ ［英］戴维·莫利、凯文·罗宾斯：《认同的空间——全球媒介、电子世界景观和文化边界》，司艳译，南京大学出版社2001年版，第98页。

指社会在不同历史阶段的精神文明，其中包括价值观文明。文化的内核是价值观，不同的价值观通过多种文化形式来传递或表达。价值观是人类观照自我和社会的精神产物，其对自我和社会发展有着内在的驱动力量。价值观的影响力来自其对人和社会的作用力，即是价值观内在的指引能力。文化认同以价值观的凝聚力和说服力为基础，呈现其内在的吸引力和感染力。另外，文化的传播和渗透是在社会交流过程中完成的。“交流是借助于社会经验过程中的姿态的会话而进行的”。[①] 社会交流越频繁，文化传播越活跃；社会互动越多元，文化渗透越广泛。文化的传播力和渗透力既与社会形态相关，也与技术发展相连。社会形态越高级，文化传播越迅速；技术发展越快捷，文化渗透越普及。文化认同以文化的传播力和渗透力为拓展，传播渗透力越旺盛，文化认同持久性越明显。

那么，如何才能不断增强文化的凝聚力、说服力、传播力、渗透力呢？第一，文化的主导性。任何民族文化都会在自身长期发展中逐渐形成主流文化和非主流文化。主流文化对社会的影响高于非主流文化，主导着社会的价值观念、思维方式、交往特征等。主流文化需要有意识培育，既要有文化根基和积淀，也要有意识形态的引导和塑造。在文化的主导性上，核心价值观问题尤为重要。“传统的中国人之自我被看作是某种和有意义的他人发生关系的角色构形，在由主导性的文化价值观所限定的方式之中，自我的取向主要是倾向于有意义的他人”。[②] 社会群体具备了内化的核心价值观，才能把持社会尺度和底线。个体具备了核心价值观，才能发挥自身优势和特长。社会精神底蕴的呈现，需要核心价值观的支撑和发展。文化的主导性实质在于核心价值观的主导性，来自其对社会精神需求的准确把握和反映。核心价值观的主导性建立在一定社会的经济形态、政治制度、文化模式、社会发展之上，是对社会发展阶段精神需求的高度概括凝练，能够深层反映社会需要解决的思想矛盾和

① ［美］乔治·H. 米德：《心灵、自我与社会》，赵月瑟译，上海译文出版社 1992 年版，第 44 页。

② ［美］A. 马塞勒等：《文化与自我》，任鹰等译，浙江人民出版社 1988 年版，第269 页。

问题。

第二，文化的多元性。文化认同不仅需要文化主导性，还需要文化多元性。其实质是指社会文化的包容性。只有主流文化具有包容特质，才能呈现文化的繁荣景象和局面。文化多元性是经济全球化和政治多极化的必然结果，要想融入全球化浪潮之中，主流文化对现实社会思潮的包容度须不断加大，多元才能多样，多样才能繁荣。文化多元性需要文化对话，只有在对话中，文化才能兼容并蓄，协同发展。文化对话是文化认同的必要路径。通过文化对话，文化主体不仅从情感上接纳文化多样性，而且通过理性来辨析文化异质性，进一步在比较中彰显优势，弥补不足，不断强化自己的能动适应性。文化对话通过一定的中介来完成，包括政府机构、社会组织、专家学者、公民自身等。不同主体在文化对话中发挥的功能各不相同。政府的作用在于开放文化对话和交流的大门，容纳文化的“百花齐放、百家争鸣”，构建多样化的文化交流平台和机制。社会组织的作用在于通过文化产品来传递文化内涵，沟通有无，搭建起文化对话的多样化渠道。专家学者的作用在于贡献思想创新的力量，诠释文化传统，挖掘文化特色，创造文化未来。公民自身的作用在于用个体的言行举止来鲜活生动地展开文化对话。只有通过不同形式的文化对话，文化的多元性才能始终保持生机，增添文化认同的吸引力。

第三，文化的时代性。文化认同在不同时代皆有存在价值，只有充分体现出时代特色的文化，才具有感召力。文化的时代性离不开民族国家和社会发展的具体阶段。不同的民族国家基本国情不同，其文化依托于历史、宗教、伦理、制度等多重因素，体现出文化的延续性。社会发展经历不同阶段，在每个阶段中文化会鲜明地反映出时代特质。民族文化既要保持自身文化传统，也要与时代特质接轨。文化全球化是伴随着经济全球化而来的时代潮流，带来两种文化后果。一种是文化的相生相长，共存共荣，另一种是文化的冲突和对抗。无论是文化共生，还是对抗，都取决于两种文化价值理念的兼容度。具备高度兼容性的文化能够与更多的文化种类和平共处，共同发展。反之，文化冲突和对抗不可避免，诱发的经济后果、政治后果、社会后果等将出现连锁反应。文化信息化是信息时代带来的时代要求，信息化的文化交流更加便捷，形式更加多样，影响更加广泛。“新的信息科技将会松动权力网络并使权力分散化，事实上打破了单向结构、垂直监控的集权逻辑”。[①] 信息时代的文化认同视域是信息化生产，异质文化在相同的技术平台上交融交锋。文化在世俗化时代逐渐成为经济的俘虏或附庸，文化仅仅通过经济力量来展现自身存在，就会失去文化内在价值的光芒和观照。文化认同既要适应世俗化的文化存在，更要凸显文化主体的价值取向和追求。

第四，文化的超越性。“文化是思想活动，是对美和高尚情感的接受”。[②] 文化的超越性指文化不仅是社会生活的现实反映，而且在一定程度上能够超越现实，引领现实发展。因为文化是人自主能动的创造物，人能够在自己的思想世界中对未来进行现实建构。现实社会在不断发展，文化认同不能仅依赖于传统与现实，必须要有对未来的展望和设想，为人们提供愿景和期待。文化的超越性如何得以实现？关键在于文化批判性。“怀疑，即现代批判理性的普遍性的特征，充斥在日常生活和哲学意识当中，并形成当代社会世界的一种一般的存在性维度”。[③] 文化生于传统，但要批判传统，才能超越传统。文化批判既有对传统的批判，也有对现实的批判。这种批判主要来自理性精神。只有理性才能克服情感对现实和传统的依赖，才能从现实出发，构想未来。文化理性精神的培育需要长期过程，既需要国家开明、开放的文化战略，也需要公民意识的启蒙和养成。从文化战略来说，需要把文化软实力的地位提升到与经济发展同等重要的位置，也就是文化自觉、自省、自建思想的确立和形成。同时，还需要明确文化的价值理性方向，即文化价值来自哪

① ［美］曼纽尔·卡斯特：《认同的力量》，夏铸九、黄丽玲等译，社会科学文献出版社 2003 年版，第 346 页。

② ［英］怀特海：《教育的目的》，徐汝舟译，生活·读书·新知 三联书店 2002 年版，第 1 页。

③ ［英］安东尼·吉登斯：《现代性与自我认同》，赵旭东、方文译，生活·读书·新知 三联书店 1998 年版，第 3 页。

里，追求什么的问题。文化理性不仅是国家战略设计，也是公民意识应有之义。文化的微观主体是公民，公民意识的进步和落后直接关系到文化理性的土壤和根基。

二

文化认同实践在一定的民族国家之中进行，国家认同是文化认同的深层演进和升华。所谓国家认同是指公民对作为政治共同体的国家从情感和理性上的认知、评价和行动。国家认同更多的强调政治意义上的认同感和归属感，而文化认同则强调对社会文化的心理态度评价。文化认同是国家认同的前提和基础，文化认同强化国家认同，为国家认同提供心理支撑。国家认同在经济全球化、政治多极化、文化多元化、社会信息化的时代凸显重要意义。首先，国家认同是意识形态纷争的基本要求。当代世界东西方价值观的冲突没有消失，意识形态的纷争和对抗仍然存在，意识形态安全问题越来越重要。无视意识形态的差异和渗透，将可能导致政权垮台、国家解体的严重后果。国家认同的塑造对于巩固意识形态主导权，加强意识形态安全有现实价值。其次，国家认同是民族国家自主发展的信心保证。历史经验表明，任何国家的持久发展都必须建立在独立自主的基础之上。这种独立自主不仅是政权的独立，还特别强调发展道路的独立性。世界上没有一个国家的国情完全相同，决定着没有一个国家的发展道路适合所有国家。要想民族崛起、国家富强、人民幸福，需要从心理上找到对自己国家发展道路的坚定信心。再次，国家认同是公民人格成熟的重要标志。“只有在共同体中，个人才能获得全面发展其才能的手段，也就是说，只有在共同体中才可能有个人自由。”① 人类的群体性生存特征显著，没有人能够脱离群体成就自身完整的人格特质。自近代以来，民族国家作为新型社会共同体出现，成为公民赖以生存和发展的基本场域。公民与国家

① 《马克思恩格斯文集》第1卷，人民出版社2009年版，第570页。

之间的相互依存关系日益增长，公民只有在国家中才能获得生存资料、知识信息、社会支持、发展机会等。反过来，失去公民认同的国家将会失去其政治合法性基础。

那么，如何才能在当代世界建构起国家认同，塑造良性的公民与国家沟通模式，实现国家治理现代化呢？第一，国家道路的可持续性。国家认同是长期动态的形成过程，既有文化传统的历史因素，也有国家道路的现实缘由。选择什么样的国家道路直接决定国家认同的可持续性存在。“与外界完全隔绝曾是保存旧中国的首要条件，而当这种隔绝状态通过英国而为暴力所打破的时候，接踵而来的必然是解体的过程”。[①] 国家道路的可持续性有内外因素的综合作用，根本性的是国家自身因素。国家道路要有从上至下、从前至后的系统性顶层设计，着眼大局，着眼长远，全面部署，重点推进，从理论上不断完善指导思想，从现实上不断修正实践方案，保证国家道路有条不紊，有序前进。国家道路设计要有充分、扎实的国情基础，着眼自身，着眼实际，广开言路，汇集民智，从思想上摆正国家权力与公民权利的关系，从行动上把民众利益放在首要位置，奠定国家道路的底层支柱。同时，不能偏执狭隘执着于自身利益，要有开放豁达、放眼世界的人类情怀，着眼人类，着眼自然，互利共赢，互帮互助，从认识上提升大国责任意识，从交往上体现大国形象。国家道路与国家认同之间相互促进、相互制约。国家认同是国家道路的精神支撑，国家道路是国家认同的实践体现。

第二，国家实力的增长性。国家道路要保证国家实力不断增长，国家地位不断上升，才能提升国家认同概率。国家实力增长含义丰富，既要有物质基础的不断夯实，也要有精神力量的持续引领；既要重视技术生产的创新变革，也要关注社会生活的量质提升；既要对内凝聚人心，也要对外辐射影响。国家实力成为全球化时代国家地位的决定性因素，国际竞争从整体上带动社会进步和发展，促使国家迎接挑战，成为时代的参与者和推动者，但也可能引发国家认同的分散效应，多元、多样、多变的社会思潮给国家凝聚

① 《马克思恩格斯全集》第12卷，人民出版社1998年版，第115页。

力带来巨大冲击和威胁。“新的权力在于信息的符码与再现的意象，社会据此组织其制度，人们据此营造其生活并决定其行为。这个权力的基地是人们的心灵。”① 要在全球化竞争中保持国家认同的集中性，需要从经济实力、制度实力、文化实力、技术实力等多方面、多层次、多维度建构认同空间。经济实力是基础，当代中国经济实力水平的结构调整与深层优化是发展方向。制度实力是关键，国家道路的优越性如何显现，国家发展成果如何分享，主要通过开创完善实效性制度。文化实力是提升，大国风范不仅是物质富足，更要通过文化素养来怀柔天下，体现国家价值。技术实力是创新，在信息时代的国家竞争中，技术已经成为领先时代的核心要素，要有技术开发的理念和实力，保证国家竞争的技术优势。

第三，国家意识形态的凝聚力。意识形态与文化之间有交叉性，但两者之间不完全等同。文化更多意义上着眼于社会层面，意识形态更多的出发点是国家政权。文化影响力不等于意识形态的感召力，要想实现国家认同，还需要对意识形态的凝聚力有更多的探讨和研究。意识形态凝聚力表现在意识形态自身的先进性、意识形态功能的现代性、意识形态发展的变迁性等方面。首先，意识形态自身的先进性。意识形态虽然为不同政权服务，但是其自身的理论特质存在诸多差别。意识形态的先进性呈现出历史和国家的不同，资本主义意识形态比封建主义意识形态先进，因为其与历史发展趋势一致。社会主义意识形态比资本主义意识形态先进，因为其与人类未来相符，与中国国情相适应。不顾历史趋势和国情类型，盲目照搬照抄他国意识形态，不可能体现意识形态先进性，更不可能谈得上凝聚力。其次，意识形态功能的现代性。意识形态的先进性不是一劳永逸的，其凝聚力不仅体现在其性质上，而且在于其功能的现代性上。意识形态功能不能局限于为国家政权辩护的领域之中，必须拓展其社会功能性，也就是要发挥意识形态在社会领域之中的作用和价值。再次，意识形态发展的变迁性。意识形态不是一成不

① ［美］曼纽尔·卡斯特：《认同的力量》，夏铸九、黄丽玲等译，社会科学文献出版社 2003 年版，第 415 页。

变，其必须随着社会变迁改变其相应的话语体系，体现出意识形态对现实社会发展的强大解释力和说服力。

第四，国家制度的适应性。公民与国家之间良性沟通渠道建立的关键是制度的适应性。良好的制度能够为公民与国家搭建畅通的交流平台，缓解社会情绪，释放社会压力，维持社会的正常运行秩序。制度的适应性主要表现在制度的理性化、控制力、公正性、发展性等方面。制度的理性化是指国家制度的构建需要遵循理性原则，从历史传统、经济状况、社会性质、政治体制等多种因素综合考量，体现制度的内在契合能力，通过制度来安排社会关系，从而达到制度的最大化效益。制度的控制力是指国家制度对社会的协调能力，这种协调能力不仅需要刚性规制，而且需要柔性影响力。也就是指制度的人文理念，以人为本，从人的需求和发展出发进行制度设计，从而得到民众情感上的认同和支持。制度的公正性是制度公信力的关键所在。当代社会对于公平正义的企盼在某种程度上甚至超过利益需要。国家要想长治久安，就需要平衡社会各阶层群体诉求，从制度上尽可能照顾多方切实期待。制度的发展性是指国家制度既要在一定历史时期保持稳定，以达到凝聚力量，聚集资源，整合社会的目的，也要随着时代发展及时进行调适，实现制度现代化，提高国家制度的治理水平。

三

“一个民族的根本性自我认同，必须和该民族为维护自己的社会理想和政治理想所作的努力结合起来”。[①] 无论是文化认同，还是国家认同，都要明确其根本性指向在哪里。认同的目标有两方面，一方面是国家整体上的进步和发展，另一方面是人自身的提升与发展。两方面相辅相成，国家发展为人的发展提供现实的良好环境和

① 张旭东：《全球化时代的文化认同：西方普遍主义话语的历史批判》，北京大学出版社 2006 年版，第 66 页。

条件，人的发展从长远上增强国家发展的后劲和机会。认同是人的认同，其最终的回归仍然是人的发展。人的发展命题贯穿古今中外思想家的思虑始终，而且将会伴随人的存在成为永恒命题。人的发展在不同时代有不同显现，除了其基本问题包括人的智力、体力、素质等方面发展之外，还有广泛的拓展内涵。当代世界人的发展是在民族国家之中实现的发展，其无法脱离一定的文化传统，也离不开民族国家的时代变化。文化认同、国家认同为人的发展提供内在精神动力，从历史与现实上为人的发展指出方向。

第一，人的思想意识发展。“人一旦有了意识，人就具有了一种解释自己记忆中的过去、解释将要参与的未来和解释自己所遭遇的世界的结构”。[①] 认同是个体在多种因素刺激下，构建内在精神世界的心理活动过程。认同活动可以促进人的公民意识、国家意识、全球意识的共同发展。一是人的公民意识发展。人以个体存在于世界之中，脱离个体发展的世界是空洞的世界。当代人不是以单子的现实形式存在，其自身的公民身份与国家同在。当代人的发展首先是公民意识的觉醒，从公民身份出发，对自身权利与义务有清醒的认识，身体力行，在与国家的互动中发展自己，成就他人。公民意识的传统性与时代性复杂交错，当代中国人的公民意识与中国的思想传统不可分割，尤其是儒学的民间文化血脉根深蒂固，不了解儒学的历史与现实状况，就无法在中国培育公民意识。公民意识的时代性与中国的发展密不可分，体现在经济意识、政治意识、文化意识、社会意识等方面。经济意识是指随着市场经济的体制性转变，个体的利益需求不断增长，物质要求不断提高。政治意识是指随着民主政治体制改革的推进，公民权利意识不断觉醒，对政府和社会的政治期待不断上升。文化意识是指随着精神文明建设事业的开展，个体对丰富精神文化产品的渴望与日俱增，对文化主体的创造性表现有更多期许。社会意识是指随着社会组织的不断壮大，公民参与不同社会活动的需要和机会大大增加。二是人的国家意识发

① ［美］A. 马塞勒等：《文化与自我》，任鹰等译，浙江人民出版社 1988 年版，第82 页。

展。公民是国家的公民，国家是公民的国家。公民意识是针对个体而言，将其上升到国家层面，就需要发展其国家意识。国家意识既包括公民在心理上对国家的认同感和归属感，更体现在公民自身行为的国家利益性上。在思想与行为转化的过程中，认同是必经阶段。只有构建了有效的认同心理，才能继续进行认同行为。国家意识的发展也可以分为认知、情感、意志、行为等不同阶段。认知层面是指公民对国家基本情况的了解和认识，从知识接受角度完成基本的思想准备。情感层面是指公民在认知基础上内心态度的转变和倾向，从价值选择上开始自觉判断。意志层面是指公民对国家行为的信心和坚持，从目标指向上明确了努力方向。行为层面是公民建立在前三个阶段基础上的外在表现，从实际行动上进行认同实现的过程。三是人的全球意识发展。人的发展愿景不仅在于自身和国家，当代意义上的发展已经将人类作为整体性存在开展研究。也就是说，人的思想意识需要从狭隘的个体发展与国家发展，上升到全球发展。全球发展既是人类自身发展的内在要求，也是人类生存环境的外在压力。认同构建要从文化认同与国家认同跨越到全球认同，出发点不在孤立的个体和国家层面展开讨论，而是立足人类，放眼未来，构建人与自然的和谐空间。

第二，人的社会关系发展。“家庭和市民社会是国家的现实的构成部分，是意志的现实的精神存在，它们是国家的存在方式，家庭和市民社会使自身成为国家，它们是动力”。[①] 也就是说，社会的存在是自己的生存过程，而不是观念的产物。认同对社会的塑造主要体现在主体性、交往性、体验性、传承性等多方面。首先，人的主体性。每个个体从出生到死亡，都需要不断改造自己的主体性。人的主体性是区别于其他个体，形成正常社会关系的根本。人的自我认同是主体性成长的支柱，自我认同是通过与世界和他人的信息交换而逐渐得出的自我评价。不同文化和国家为主体评价提供标准和准则，其随着文化和国家的变化而变化。所以，主体性实质上是一定文化和国家的主体性，文化认同和国家认同也就是将文化以及

① 《马克思恩格斯全集》第3卷，人民出版社2002年版，第11页。

国家认知通过不同途径转换为主体的组成部分。其次，人的交往性。交往是人社会性的集中体现。无论哪种类型的社会关系都以交往为前提，交往奠定社会关系深化和发展的基础。人的交往需要一定的文化条件，包括语言、符号、思维、规则等，也就是说人的交往是文化的交往。文化认同为人的交往创造了良性的沟通环境，减少了交往的沟通成本，进一步丰富了人的社会关系。国家是现代人生活的空间，也是其交往的社会背景。国家认同对人交往的影响有两面性，既强化了交往主体的群体意识，在其交往过程中拓展了交往空间，但是也会在不同国家主体交往中增加交往障碍，为社会关系发展平添诸多复杂因素。再次，人的体验性。人的社会性存在从主体出发，以交往为中介，回归到人的体验。不同个体对社会关系的体验程度不同，其受个体的禀赋性格、知识教育、环境背景、心理状态等综合要素的功能作用。文化认同在人的体验中占据中心位置，因为任何的个体体验都是文化体验，没有文化基础的社会体验纯粹是生物性的条件反射和本能需要。进一步来说，国家认同对人的体验性价值在于其提升了人的体验境界，超越关注自我的层次，将其思想意识中的群体性特征逐步放大，为其在国家社会中的所作所为铺垫认同基础。最后，人的传承性。没有人能够永恒存在于世界之中，个体的有限生命终将被时间所吞噬。但是，作为文化存在的个体却能持续地传承下去，成为社会不变的组成部分。人的存在就是将肉体生命的存在转化为文化存在的过程，这个过程完成得越突出，其传承性表现就越明显。文化认同是人的传承性实现的必要条件，其为人的文化存在准备文化意识，贮备文化资源，改变文化偏见，最终成就人独特的文化个性。国家认同为人的传承性提供群体意识条件，其为人的文化存在准备文化视野，开辟文化路径，消除文化阻力，最终成就人的文化境界。

第三，人的实践活动发展。人是社会实践的人，人在实践中改变自我，改变社会，改变世界。人的实践活动离不开文化和国家，不同文化和国家中人的实践活动也会呈现不同特征，主要有实践指向性、实践条件性、实践关联性、实践多样性等。实践指向性是指随着人的思维水平、生产工具、社会阶段等发展变革，社会实践的目标指向将会越来越符合人与社会的需要，为人类更好地生产生活创造环境。不同文化和国家之中的社会实践指向还会表现其社会特征，为其社会发展提供动力支持。实践条件性是指人的社会实践水平与具体的社会条件相适应，不同的社会条件决定实践水平的差距。不同文化和国家之中的社会实践水平各不相同。实践关联性是指随着全球化进程的加快，社会实践交流与融合度越来越高，相互之间的影响和带动作用越来越强，最终推动社会实践水平的整体进步。实践多样性是指社会实践在文化和国家之中的价值表现具有较大差异，这种差异性存在正是人类丰富实践能力的证明，差异多样化可以促进社会实践发展。认同在社会实践活动发展中起到的推动力主要是精神作用。首先，认同凝聚实践力量。“在晚期现代性的背景下，个人的无意义感，即那种觉得生活没有提供任何有价值的东西的感受，成为根本性的心理问题”。[①] 无论是文化认同还是国家认同，其对于主体的内在影响是凝聚人心。任何社会发展目标的实现都需要凝心聚力，认同能够为社会实践中的智力资源汇集提供心理基础。其次，认同创造实践条件。实践条件需要实践主体创造，实践主体的创造前提是对社会的认同。通过认同，主体才可能充分了解社会文化和基本国情，并加以创造。再次，认同促进实践交流。全球化进程中，文化交流与国家交流越来越频繁，在交流过程中认同将会强化文化与国家形象，加速实践水平提升。最后，认同加剧实践多样。认同是对不同文化和国家的认同，内部认同程度越高，社会实践的差异性越明显。差异性的存在可以向正反两方面发展，一方面是实践的差异化导致文明的冲突性，世界分裂性倾向越来越严重，另一方面是实践的差异化展现世界的多元性，文明的丰富性越来越突出。

未来的社会“将是这样一个联合体，在那里，每个人的自由发展是一切人的自由发展的条件”[②]。人的发展问题贯穿马克思主义理论与实践始终，也是中国特色社会主义建设事业的核心问题。在全

---

① ［英］安东尼·吉登斯：《现代性与自我认同》，赵旭东、方文译，生活·读书·新知 三联书店 1998 年版，第 9 页。

② 《马克思恩格斯选集》第 1 卷，人民出版社 1995 年版，第 294 页。

球化、信息化、多元化的时代，对认同问题的研究是实现国家治理和人的发展的新课题，在暨南大学马克思主义与中国社会研究系列丛书出版之际，对文化认同、国家认同与人的发展问题进行初步探讨，希望能够引发专家、学者对相关问题的关注和研究，共同推动马克思主义中国化的理论建构。

（作者为暨南大学党委书记）

序

德国社会学家乌尔里希·贝克（Ulrich Beck）在1986年提出风险社会理论，并断言随着现代化的发展，许多风险正威胁着人类的生存，人类已经进入了“风险社会”时代。而印度尼西亚海啸、疯牛病、“9·11”恐怖袭击、美国次贷危机、生态环境恶化、全球气候变暖等危机的印证，使风险社会理论受到理论界的关注。实际上，“风险社会”并不是一个远离中国的议题，中国当前正面临着第一现代性与第二现代性的“双重强制”，承受着风险社会的诸多现实挑战。从某种意义上讲，我们所面临的风险和亟待解决的问题甚至比西方社会更加复杂和艰巨。更何况风险社会是全球性的，任何国家都会不可避免地被裹挟进来。

风险社会理论是综合性理论，依靠单一的视界难以完成对它深刻而全面的阐释。用马克思主义理论分析，风险社会的形成是人类自身实践活动和社会物质活动的结果，是历史向世界历史转化的客观后果，并与资本扩张密切相关。用现代性的视域审视风险社会，风险社会在知识论路向上由科学的不确性所致，在实践论路向上由工业社会的生产方式和制度体系所致，在价值观路向上由启蒙理性的价值观念所致。另外，风险社会也与现代性的态度有密切关联。基于对风险社会的多重审视，我非常认同本书给予风险社会的界定：风险社会是人类社会对现代性引致的危险和不安全感的反思不断增强的基础上建构起来的充满矛盾性、不确定性、偶然性和快速流动的社会特性，同时也是工业社会副作用日益显现，生态风险、社会风险和个体风险增强的全球性的客观实在。它既是建构的，也是实存的；既具有进步性，又充满着危机；既是现代性的后果，又是对现代性的反思。

风险社会是一个充满不确定的社会，如同马克思所言："一切固定的僵化的关系以及与这相适应的素被尊崇的观念和见解都被消除了，一切新形成的关系等不到固定下来就陈旧了。"① 在风险社会中，不可界定性、不连贯性、不一致性、不可协调性、不合逻辑性、非理性、歧义性、含混性、不可决断性、矛盾性这些颇具有"后现代"意味的"秩序的他者"逐渐挤入了日常生活的中心词语之中。不确定性的来临，影响着社会生活的各个方面，诸如经济领域的金融风险规避，政治领域的风险动员，精神文化领域的风险意识培养等。风险社会中充满的不确定性也在影响着个体的生存与发展，给个体的生存与发展带来更多挑战和不确定的结果。因而，风险社会不仅是社会特性的历史变迁，同时也是无数个体的生存体验。对于这种体验，书中引用俄裔犹太哲学家列夫·舍斯托夫的话做了非常贴切的描述：

> 定居的人说："对未来的日子没有把握，那么，人该怎么个活法？上无片瓦，叫人怎么安睡？但是一次意外就将他永远抛出家门，必须在林中度过黑夜。他难以入眠，因为害怕野兽，害怕他的那些流浪弟兄。然而，他最终将自己的生命寄托于偶然性，开始过上流浪汉生活，晚上或许甚至能够安然入眠。"②

在不确定性中，原有的生存与发展理念被根本动摇，以至于"在历史上没有任何一个时代像当前这样，人对于自身如此地困惑不解"③ 在这种境遇中，个体比以往任何时候都更关心自身存在的安危，计算行为的利害得失，并尽可能化解各种生存威胁。

这就是现代人的生存与发展的基本境遇和现实环境，并正在改

① 《马克思恩格斯选集》第1卷，人民出版社1995年版，第275页。

② 转引自齐格蒙特·鲍曼《流动的现代性》，欧阳景根译，上海三联书店2002年版，第122页。

③ ［德］马克斯·舍勒：《人在宇宙中的地位》，转引自刘小枫《现代性社会理论绪论》，上海三联书店1998年版，第19页。

变人的生存与发展的内涵、样态、条件和观念。风险社会使得日常生活中生活组织的性质和全球系统的构成发生了重大转变，人的发展问题也需要在风险社会的时空背景下进行深入思考。

魏传光副教授的专著《风险社会中人的发展研究》正是把对人的生存与发展的关照置于风险社会的背景下展开研究的力作，是一名理论工作者对风险社会的来临向人的发展注入新课题的自觉回应。

在这本书中，作者紧紧围绕风险社会中人的发展所展现的新样态、新内涵、新主题、所依赖的新条件、应确立的新观念等“新”问题进行了理性思考，提出了一系列有创新和启发性的观点，形成了本书的几大“亮点”：

其一，以马克思主义理论为视域审视风险社会，颇具“高意”。已有的理论成果中，以马克思主义理论为基础分析风险社会形成的研究比较薄弱。其实，虽然马克思没有直接提出“风险社会”，但现代性的风险特性对于马克思而言，不是边缘化的存在者，不是碎片化散播的话语，而是贯穿于马克思新世界观变革的思想之中。马克思理论必然能够为审视风险社会提供丰厚的理论资源和方法支持。所以本书以马克思主义理论为基础，在人类自身实践活动和社会物质活动、历史向世界历史转化、资本扩张等三重视域展开对风险社会的分析，为本书奠定了坚实的理论基础。

其二，本书提出了风险社会中人的发展呈现出三种新样态（不确定性发展、反思性发展、个体化发展），颇具“新意”。尤其是指出现代个体的发展已经不具有支撑规范和预期的确定路径，面临着从传统和安全中漂离（或被抛弃）的状况。不确定性不仅仅是一种环境的特性，更是一种存在的状态，当个体的存在与发展逐渐失去稳固性的社会基础、价值规范和信赖力量，人在不确定性中发展必然带来人的发展的不确定性。对此，作者提出了不确定性发展的两种基本表现：一是从整体层面看，在现代社会，人的发展并没有随着生产力的发展和科技水平的提高而“更全面”，某些方面的片面性程度反而超过了传统社会；征服自然和调控社会的能力的提高并没有完全表现出其“进步性”，随着自然生态环境的恶化和社会科层化“铁笼”的越发牢固，这种能力的提高就是“发展”和“自由”的设定受到越来越多的质疑。二是从个体层面上讲，影响人的发展的结果多数情况下存在着诸多发展基因的“变异”，积极性的正面结果常伴随着负面结果；较之过去，人的发展过程中受到更多负面因素侵蚀的机会大大增加了，结果充满着更多的“变数”；影响人的发展的偶然性因素大大增强了，主导性因素很多时候并没有带来相应的主导性结果。不确定性是当前人的生存与发展的新课题，值得深入研究。

其三，本书提出了“有限发展”的理念，颇有“深意”。本书认为，现代风险特别是生态风险的产生，根源之一就在于工具理性下偏执于人和社会发展的纵向维度，遵循“外在扩张”的发展模式，引发主体性的膨胀，以及对自然、物质的占有和对科技的严重依赖的后果。纵向维度的“无限发展”容易忽视自身与横向事物的关联，引致自然生态和生活生态的破坏。在普遍性的风险与危机面前，需要人和社会发展向横向维度延伸，给予发展“在场的有限者”理解。通过“有限的在场者”实现对其背后隐藏的无穷无尽的、千差万别的、强弱不等然而同样现实地关联着的“不在场者”的发现、关注、综合，把在场者与不在场者融合为“共时性”的整体，从而消解因人的发展对其他相关者的破坏的危险。“有限发展”哲学理念以对黑格尔“真无限”的批判入手，洞悉当前人与社会的发展实践中以主体吞食客体，人与万物的限隔的弊端。用海德格尔的话讲，就是把存在者当作存在本身了。认识可谓深刻、到位。

本书论述视角新颖，论证充分，材料翔实，既深化了风险社会理论，又拓展了人的发展问题的研究领域。应该说，魏传光副教授为风险社会中人的发展的研究所做出的努力和提供的研究成果是可喜的。同时，在许多问题上也留下了有待深入探讨的空间。作为导师，我在感到欣慰和高兴的同时，也祝愿他今后在这一领域取得更多的成果。

是为序！

钟明华

2014 年元月于中山大学

Abstract

High uncertainty and risk constitute the basic facts of the modern society. One of the phenomenal features of modern society is the risky. As the matter of fact, the high risk society we are living in is not only changing the world's structure and developing mode, but also taking effects on individual's development, in this case, the risk society is unable to be ignored in the research of the development of human being. The risk society refers to a kind of global social characteristic that is full of inconsistency, uncertainty, coincidence and high liquid under the circumstance of the reflection on the risks caused by modernization. At the same time, it is the gradual appearance of the side effects of the industrial society, such as the environmental risk, the social risk and the individual risk. The risk society is tectonic and hypostatic as well; it is progressive, and full of crisis; it's not only the consequences of modernity, but also the reflection on modernity. On the basis of Marxist standpoints and methods, the risk society is the co-consequence of human practical and social substantial activities; it's also the impersonal aftereffects of the transition from local history to international history, and it has a very close relationship with the capital expansion. From the viewpoint of modernization, the risk society is caused by scientific uncertainty on the episteme dimension; and caused by the productive manners and systems of the industrial society on the practice dimension; and caused by the value conception of enlightening sense on the value dimension. What's more, the risk society connects closely with the attitude of modernization.

The changes of human development hypostatic mode may inevitably accompany with the oncoming of the risk society. The first mode is the uncertainty development mode. It means that in the risk society the development of an individual may have the nonlinear relation of " planting" and "harvesting", "devotion" and "output", which can be shown in the dissymmetrical of quantity of "devotion" and "output", but also it may cause the changes in quality. The second mode is reflexive development mode. Which means in the risk society an individual's development is always in the process of constant amendments about one's developmental concept. And one must develop by the aid of modern powers critically and facing the future, reverting to one's continuous development. The third one is individualization development mode. The realization and promotion of an individual's development depending on people and substance would rely more upon individuals rather than upon the collectivity. The ultimate goal of the development points at the ego development. At the same time, a new siege may come along The thesis of the dissertation is to discuss the three modes of an individual's development from the following angles of contingency and necessity, theory and practice, pessimism and optimism, the depended on people and on substance.

The theory and practice of the risk society have been put the individual's development in a new time and space, thus the connotation and extension of the individual's development need be expanded. The expansion of the connotation should include the development of consciousness of risk, the ability of reflection, the ability of adjustment, and the development ethic etc.

Schematization and Emancipatory Politics are the two concrete conditions of one's development. First, technology has been showing its devastation power day by day, and the proper character of technology is changing gradually and stealthily. Thus we should talk about the reality and idea of technology in the risk society. Second, the emancipatory production relation as the most fundamental social makes the society go along, but in the risk society, different production relations may co-exist for a long time, and they may face the same risk crisis. Under this condition, revolutionary politics is unable to realize or even improve man's development, comparing to the opportunity of free development, the more urgent problem is how to make a good life. Thus in the risk society the reliant conditions of one's development need to be reverted from primary scientification to reflexive scientification, from single politics to the combination of Emancipatory politics and Life Politics.

If we put human free and full-scale developments into the risk society eyeshot, the further explanations and connotations are needed. Since the free development is an Existential Ontology concept, we need to take harmony as its existing form, and take advantage of Ecological subsistence to make free development. And human full-scale development is the stipulations of an agreement of a society's development. It's also the upgrading of an individual's diathesis and the self restriction when one endeavors to improve his human nature.

Key words: Risk Society; Human Development; Risk; Modernization

目　录

导论

风险社会中人的发展：新模式与新观念

一 问题提出：人的发展在不确定性中行进

现代性[①]作为一种跨越民族国家界限的世界现象，是当代世界最重要的总体性特征。不管是现代性与后现代性的纠缠，还是“现代性——一项未完成的设计”[②]，当代社会都无法摆脱现代性这个关节点。尽管现代性这一概念“充满着意义的不确定性，因为它的所指内涵不清，外延不明”[③]，但现代性明显具有一个特质：变动不居。法国诗人波德莱尔这样描述现代性：“现代性就是短暂、瞬间即逝、偶然。”[④] 马克思说：“一切固定的僵化的关系以及与这相适应的素被尊崇的观念和见解都被消除了，一切新形成的关系等不到固定下来就陈旧了。”[⑤] 在变动不居的现代性中，为使人们知道在这里“如何继续下去”，建立井然有序的世界，把杂乱无章的人类事件规划在一幅井然有序的图画之中，成为它的基本任务和承诺。因此，“秩序和混乱是现代之孪生儿”[⑥]。确定对歧义的抗争、清晰对

---

① 现代性是个众说纷纭的概念，波德莱尔、鲍曼、贝克、伯曼、梅泰·卡利奈斯库、福柯、吉登斯、哈贝马斯、利奥塔等一大批哲学家都有自己的解释。建立在众多的哲学阐释的基础上，现代性在本文中主要是指一种新的时代意识、注重现在的精神气质、理性化。

② ［德］于尔根·哈贝马斯：《现代性的哲学话语》，曹卫东等译，译林出版社2004年版，第1页。

③ ［英］齐格蒙特·鲍曼：《现代性与矛盾性》，邵迎生译，商务印书馆2003年版，第7页。

④ ［法］波德莱尔：《波德莱尔美学论文选》，人民文学出版社1987年版，第485页。

⑤ 《马克思恩格斯选集》第1卷，人民出版社1995年版，第275页。

⑥ ［英］齐格蒙特·鲍曼：《现代性与矛盾性》，邵迎生译，商务印书馆2003年版，第7页。

晦涩的抗争、明了对模糊的抗争成了现代性基本的文化和心理形态。可是，现代世界范围内的现实却不断证明这样一个结论：现代性建立秩序的任务是诸多不可能完成的任务之最。在现代社会中，不可界定性、不连贯性、不一致性、不可协调性、不合逻辑性、非理性、歧义性、含混性、不可决断性、矛盾性这些颇具有“后现代”意味的“秩序的他者”逐渐挤入了日常生活的中心词语之中。

现代性是一种双重现象。它为人类创造了数不胜数的享受安全和有成就的生活机会的同时，也有其阴暗面。而且现代性这种阴暗面所显现的后果比从前任何一个时期都更加剧烈化和普遍化。不确定性越来越成为显性特征，危机已经成为常态，“风险”的概念成为现代文明的中心，人们进入了“风险社会”。在风险社会中，人们的思维大都只能建立在“似乎”的基础上，不明的和无法预料的后果成为历史和社会的主宰力量。

现代性不仅是社会的历史巨变，同时也是无数“必须绝对地现代”的男男女女对这一巨变的特定体验。现代性正在改变我们日常生活中最熟悉和最带个人色彩的领域。这是一种对时间与空间、自我与他者、生活的可能性与危难的体验。恰如波曼所言，成为现代就是发现我们自己身处这样的境况中，它允诺我们自己和这个世界去经历冒险、强大、欢乐、成长和变化，但同时又可能摧毁我们所拥有、所知道和所是的一切。它把我们卷入这样一个巨大的旋涡之中，那里有分裂和革新、抗争和矛盾、含混和痛楚。同时，个人生活中的机遇、威胁和矛盾等原本可以通过群体、机构、体制而得到解决的问题必须越来越多地由个人自己来感知、解释和处理。可是由于现代性社会的复杂性，个人很难在坚实可靠的基础上做出必要的决策，并能预期到可能的后果。在其中，作为个体的自我“也不再是明确的自我，而是分裂为自我的矛盾话语”①。生活和行动在不确定性中成为现代社会中个体的基本体验。

这就是现代人的生存与发展时空的基本状况。它不仅是人的发

① ［德］乌尔里希·贝克、［英］安东尼·吉登斯、［英］斯科特·拉什：《自反性现代化——现代社会秩序中的政治、传统与美学》，赵文书译，商务印书馆2001年版，第12页。

展的现实环境，也影响着对人的发展的内涵、样态、条件和观念等的固有理解。现代性使得日常生活中生活组织的性质和全球系统的构成发生了重大转变，人的发展问题也不得不在现代性的时空背景下进行深入的思考。

“人的发展”是现代社会重要的主题词语和核心问题之一，越来越得到包括学界、政界和普通民众的关心。对于中国这个卷入现代性时空中比较晚的国家来说，“人的发展”问题主要集中在其价值与意义的合理性说明、基本内涵的合理建构、现实路径的探索等领域，并在确立人的发展的根本性价值、证明其合理性、唤醒人们对自身存在和发展的问题关注方面取得了丰富的成果，特别是对马克思关于人的发展理论的挖掘、阐释方面更为突出。但“人的发展”是个永远的话题，对此的探讨需要在宏观与微观、抽象与具象不断循环往复中进行。尤其是当代人的发展的现实时空已经呈现出新的特点，在不确定的风险社会中人的发展是一个崭新的课题，需要做出新的探讨。在不确定性的环境中，“人的发展”问题有待在以下几个方面深入思考：

第一，在动态与静态的结合中研究人的发展。在稳定中寻求人的发展，是当代中国人的发展研究的基本路径和模式。这种发展模式的基本理念是：稳定是发展的基本环境和前提，没有稳定就无法谈发展，发展具有确定性的预期。但当前社会正处于这样的发展趋势中：个体生活已从工业化的稳定状态和标准生活形式中游离出来；现代社会的结构在建制分化中已然碎裂，生活实在的裂散不断扩展。虽然“风险”不一定意味着动荡，但诉求稳定的发展环境和确定性预期越来越变得不可能，先寻求稳定环境，再致力于发展的理念显然已经不太现实。在不确定性中，人何以发展？发展什么？如何发展？在这样的现实条件下，仅对人的全面发展的前景进行理想化的建构，并简单确信人的理想发展状态的实现，显然是不够的。马克思把人的自由全面发展构建为社会和人的发展的最高形态，但他同时也表明了这一过程的漫长和实现的诸多困难。因此，在这个变动不居的社会中，人的发展的研究必须要有动态的研究视界和思维方式，在动态和静态的结合中，及时关注社会变迁和人的生活世界的变迁，并根据社会与人的动态发展探索人的发展的新模式，研究人的发展遇到的新问题。

第二，在抽象与具象①、历时态与共时态交叉中研究人的发展。抽象的、历时态地研究人的发展能够为人的现实发展提供有力的理论指引、确证，在深层次上寻找人的发展的基本路径，深刻地批判阻碍人的发展的社会现象。我国在这一“问题域”已经取得了丰硕的研究成果。在现代社会，人们生活的家庭模式、性别角色、职业选择、阶层形成机制、决策机制、知识习得、价值观念、劳动资源等方面相对于传统社会甚至古典工业社会②都具有了新的特点，新的文化生活方式和个体化生存样态对人的发展的影响是基础性的，是人的发展的现实生发点。虽然这些问题可以在哲学的层面抽象地加以概括，但不能忽略展开这些有关人的发展的具象的、共时态问题的研究，抽象与历时态不能替代具象与共时态的研究视角，二者唯有交叉才能把“人的发展”引向深入。

第三，在理想目标建构与现实发展结果的辩证中研究人的发展。相对于传统，现代性具有明显的反思性特征，风险社会是自反性现代化阶段（贝克语），所有思想、模式、概念与建构都纳入了反思的框架之内，人的自由全面发展的理想目标也在不断和人的发展现实结果处于相互反映的过程之中。在不确定性中，“社会科学的论断都要重新进入到它所分析的情境中去”。③“自由全面发展”也理所应当在反思之内。人的发展的内涵建构必须与现实环境相互反映，因为任何对时间性的人的说明都是相对的、开放的。人的发展是理想目标和现实过程的统一体，对于人的发展研究除了对终极发展的建构与阐释外，还必须澄明当下的发展状态，在现实发展和

① 抽象是指人类对事物非本质因素的舍弃和对本质因素的抽取；具象在美术学中是指具体存在于空间，而且能够感知的一种形状或形态，在此延伸为对事物具体、个别、微观的研究。类比在美术研究领域，抽象艺术和具象艺术构成一对相关的概念，在哲学领域，抽象与具象构成了一对辩证的概念。

② 工业社会与资本主义社会是两个不同的概念。工业社会具有全球性的特征，即使一些非工业化的国家，在全球化的背景下，也具备或显现着工业社会的基本特征。

③ ［英］安东尼·吉登斯：《现代性的后果》，田禾译，译林出版社2000年版，第35页。

全面发展中搭建沟通的桥梁。

第四，在全球与本土的双重视界中研究人的发展。“人的发展”研究需要本土关怀和现实情怀，其研究所指应当是中国“人的发展”。但本土情怀并不一定是领域和自然版图意义上的中国关怀，全球的现代性特征和中国的“晚卷入现代性”的特点决定了全球视域也是一种本土关怀和现实情怀。现代性的全球化使得现代性深入到每一个文化系统之中，虽然在制度的层面上，“在中国的境遇中，现代性本质上‘不在场’或尚未生成”①，但在人的发展所遇到的困境方面，已经具有全球性的“家族相似性”。同时，只要一个民族步入了现代化和全球化的世界历史进程，现代性的问题就不是一个我们可以抽象地探讨和简单地取舍的问题，而是一种历史演进机制的问题。现代性“并非某种我们已经选择了的东西，因此我们就不能通过一个决定将其动摇甩掉”。② 因而，研究人的发展必须把它置入全球化的现代特征之中，这种全球的视界实质就是未来本土的视界，或是本土化的未来学研究。因此，本土化的视界内在的蕴含着全球与本土的双重视界，“人的发展”研究必须在双重的视界内进行，缺失本土的视界就会脱离现实境况，出现问题研究的“失效”或“脱轨”，缺失全球的视界就会出现“地域局限”和“短视”，出现问题研究的“深度探讨”和“前瞻性价值”的“缺场”。

实现人的发展研究动态与静态、历时态与现时态、抽象与具象、理想目标与现实状况、全球与本土的结合，必须把人的发展转向现代性的大背景，放置于风险社会的现实环境中，确立新观念，建构新模式。

二　意义寻求：人的发展的现实关怀

“人的发展在不确定性中进行”是一个包含着一系列特殊的社会、经济、政治和文化因素的判断，正是这些因素在现代社会所具

---

① 衣俊卿：《现代性的维度及其当代命运》，《中国社会科学》2004 年第 4 期，第 20 页。

② 包亚明：《现代性的地平线——哈贝马斯访谈录》，上海人民出版社 1997 年版，第 123 页。

有的普遍的人为的不确定性的特征使得人的发展呈现出了不确定性。而不确定性是风险社会的基本特征，由此可以说，人的发展正在遭遇风险社会这一现代语境。

高度的不确定性和风险性是当今社会基本的事实，风险社会成为现代社会的显著特征。风险社会的事实，既在宏观上改变世界的整体格局和发展态势，也对个体的发展产生着深远的影响。风险社会的来临向人的发展注入了新的课题：如何在变化中发展；自觉在发展中树立风险意识；反思传统发展理念，辩证认识科技对个体和世界的双向影响；面对全球化的风险局面，寻求新的现代发展动力；在风险环境中探寻新的产生本体性安全的心理适应态度等等。另外，当前人的发展中出现的诸如"人的物化"、"生活世界的失落"、"价值理性的消解"等困境与危机和风险社会具有密切关联，对人的发展的拯救脱离不了风险社会的现实背景。

风险社会中人的发展研究涉及哲学、社会学、政治学、教育学等多种学科。在多种学科的背景中，以风险为联结点和纽带研究人的发展可以避免把人的发展研究局限于某一方面从而带来研究的片面性。风险与风险社会研究将涉及"全球化"、"现代性与后现代性"、"安全"、"信任"、"发展"、"公民社会"等理论，展开这些理论，它涉及现代性意识、人的现代化、生态伦理等热点问题。

风险社会中人的发展研究在现代性语境下内含着深厚的本土关怀。风险社会已经成为当代社会的显著特征，是一种正在出现的秩序和公共空间，具有现实性和实践性。对于这样显著的世界特征，我们不能视而不见。中国不但生活在全球性的风险背景下，而且中国还有自己独有的风险景象。我国正处于高速转型时期，市场化进程的不断推进，社会利益不断多元化，社会性剥夺显化，社会分化日益严重，集体行动非理性的社会冲突的发生可能性日益提高，整个社会面临的社会性冲突风险日益现实化且呈不断升级的趋势，社会风险与日俱增。

社会性风险不可避免地使得个人也面临着发展风险。社会成员的生活压力日益增大，在市场化与全球化的双重影响下，社会成员不可避免地卷入了全球化的市场网络中，个人生活日益充满不确定性，改革所伴随着的不平衡性发展和副作用使部分个体的生活充满危机感。中国社会成员在改革的进程中所获取的每一种发展机会，常常都伴随着风险。风险与机遇并存，是当代中国社会成员发展的显著特征之一。例如，最近几年开始的“教育扩张”① 把更多的社会成员从固有的“等级”中解放出来，为他们创造了按照自己的方式生活的种种机会，但同时也带来了风险，一直具有长期性的、稳定性的高回报的教育投资，正在逐渐步入高风险区域。产业化运作带来的教育成本过高使普通家庭经济不堪重负，而高等教育的“含金量”下降、大学生及高学历者日益凸显的就业难现状、因“扩招”而导致“过剩”、因“过剩”而引发的“深造”风和过度教育现象等教育扩张，不但使教育的前景变得扑朔迷离，更使千万个普通家庭经济因循环投入而发生恶化。不仅使普通家庭的教育投资回报率大打折扣，进而影响到其对投资教育的信心。我国的高等教育收费已超出了我国大多数居民的承受力，有学者指出我国当前每个大学生每年要花费 10000 元，而 2004 年我国城镇居民和农民的年均纯收入分别为 9422 元和 2936 元，供养一个大学生需要一个城镇居民 14.2 年的纯收入，需要一个农民 13.6 年的纯收入，正因如此，部分已考上大学的青年因不堪经济重负而放弃了继续深造的机会，据统计近年大学特别是名牌大学中农村学生和城市困难家庭的学生是日趋减少。更为关键的是，如此高昂的教育投资却并不一定能带来期待的回报，大学生就业难已经成为社会的难题，成为许多家庭的切肤之痛。如此尴尬的反差自然会影响到周围人群对于教育的看法，不可避免地会颠覆他们心中本来神圣的大学梦。如果家长对子女考取大学失去了信心，也必然会影响到他们对孩子读完中学的信心。大学教育的高收费和大学生的就业难使教育投资几乎变成一场“赌博”，能否有所收获，不仅取决于个体的努力，还要依赖于家庭的背景和社会的变动，而这其中的变数是一般家庭难以应对的。教育风险最直接地体现在“知识改变命运”信心的丧失。

① “教育扩张”是德国社会学家乌尔里希·贝克提出的概念，指给更多人带来教育机会的教育革命。“教育扩张”比当前常用的描述中国教育改革的“教育扩招”更确切地表达了教育改革给中国社会带来的深远影响。

因此，风险不是远离中国的“异国风情”，它正在我们身边，改变着个体的固有观念和发展条件、方式及途径。由此，风险社会中人的发展既是全球性的现代问题，也是中国本土亟须关注的问题。确切地说，是用全球化和现代性的视域实现对中国本土问题的关怀，其意义是明显的。

三　基本界定：个体现代发展状况的多层面探讨

对于风险社会，本书不是在历史分期和历史阶段的意义上理解的，而是如“网络社会”、“知识社会”等概念来表明现代社会某种重大特征。风险社会能否视为一种新的社会阶段尚有商榷的余地，许多现象还有待进一步深入研究。但是如果在标明特定社会重大特征的意义上理解风险社会，它就成为全球化时代我们不能不予以关注和研究的客观现实。

即便如此，理论界对于风险社会的理解还是存在诸多争议。最具有代表性的人物当数德国社会学家乌尔里希·贝克、德国社会学家尼古拉斯·卢曼、英国的社会学家安东尼·吉登斯及英国学者斯科特·拉什，四位从不同的角度阐释了对风险社会的认识与理解。由于理论背景、旨趣和认识的不同，他们对于风险社会的解释也存在分歧。贝克是从工业社会的自我应用、自我消解和自我危害角度来认识风险社会的。在贝克看来，风险社会正是自反性现代化的结果，是工业社会日益显现其副作用后呈现的重要特征。吉登斯则从制度的角度理解风险社会，在他看来，正是由于现代制度的三个方面：时空分离、脱域机制、知识的反思性运用引致了风险社会。拉什认为风险作为一种心理认知的结果，在不同文化背景中有不同的解释话语，不同群体对于风险的应对都有自己的理想图景，因此风险在当代的凸显更是一种文化现象，而不是一种社会秩序。尼古拉斯·卢曼是风险社会不可知论的代言人，他认为，风险社会就是偶然性的、假设的甚至是自相矛盾的社会。而引发风险的原因就在于社会系统的功能分化所带来的复杂性使得行为可能性史无前例地增加，偶然性成了主要的生活经验。

对风险社会认识的争议与分歧并不妨碍对这个问题的深入思

考，反而为风险社会的进一步认识提供了多重参考空间。从某种意义上讲，对风险社会的单一性准确界定并不是件好事，或许会带来对这一问题误解的风险。要扩大对风险社会的多层认识，就必须把风险社会放入现代性理论的构架内展开，这样可以避免把风险社会仅仅从生态与环境的角度理解。另外，风险社会的出现，原因不是单一的，需要对其进行多重审视。因而对风险社会的探讨需要在现代性视野中，置于现代社会的宏观考察之中，通过对启蒙理性、工业社会的批判和对现代社会知识和科技状态的分析加以进行。

从人的现实生存和发展过程来说，人是一种时间性的、历史性的和有限性的存在。人作为人，作为社会历史和文化的目的，并不是自发地实现的。人的现实发展是一个复杂的社会历史过程。因此，关于人的发展的讨论和探索，离不开具体的时空条件，离不开具体的社会生活和社会制度。基于此点考虑，风险社会中人的发展立足于研究人的发展的现实状况，在人的发展问题的历史截面维度，在风险社会这个虚拟与现实交错的时空背景下对人的发展所呈现的新特点、新模式、新内涵、新途径，所显现出来的发展困境、所应反思的发展观念等方面进行探讨。

人的发展与人的生存永远是无法分离的两个问题，生存伦理与发展伦理是相互联系的。人的生存就是人不断生成、演进的社会历史性过程，因而本质地具有发展的向度和品性。人类历史证明，人总是在不断克服生存危机中日益强大起来的，又在不断发展前进的道路上求得生存，以生存求发展，以发展求生存，是同一过程的两个方面。从哲学逻辑来看，生存与发展是相互关联的，生存就是发展，发展就是更好地生存。因此，在本书中人的发展与人的生存问题并没有截然分离。尤其是在当今由实现了现代化的发达国家所引发的“发展”潮流中，在人类活动如此被“发展”所左右并导致极其棘手的生存难题的情势下，提出“生存与发展”的结合不仅有其道理，而且给出了从理论上直接切入、反思现代人类生存难题及相应的哲学观念和思维范式的进路。另外，人的发展绝不简单地表示人的某种能力、素质或本质的“上升”或“进步”，它应有更丰富的内涵。人的发展还应包括人的主体性和客观制约性、人的创造性和规范性、人的选择和决定、人作为主体和作为目的、人和物的关系、人的新的生活准则、价值观念和发展方式、人的自我觉醒、自我反思和自我理解等等。

本书所探讨的人的发展是在个体发展层面上展开的，即个体的人的现实发展。但是，非社会学式的研究很难把个体与类完全分离。因而，对于个体发展的研究又常用类的发展来分疏，但本书的基本指向是个体的发展。

四　研究综述：方兴未艾的话题

人的发展研究整体纷攘的内部，其着力点存在着分布不均的状况。人的发展基本内涵的建构、理想目标的阐释、历史形态的解说、基本途径的探寻是我国理论界人的发展研究的“集中地”。相对于热点，把人的发展放置于当代中国发展的现实阶段和世界社会的显著特点下进行研究则是冷点。而在这一冷点域内，相对于信息社会、网络社会、全球化、市场经济等条件下人的发展研究而言，把人的发展置于现代性的背景尤其是风险社会背景下进行研究更是少之又少。在此，对于风险社会中人的发展研究的资料综述只能分割成“风险社会”与“人的发展”两个方面进行。

（一）风险社会理论研究述评

1. 马克思关于“风险社会”的论述及审视

马克思虽然从来没有用过“风险社会”这个词来称谓某一时代特征，但他把风险社会的特点进行了透彻的描述：

> 生产的不断变革，一切社会状况不停的动荡，永远的不安宁和变动，这就是资产阶级时代不同于过去一切时代的地方。一切固定的僵化的关系以及与这相适应的素被尊崇的观念和见解都被消除了，一切新形成的关系等不到固定下来就陈旧了。一切等级的和固定的东西都烟消云散了，一切神圣的东西都被亵渎了。人们终于不得不用冷静的眼光来看他们的生活地位、

他们的相互关系。①

马克思主义对新的社会形态的不确定性、变动的社会性质的揭示，与风险社会的基本特征基本统一。不同的是，马克思是从人类社会历史发展的阶段来定位的，而风险社会则是从人类社会的重大历史特征意义上来言说的。相对于风险社会理论，马克思对资本主义社会变动特点的根源——资本所固有的扩张性——给予的揭示更为深刻，为我们认识风险社会提供了更为深刻的视角。

另外，马克思主义理论提供的更多的是审视风险社会的原则方法。历史存在论和世界历史理论是分析风险社会的两种根本方法。风险社会显著的特征之一就是风险的人为性，“人为的”主要指人的实践活动，尤其是人类物质实践活动。人“周围的感性世界决不是某种开天辟地以来就直接存在的、始终如一的东西，而是工业和社会状况的产物，是历史的产物，是世世代代活动的结果”②，社会实践具有创造性的特性，而“创新”与“风险”共生，创新是“创造性破坏的过程”③，人类社会与人类自身的每一步发展无不是创新实践的结果。

风险社会还是历史向世界历史转化的客观后果。随着人类实践规模的扩大，人类交往在世界范围内不断拓展。“各个相互影响的活动范围在这个发展进程中越是扩大，各民族的原始封闭状态由于日益完善的生产方式、交往以及因交往而自然形成的不同民族之间的分工消灭得越是彻底，历史也就越是成为世界历史。”④“历史向世界历史的转变，不是‘自我意识’、宇宙精神或者某个形而上学怪影的某种纯粹的抽象行动，而是完全物质的、可以通过经验证明的行动，每一个过着实际生活的，需要吃、喝、穿的个人都可以证

① 《马克思恩格斯选集》第1卷，人民出版社1995年版，第275页。

② 同上书，第76页。

③ ［美］约瑟夫·熊彼特：《资本主义、社会主义与民主》，吴健良译，商务印书馆1999年版，第14页。

④ 《马克思恩格斯选集》第1卷，人民出版社1995年版，第88页。

明这种行动。”① 交往的日益全球化是风险社会产生的主要原因之一，风险社会是历史向世界历史转化的产物。马克思的世界历史理论为认识风险社会提供了又一重要方法和基本理论依据。

2. 西方风险社会理论

风险社会理论在西方学界越来越成为显学。从 1986 年苏联切尔诺贝利核电站发生爆炸开始，理论界就开始把关注的焦点转向了威胁人类安全的风险问题，随着工业社会的发展所带来的人为灾难的不断发生，诸如疯牛病、非典、禽流感、恐怖事件，人们的恐惧感日益增强，风险问题正在成为社会争论的主题。

玛丽·道格拉斯（Mary Douglas）是第一位研究风险问题的社会学家，她率先解释了公众不断增强的风险意识和关注科技风险的新现象。而德国社会学家乌尔里希·贝克（Ulrich Beck）的风险社会理论最为流行和最有影响力。除此之外，安东尼·吉登斯（Anthony Giddens）制度风险分析、尼古拉斯·卢曼（Niklas Luhmann）的风险的复杂自系统理论、以斯科特·拉什为代表（Scott Lash）的风险文化理论在不同的视角和程度对风险社会也给予了多种理解。以风险问题研究的主要流派为分析框架可以大致梳理清楚西方风险社会理论的主要内容。

贝克的风险社会理论。在贝克的理论中，风险是全球化时代毋庸置疑的客观社会现实，这种事实表明，我们正处于从古典工业社会向风险社会的转型过程中。

风险社会在贝克看来指现代性的一个阶段，在这个阶段，工业化社会道路上所产生的威胁开始占主导地位。正是各种现代化、技术化和经济化进程的极端化不断加剧所造成的后果导致了威胁的产生，这些后果无可置疑地让那种通过制度使副作用变得可以预测的做法受到挑战，并使它成了问题。在贝克看来，风险社会正是由于三种关系的系统性转变而出现的：首先是现代工业社会与自然资源和文化资源之间的关系，在现代化完全确立后这些资源逐渐消失了。其次是社会与其自身所产生的、超越了社会对安全的理解范围

① 《马克思恩格斯选集》第 1 卷，人民出版社 1995 年版，第 89 页。

的威胁与问题之间的关系，人们一旦意识到这些威胁和问题的存在，就很可能动摇旧社会秩序的根本假设。最后是工业社会文化中的集体的或具体团体的意义之源（比如阶级意识或进步信念）正在枯竭、失去魅力。由此，贝克把风险社会看作工业社会自我应用、自我消解和自我危害的结果。

在贝克看来，风险社会中风险的缓解与分配是其核心问题，“风险生产”的逻辑统治着“财富生产”的逻辑，风险和不确定性是风险社会的主要概念。在风险社会中，风险生产的阴影会一直笼罩着技术—经济“进步”力量增加的财富。

而且贝克认为，现代风险是全球性的。由于占据中心舞台的现代化的风险和后果“不再局限于特定的地域团体，而是呈现出一种全球化的趋势，这种全球化跨越了生产和再生产，跨越了国家界限。在这种意义上，危险成为超国界的存在，成为带有一种新型的社会和政治动力的非阶级化的全球性危险”①。

贝克不仅从“自反性现代化”的宏观视域研究风险社会，同时也在微观的视域对风险社会中“阶级”、“核心家庭”、“专业工作”、“科学”、“进步”、“民主”等概念进行了阐释。贝克还认为，如果继续用工业社会的体制应对现代风险危机，就会出现“有组织的不负责”。为此，贝克认为，在风险社会要“再造政治”以应对风险。

可见，贝克风险社会理论的焦点并非放在“自然”或者“自然的破坏”，也不是“生态学”或“环境问题”，而是“把这些问题当作社会的内界问题而不是当作环境或者外界问题来对待”，贝克风险社会的“中心主题和透视的内容涉及存在于我们的现代文明中的人为的不确定性：风险、危险、副作用、可保险性、个体化及全球化”②。

尽管贝克的风险社会理论存在着一些局限性，如费希尔认为他

---

① ［德］乌尔里希·贝克：《风险社会》，何博闻译，译林出版社2004年版，第7页。

② ［德］乌尔里希·贝克：《世界风险社会》，吴英姿、孙淑敏译，南京大学出版社2004年版，第25页。

的风险社会理论有些夸张的倾向，缺乏对不确定性社会文化基础的分析，把环境风险理解为伟大的平均主义者有些极端和偏差。但是，贝克的风险社会理论揭示了根植于我们主流社会体制的思想过程、决策规则和行政实践中的危机发生方式，对于正确理解和应对后工业社会的生态冲突和科技发展带来的负作用是很有必要的。①

吉登斯的风险社会理论。与贝克相比，吉登斯的风险社会理论有两个鲜明特点。一个是他对制度性风险的强调，另一个是他分析了风险社会对个人的日常生活的影响。吉登斯认为由于构成社会世界的系统和人类活动的复杂性，人们对社会体系的后果不可能都料事如神，即使社会是一个单一设计的系统，由于社会知识的循环性，未预期的后果也还是会存在，这是因为在现代条件下，新知识不断被嵌入社会中去，导入了一些以前所知甚少或全然无知的新的风险参量，新知识（概念、理论、发现）不仅更清楚地描绘了社会世界，而且也改变了它的性质，使其转向新的方向。

吉登斯认为，现代性的四个制度支柱在全球化的过程中都可能带来后果严重的风险。比如，世界民族国家体系会带来极权主义；世界资本主义经济会产生经济崩溃；国际劳动分工体系带来了生态恶化；世界军事秩序会诱发核大战的爆发。吉登斯把现代世界的风险划分为两种类型，一种是改变风险的客观分配，包括高强度意义上风险的全球化；突发事件不断增长意义上的风险的全球化；来自人化环境或社会化自然的风险；影响着千百万人生活机会的制度化风险环境的发展。另一种是改变风险的经验或对风险观念的理解，包括风险意识本身作为风险；分布趋于均匀的风险意识；对专业知识局限性的意识。

此外，吉登斯还论述了风险社会中的本体性安全与适应性反映问题。在吉登斯看来，由于现代风险的严重反事实性特征，有可能会使人们不会经常不断地把具有极大威胁却又远离个人控制的危险铭记在心，反而会使任何事物总有其法则的命运观念重新出现在现

① 周战超：《当代西方风险社会理论研究引论》，载薛晓源、周战超主编《全球化与风险社会》，社会科学文献出版社2005年版，第29页。

代世界的核心。对于现代性的风险景象，可能的适应性反应主要有四种：实用主义的接受现实、持久的乐观主义、犬儒式的悲观主义、激进的卷入主义。

吉登斯有关风险社会的理论是与他的第二现代化理论或反思性现代化理论结合一起的，在此问题上，他缺乏贝克对风险社会的系统论述。但在某些方面，特别是现代社会制度所可能引发的风险方面吉登斯论述更为深刻，另外，吉登斯对于民众的风险意识和风险心理也进行了研究。由此，吉登斯对于风险社会的研究可以作为贝克风险社会理论的补充。

卢曼关于风险的复杂自系统理论。卢曼把科技风险作为现代社会重大变革的标志，并且带来了许多新型关系的产生。在现代社会，行为可能性、偶然性和决策的压力越来越凸显，现代社会越来越复杂，社会不再是通过其成员共同的目标信仰、行为导向团结起来的整体，也不可能避免其规制体系的分化，由分散的公众组织来代替。卢曼认为，在现代社会，重心从过去转向未来，偶然性成了主要的生活经验。缺乏和谐、知识增加、面向未来和决策压力增大成为现代社会的新特点。与以前稳定的社会结构秩序相反，当代社会所要解决的问题是不可预见性和不确定的未来，当代社会所面临的是灾难问题，这些不能再用规范的手段和分配体制来充分地调整。

卢曼认为，在现代性的早期，中心问题是有关革命的争论，在中期中心问题是工业化的争论，而目前应该围绕生态学和相关问题进行整合。由于在现代社会未来取决于风险决策程序，所以他对生态问题特别关注。

风险文化理论。同贝克和吉登斯不同的是，斯科特·拉什、玛丽·道格拉斯和威尔德韦斯等人则是用风险文化的思想解释风险社会的概念，提出了与贝克不同的解释。玛丽·道格拉斯和威尔德韦斯认为，在当代社会，风险实际上并没有增加，也没有加剧，仅仅是被察觉、被意识到的风险增多和加剧了。他们认为，从文化的角度看主要存在三类风险：社会政治风险、经济风险和自然风险。拉什认为，社会结构的变革和变迁，或者说主要是经济领域的变化为风险文化上升趋势构筑了基础。拉什认为，我们不能仅仅从第三类风险即自然风险的意义上看我们所面临的风险大大增加了，而且还要从社会结构面临风险的意义上看，从个人主义消长的意义看，从国家所面临的威胁的意义上看，我们所面临的风险大大增加了。①

拉什认为，风险在当代的凸显更是一种文化现象，而不是一种社会秩序。他认为，贝克和吉登斯仍然属于制度主义者，他们将风险界定在一个由制度性的结构所支撑着的风险社会中。这样他们忽视了风险社会中现代自我的文化/阐释学来源，也就忽视了政治和日常生活的这个重要维度。再进一步说，这也就意味着他们的“亚政治”或“生活政治”概念强调了专家，却相对忽视了普通大众，意味着他们着重于形式和制度，却牺牲了发生在日益分崩离析的资本主义世界的制度之外日渐增多的社会、文化和政治的交互作用。同时，拉什还认为，关于危险和风险的判断常常是一种带有很强的主观性色彩的反思性判断，不同风险文化中的不同的判断主体，甚至同一种风险文化中的不同的判断主体，对同一种危险和风险进行反思后所做出的判断，无论从其判断方式还是从其判断结果上看，都往往呈现出很大的差异。

与风险社会相反，风险文化是混乱无序的，呈现出一种横向分布的无结构状态，并且是以关注社会公共事务为基础的。风险文化并没有假定一个确定的秩序，而是假定有一个需要通过自然调节的非确定性的无序状态。风险文化依存于非制度性的和反制度性的社会状态之中，其传播不是依靠程序性的规则和规范，而是依靠其实质意义上的价值。在风险文化时代对社会成员的治理方式不是依靠法规条例，而是依靠一些带有象征意义的理念和信念，因为风险文化中的社会成员宁可要平等意义上的混乱和无序状态，也不要等级森严的定式和秩序。

拉什认为，现代风险将不再是由工业社会的物质化生产过程中所产生的风险和危险，而是从信息领域、生物技术领域、通信和软

---

① ［英］斯科特·拉什：《风险社会与风险文化》，王武龙编译，《马克思主义与现实》2002年第4期，第55页。

件领域产生出的新的风险和危险。科学技术发展的负面作用也日渐显露，伴随科学技术发展而来的各种风险也日益引起人类的重视。动辄就涉及全人类生存安全的各种风险将是未来的风险文化时代所要研究和解决的首要问题。①

在此，“风险社会”与“风险文化”存在着内在张力。贝克的风险社会指的是一组特定的社会、经济、政治和文化的情境，其特点是不断增长的人为制造的不确定性的普遍逻辑，它要求当前的社会结构、制度和联系向一种包含更多复杂性、偶然性和断裂性的形态转变。由此，风险社会是一种特定的组织形态。而拉什的风险文化所谈论的不是一种新型的“组织”，而是一组连贯程度低得多的整体，它由那些反映为不确定性、偶然性、复杂性、断裂性和混乱性的感性和实践组成。我们既不应把风险社会与风险文化定义为相反的概念，也不必把它们视为完全相等的概念。

西方风险社会理论尽管存在着众多分歧，但风险社会思想的引入为我们全面认识当代社会提供了一个全新的视野，为我们加深对当代社会的认识提供了丰富的理论资源。更为重要的是，风险社会理论是以对当代社会的反思、对现实问题的批判和建构为旨趣的，它是面向未来的理论，这样的理论成果必然会为人类的现代发展提供指引。但是，现有的西方风险社会理论研究尚存在一些缺陷。

第一，在风险社会的成因问题上缺乏深层的生存实践论反思。由于风险社会理论刚刚提出，其论述的中心还在于对风险现象的描述和风险社会的确证。缺乏对风险社会形成的根源的深度分析，尤其是在生存实践的高度对风险社会的分析不够。另外，西方风险社会理论大都是社会学理论，缺乏其他学科的视角，因而不够深广。

第二，虽然西方风险理论认识到了启蒙理性的局限性、工具理性的当代危害，但缺乏对于这些问题的深度分析，即工具理性背后的物质根源是什么？启蒙理性为什么会成为当代社会主导价值观念？

---

① ［英］斯科特·拉什：《风险社会与风险文化》，王武龙编译，《马克思主义与现实》2002 年第 4 期，第 63 页。

第三，把风险社会作为现代性反思阶段，反思是否能解决当代社会的风险问题？对此问题，并没有给出一个明确的答案。西方风险社会理论大都是以问题为中心的论述，缺乏“治病的药方”。

第四，对于风险社会与以前社会的差异主要是宏观概括，缺乏对风险社会各层面出现的新情况，尤其是人的生存与发展状况的微观分析。

3. 中国学界有关风险与风险社会的理论

中国学界对风险社会的关注是散落于如对中国现代性问题的思考、对工具理性的反思、对生态问题的关注、疾病和食品风险预防等领域之中的，缺乏在世界总体特征的层面直接探讨风险社会问题。当然，风险社会论题已日益引起中国学者的关注，并出现了一些成果。主要有：冯必扬博士的《中国转型期竞争导致社会风险的原因探析》，张旺华的《风险社会的公民意识》，黄庆桥的《浅析风险社会理论及其现实意义》，程光泉、刘婧的《风险社会中科学发展观的确立》和《风险社会与责任伦理》，刘婧的《风险社会与新的发展观》，李建华的《风险社会中的伦理秩序》，宋镜明、周术国的《风险社会视角下的和谐社会的建构》，刘岩、宋爽的《风险社会的结构性困境与风险文化的建构》，沈步珍的《人性化向度：风险社会下技术控制的缺失》，许斗斗的《技术知识与风险社会》，李瑞昌的《社会变迁中的风险话语：发展的视角》等。扬州大学的庄友刚先生对风险社会的研究取得的成果较为丰富，呈现一定的连贯性。主要有：《从马克思主义的视野对风险社会的二重审视》、《风险社会与反思现代性：马克思主义的批判审视》、《风险社会：个性自由发展的代价》、《风险社会的科技伦理：问题与出路》。但总体来说，这些研究成果大都是用西方风险社会理论作为某一问题的理论支撑，或者是介绍与评述西方风险社会理论，而就风险社会理论本身的研究非常少。值得一提的是，刘小枫教授在《现代性社会理论绪论》一文中有一小节提到了风险社会，在介绍西方风险社会理论中阐述了自己的一些看法。

（二）人的发展理论述评

最近十几年，国内人的发展理论共发表论文近 150 多篇，专著近30部。人的发展问题的已有研究成果可以概括为以下几个方面：

1．人的发展的基本内涵

关于人的发展的内涵不同的专业类别从本专业的视角对此都有所论述。在教育界，人的发展更多地是指人的各种素质的综合发展；哲学界更多地从人的本质发展的角度研究人的发展；而人类学界多从人的实践和生存方式方面来论述人的发展，从人与自然、社会、自身三个方面展开研究。

2．人的发展的价值意义

在这方面，学界的观点基本是一致的，基本上都认同人的发展是社会发展的目标和归宿，人的全面发展是社会发展的终极目标，同时人的发展也是推动社会发展的根本条件，当然人的全面发展既是理想状态也是现实发展过程。

3．人的发展的现实条件

有的人认为人的发展是由内在、外在和活动三大因素共同组成；有的人认为，生产力、制度与文化是人的发展的实现条件；有的人认为，从根本上讲劳动性质的改变、劳动时间的增加和社会关系的丰富是现实条件。

近年来人的发展研究的理论成果主要有以下特点：

1．方式集中

成果主要体现在深化或阐释马克思关于人的发展问题方面。即在总体上，以自由全面发展为目标导向论述人的发展的困境、过程、实现条件和发展方向，实现对人的发展的“宏大叙事”。

2．领域集中

成果主要集中在探讨人的发展的基本内涵、确证人的发展的根本价值、寻找人的发展的抽象条件等领域。

3．抽象研究

成果主要以思辨思维方式，总体、抽象、静态研究人的发展。

人的发展研究还需要纵深推进，在关注现实的人的现实发展、“人的发展”观念反思与更新、研究方法综合、研究方式拓展、研究领域拓宽方面有待展开新的研究。

风险社会中人的发展研究是个全新的话题，此方面的研究成果很少。但可喜的是，风险社会与人的发展问题正在引起学界的关注，这必将会推动人的发展的研究以一种新方式、向一个新领域、关注人的发展的新问题行进。

五　技术路线：风险社会中个体发展的逻辑展开

人的发展是类发展和个体发展的综合，个体发展是构成类发展的原发性因素。而个体的发展从某种角度上讲就是“随着时间的推进在人身上的发生的变化”[①]，关注人的发展样态的变化，是研究人的发展的重要方式。风险社会不仅是现实的人发展的现实环境，而且在深层次上影响着人的发展的固有认识，改变着人的发展的原有模式。基于这样的理解，本书的基本技术路线如下。

第一章，风险社会及其现代审视。本章主要是确证风险社会的来临及其当代表现与特点。通过分类描述与抽象分析说明现代风险已经构成当代文明的中心和当代人的生存现实处境，当代中国已经卷入全球风险社会之中，并从不同视域审视风险社会。

第二章，风险社会中人的发展样态与理论辩证。本章主要是分析风险社会中人的发展现实样态：不确定性发展、反思性发展、个体化发展。并对这些发展样态背后所蕴含的理论问题：偶然与必然、理论与实践、悲观与乐观、“人的信赖”与“物的信赖”，进行分疏。

第三章，风险社会中的人的发展的内涵拓展和主题延伸。本章主要集中论述风险社会中人的发展内涵拓展：风险意识、反思能力、心理调适能力、发展伦理观；人的发展主题延伸：人的和谐发展与人的有限发展。

第四章，风险社会人的发展的条件转向。本章紧紧抓住风险社会中人的发展两个密切相关的实践领域探讨，不求面面俱到，而求直面关键。这两个实践领域是：反思性科学化与生活政治。

第五章，风险社会中人的“自由”“全面”发展。本章主要是

---

① 涂国艳：《走向自由——教育与人的发展问题研究》，华中师范大学出版社 1999 年版，第 5 页。

通过风险社会的视域对“自由发展”与“全面发展”给予“新解”，希冀不断丰富人的自由全面发展理论的内涵。

风险社会中人的发展是个全新的话题和发展中的问题，通过一项研究达到问题的全面解决是不可能的。但引发对这个问题的思考和关注，却是件有价值的工作。更为主要的是，本书的旨趣并不是建立目标和对象——一种终极目标导向的抽象，或是提供任何意义上的解决方案，而是勾画出其中的关键议题。

根据本主题的研究现状、课题特点、基本设想和专业背景，本书研究主要采用马克思主义的基本立场和方法，以马克思的唯物史观、马克思主义的实践论和马克思人学、世界历史理论为研究基础，并选择性地结合现代性理论，在多种资料分析的基础上，对材料进行归纳，对研究主题进行整体性探索，并与前沿性研究互动，以获得解释性理解。需要特别强调的是，基于风险社会的实在虚拟性，突破在文化与自然、时间与空间、本土与全球、公共与私人、实在论与建构论、实证主义与解释主义之间进行二元分割式的选择，是本书的方法和技术努力。

第一章

风险社会及其现代审视

“我们的骚动不安则仅仅来自于我们在自身中所形成的那种判断力。你看见的所有那些事物，都是瞬息万变并且将不再成其为所是的；要牢牢记住你已亲眼目睹了多少这新的变化。宇宙——变动不居，生活——做出判断（affirmation）。”① 奥勒留的这段警言对于生活在今天的人仍然是那么响亮。人的发展不是抽象的历史进程，自由而全面发展理想状态的实现过程充盈着现实的、具体的和差异性的实践。由于人的发展总是受到现实环境的预制，并深刻影响着人的发展状态和发展方式，因而人的发展的每一步都是具体的、充满着个性特征的。人的发展需要不停地做出判断，因为人的生活本身是变动不定的，人的发展不存在不容变动的永恒程式。因此，人的发展需要运用人内在固有的批判力、判断力和辨别力，在变动中反观自身、社会与世界。而在当代，人类的前途与命运问题正以前所未有的规模和紧迫性向人类的理智提出挑战，在深藏了无限复杂性的镜像映射中找出我们自己理想的影像，是人的发展的当代难题。而最基本的判断自然是对我们生活于其中的社会的认知与思考。

“哪里有危险，哪里也就有拯救的力量生长。”② 拯救的力量就来自人类思想“通过普遍概念不断进行深入的自我解释”③，对于现

---

① ［古罗马］奥勒留：《沉思录》，转引自［德］恩斯特·卡西尔《人论》，甘阳译，上海译文出版社 2003 年版，第 14 页。

② 海德格尔在《诗人何为》（1946）、《技术的追问》（1953）等演讲及相关论文中多次引用荷尔德林的这句诗。

③ ［德］哈贝马斯：《后形而上学思想》，译林出版社 2001 年版，第 35 页。

代性命运的把握要从现代性的视域出发，不断加深对现代社会特性的认识，在不断认识社会和“认识你自己”中寻找人的发展的现代之路。

变动不居的社会特点在当代越发显著，矛盾性、副作用和不确定性正在成为社会的主导特性，社会理念基础和人们行为方式正在悄然改变：对增长和进步的盲目乐观必将被更加审慎和全面的发展观所取代，过去的经验已不足以成为当前行为的依据的理由，人们当前的行为选择同时还受到对未来预期的影响。在这样的时代，由于前时代的观念和决策的负面后果现代人正在被迫品尝，未来掌握在现代人的手里的判断越发显得沉重。矛盾、不确定和副作用不仅是现代后果，是现代人生存和发展的现实境遇，也是现代人的生存和发展方式。风险社会已经悄然来临，并正在从制度上和文化上改变着社会的运行逻辑。

返回自身、相互映现、自我观照的反思性是人类生存的基本条件或状态，是认知与实践活动的普遍结构，也是现代性的最独特、最突出也是最难把握的特征。它不但让社会科学家认识到了一种基本的研究立场，更让人们在它所带来的辩证性、复杂性面前茫然失措，以前所未有的紧张和忧虑关注现代社会所潜藏的风险。[①] 然而，这一切又不可避免，当我们以反省的精神态度注视我们当代社会时，我们不得不以一种别具一格的视角来审视当代社会的风险特性，并放置于现代性的宽广视界中探讨其内涵、根源与特性，因为人的发展必然要建立在对于人的生存处境和人类未来命运思考的基础之上。

第一节　风险社会概念的界说

历史上任何一种具体的社会语义都根植于人们的日常生活中，

① 郭大为：《镜像中的生存——现代性的反思与反思的现代性》，《中国社会科学》2005年第1期，第10页。

都包含着对现实的指导和反映，而社会运动也在不断推动着语义的发展变化。当核泄漏、疯牛病、非典、印度尼西亚海啸、禽流感、恐怖事件日益对人们生活的各个领域影响越来越大时，公众开始变得越来越敏感和脆弱，恐惧感也与日俱增，风险问题由此成了当今社会争论的主题之一。风险理论在现实的推动下也越来越受到关注。但是，关于风险的争论从20世纪50年代开始到现在成为显著主题存在着一个历史发展的过程，风险的早期讨论主要集中在与环境相关的风险事件，如核能使用的潜在危险、公共卫生、水和空气污染等，现在对风险的讨论已经全方位地展开。风险的语义在这一过程中也在不断地发生变化，新的风险语义已经慢慢涵盖和超过了经济语义。现在，风险已经成为社会语义、政治语义、生态语义、经济语义的综合体，作为整体出现在关于人类安全的争论中。而推动风险讨论在更大的视域中进行的当数德国社会学家乌尔里希·贝克，他提出了风险社会的概念，借助于现代性理论改变了风险问题讨论的方向，使得人们对风险的认识在广深两个向度都得到了加强。但是，"风险社会"是一个颇受争议而又内涵丰富的全新概念，其背后隐藏着诸多问题需要解答。诸如，风险问题的上升表明了我们正进入一个不同以前的新社会和新时代了吗？把风险作为我们当代核心问题来组织社会可能产生什么样的后果？风险社会的内涵和基本要素是什么？风险的定义和风险的总体特征涉及哪些内容？现代风险有哪些特点？

一　在视界交融①中勾画风险社会图景

什么是风险社会，截止到目前，由于人们对它的认识只是刚刚起步，尚缺乏对其发生和存在机理的深刻解析，因此，一般来说它还没有形成一致性的权威界定。更为重要的，现代社会反思"被引

① 视界交融是伽达默尔解释学中的一个基本概念。他认为，时间间距不仅不是我们理解的障碍，而且是我们不断产生新理解、新真理的意义的源泉，这种不断产生的新真理、新理解就是视界融合。他从哲学上赋予视界新的含义，首先，其基础是历史性的，其次，不是封闭和孤立的，而是在时间中进行交流的场所，是不断运动的。当这一视界与其他视界相遇、交融时，便形成了新的理解，这就是视界交融。

入系统再生产的每一基础之内，致使思想和行动总是处在连续不断地彼此相互反映的过程之中”①，几乎所有的社会科学都参与了现代性的反思过程，今天社会充满了反思性的人类知识。风险社会作为对传统现代化全面反思基础之上的反思性的理论，具有全球性和时代性特点，某种单一的视界不可能完成深刻而全面的解说任务。风险社会这一概念虽然最早是德国社会学家乌尔里希·贝克在其《风险社会》中第一次提出，但之前的很多学者对风险社会理论的基本内容都有过深刻揭示。对现代性的批判是构成对风险社会理解的基础，更多的学术成果都可以作为理解风险的资源，包括马克思理论对现代性的深刻揭示为理解风险社会提供了重要理论武器和方法。虽然存在众多的理论分歧，这些分歧不仅是方法和视角的差异，还包括立场和层次的区别，但这不仅不会削弱风险社会理论的价值意义，而且还有助于对于这一问题更为广泛和深刻的讨论与理解。从某种意义上讲，贝克的风险社会概念的提出，其本身的象征意义大于其实质意义，为我们提供了一个更为宽阔的讨论平台，以引致在众多理论的碰撞、交汇中形成对风险社会的更广泛和深刻的认识。

（一）在生态危机中认识风险社会

进入现代以降，人类开创了一项伟大的事业：“主宰”和“统治”自然。人类以这种生存方式取得了巨大的成功，建立了现代性的物质生活和精神生活。但是，也带来了不良后果——生态危机。吉登斯列举了多项此类危机的表现：

> 由核电站事故和核废料引起的辐射；海水的化学污染足以摧毁制造大气层中氧气的浮游植物；大气污染的一种“温室效应”，破坏着臭氧层，使冰雪覆盖层融化，淹没大片地区；热带雨林遭到大规模的毁坏，而它是再生氧的基本来源；大面积使用人造肥料，结果使得成千上万英亩的表层土壤失去了

① ［英］安东尼·吉登斯：《现代性的后果》，田禾译，译林出版社2000年版，第33页。

肥力。①

这些危机已经膨胀到“是生存还是毁灭”的地步：首先，生态危机不是局部的生态问题，而是带有全球性的特征，且从生态系统的内部构成要素来看，几乎所有的物种都受到了危机的侵害。其次，目前的生态危机已经造成了非常严重的生态遗传隐患，物种的畸变趋势十分令人忧虑。全面的生态危机已经使生态系统十分脆弱，随时可能以极端形式爆发。再次，如今的生态危机在许多方面已经超出了生态系统的承受界限。尽管某些局部的生态问题可以得到解决，但有些问题，人类已经无能为力了。

人们对于风险的讨论与关注正是从生态危机的显现开始的，并构成了风险社会的主要表现之一，从某种意义上讲，风险社会正是生态危机开始集中显现的阶段。在风险社会中，生态危机所展现的不仅是人类生存“环境”的破坏，“‘生态危机’开掘出一系列的与今日之人类生活的可塑性有着根本关系的问题——即在我们的生活的许多领域内‘命运’的隐退”②。在现代难以找到自然与人类社会生活的清晰界限，“环境”已经不再外在于人类社会生活，而是受到了人类生活的彻底渗透与整理，“自然”之物与“生活”之物完全搅在一处。生态危机的威胁已经深入到社会的各个层面，并改变着人们的基本观念、政治决策、社会生活内容、个体生活方式等。生态危机已经变成了“一出大戏”：“生态问题以及透过生态与工业的自危坐标系对世界的理解把道德、宗教、原教旨主义、绝望、悲剧、自戕、死亡——总是与对立面混于一体——变成了一出大戏。……这里有恶龙、屠龙者、奥德赛式的探索者，还有神灵和魔鬼，只不过这一切是各种领域中——政治、法律政府及商业——

① ［英］安东尼·吉登斯：《现代性的后果》，田禾译，译林出版社2000年版，第111—112页。

② ［德］乌尔里希·贝克、［英］安东尼·吉登斯、［英］斯科特·拉什：《自反性现代化——现代社会秩序中的政治、传统与美学》，赵文书译，商务印书馆2001年版，第2页。

的共同角色，正在扮演、分裂、分配和拒斥。”① 生态危机也由此构成了风险社会的基本面貌，反映了风险社会的主要内涵。

生态危机引致了当今社会财富生产和风险生产的重叠。由于生态危机所引致的危险和潜在威胁的释放达到了一个前所未知的程度，“在发达的现代性中，财富的社会生产系统地伴随着风险的社会生产。相应地，与短缺社会的分配相关的问题和冲突，同科技发展所产生的风险的生产、界定和分配所引起的问题和冲突相重叠”②。也就是说，当代社会已经出现一种实质性的社会变迁：“财富—分配”的社会问题和冲突开始和“风险—分配”的相应因素结合起来。如果说前现代社会的推动力用“我饿”来概括的话，那么在风险社会的集体性格除此之外还必须增加另外一句话：“我怕。”

财富生产与风险生产并不是无内在关联的两个系统，风险生产的系统恰恰是由财富生产系统引致的，并同时反过来影响着财富生产。为了增加财富，人类在向自然进军一路凯歌的时候，同时也在破坏着自然，导致人与自然关系的功能性失衡，带来了严重的生态危机。而这种危机也在反过来实现着财产的贬值和生态剥夺。诸如，毒害事故或有毒垃圾会使耕地变成废地；污染的海域不仅会影响吃鱼的人，也会减低依赖打鱼为生的人；森林的破坏会使土地和森林财产的价值下降；哪里建成和规划了核电站和火电厂，哪里的地价就会下降。

风险也是要分配的东西，并构成了不同的风险地位。从整体上讲，贫困是等级制的，化学烟雾是民主的。③ 生态危机所带来的风险在其范围内以及它所影响的那些人中间，表现为平等的影响。由于生态危机所带来的风险具有一种社会性的“飞去来器效应”④，那

① ［德］乌尔里希·贝克、［英］安东尼·吉登斯、［英］斯科特·拉什：《自反性现代化——现代社会秩序中的政治、传统与美学》，赵文书译，商务印书馆 2001 年版，第 64 页。

② ［德］乌尔里希·贝克：《风险社会》，何博闻译，译林出版社 2004 年版，第 15 页。

③ 同上书，第 38 页。

④ “飞去来器”是一种玩具，既能扔出去又能返回来。“飞去来器效应”意指风险具有这样一种特点：同样会冲击生产它们和得益于它们的人。

些生产风险或从中得益的人也难以逃脱风险的威胁。

但是，世界范围内的平等的风险状况不会掩盖那些在风险造成的苦痛中的新的社会不平等。正如贝克所言，“饥饿的魔鬼与倍增的风险的堕落天使争斗着。特别危险的工业被转移到贫困的边缘国家。第三世界的贫困与发达风险工业被放纵的破坏力量可怕地结合在一起”①。对于个体来说风险也是不平等地分配着，财富可以确实提供应对现代风险的相对保护伞。那些有能力的人们都会从高度污染的、环境退化的和不安全的地区搬走。只不过财富不能提供应对终极性灾难的终极性保障，但更多的时候，终极性灾难只是一个假设性的建构物。大多数情况下，生态危机所带来的都是相对的威胁，在某种程度上是可以预测的。因此，财富既可以保护人们不受稀缺性困扰，也可以用来相对保护人们不受风险的困扰。另外，处理、避免或补偿风险的可能性和能力，在不同职业和不同教育程度的阶层之间也存在着不平等的分配，因为教育和对信息的关注可以为处理和规避风险提供不同程度的可能性。

可见，生态危机所引致的风险生产与财富生产交织在一起，使得社会发生了巨大的变化，我们需要在新的历史特性中远离原先的思考和行动模式。

人类正面临着科技发展—生态危机循环矛盾的尴尬境地。当人类依靠科学技术不断增强改造自然的能力，创造巨大的物质财富的同时，科学技术的负面效应也与日俱增，带给人类苦涩之果。更大的矛盾在于，生态危机的解决似乎还不得不依靠科技的发展。当前人类社会就处在这样一个两难的境地，正如尼采所言：“凡人类所能享有的尽善尽美之物，必通过一种亵渎之后才能到手，并且从此一再要自食其果，受冒犯的上天必降下苦难和忧患的洪水，侵袭高贵的努力向上的人类世界。”② 科学技术与生态危机这种循环式矛盾构成了风险社会的基本缩影。在风险社会中，威胁主要是自我威

① ［德］乌尔里希·贝克：《风险社会》，何博闻译，译林出版社 2004 年版，第 47 页。

② ［德］尼采：《悲剧的诞生》，周国平译，生活·读书·新知三联书店 1986 年版，第 39 页。

胁，威胁来自自身的成功和消除威胁的努力。

技术的每一次重大进步，都会对人类生存的环境—生态系统产生破坏性的影响。当生态危机所引致的风险越来越凸显时，人们对科学技术的态度和认识也在发生着深刻的变化：科学伦理[①]的弱化。在工业社会时代，人们通常表现出强烈的科学伦理，对科学原则、知识体系及其专业人员充满敬意，并广泛存在着这样的基本假设：更多的知识会带来更大的利益，这反过来又会使人们对科学和技术持更为友好的态度。可是随着有害物质和放射性物质以及家庭化学有害物和各种食品所带来的健康风险越来越多时，以前的那种线性假设越来越受到质疑，科学伦理经受着破坏。特别是当专家系统在争论中屈服于能获得高利的人的压力，违背科学精神对风险做出不符合事实的解释被媒体越来越多地揭露，政府和专家顾问不得不一再修改自己的评价时，人们对基于“欠充分的归纳性知识”的专家系统当初的依赖在不断地减弱，科学作为一种“德高望重”的开放知识体系的名声在不断地损害，科学越来越显著地在全体公众面前表现自己的窘迫和局限。

但是，在科学伦理日益弱化的同时，对威胁的诊断和与其成因的斗争，却又不得不依靠科学测量、实验和验证工具这些属于科学技术领域的帮助。不仅科学成果应用于工业生产产生了生态危机，科学同时又提供了认识和提出问题的手段和“战胜”与宏观世界应对之负责的威胁的前提。科学既是定义风险的媒介，也是解决风险的资源。“正是对自己依赖于自己的所抗议的对象这种状况的意识，产生了反科学态度中如此之多的痛苦和非理性。”[②]

生态危机所带来的风险使得公众对科学技术的认识没有工业社会那么单纯了，而是一种复杂的矛盾情感。科学的努力和进步在今天总是伴随着不信任，公众开始怀疑未尽之言、考虑副作用并预料

---

① “科学伦理”是英国学者莫里斯·J. 科恩把公共知识、公共兴趣和公共态度归纳成的一个术语，意指对解释自然现象的科学方法的尊重，对科学权威的推崇和技术权威的崇拜。

② ［德］乌尔里希·贝克：《风险社会》，何博闻译，译林出版社2004年版，第201页。

最糟糕的情况出现。

科技发展与生态危机的循环矛盾只是风险社会中的矛盾缩影，在更多方面和更高层次还存在着类似的矛盾，风险的解决必须依靠产生风险的机制。从某种意义上讲，风险社会就是矛盾性的社会，矛盾性是风险社会的基本要素。

生态风险逐渐成了社会运行的中心之一。生态危机在带来人类灾难的同时，社会也开始了自我反思。许多国家开始重新确认自己的科学理性责任，并向可持续发展战略转变。人们也开始提出了发展的自我限制问题以及从潜在的威胁出发对已获得的标准进行重新制定。一方面社会在关注财富增加的同时，也越来越多地把注意力转向风险的规避，生态风险也渐渐成为政治决策和社会发展的主宰力量。

在现代化发展的最初阶段，财富生产以满足物质需要是跨越阶级的主要关注点，经济增长享有无可置疑的首要地位。甚至财富需求压制着对风险的认知：为了解决失业问题和经济增长可以牺牲生态环境，只有国民生产总值迅速增长，才能给进一步的环境保护创造必要的先决条件，理性可以找到解决一切问题的办法的态度被默认。

但是，这并没有对风险产生实质性的影响，被否认的风险增长得异常迅速和完全，恰恰正是现代化早期对风险的主观否认，成为风险社会正在现实化的证据。随着现代化早期的胜利所伴随的损失越来越大时，在不同的利益间，风险的共同性事实逐渐形成。风险也由此渐渐成为社会运行的中心和社会决策的主导因素，消除短缺的位置被消除风险所代替。人们对不断增长的风险的焦虑超过了对物质产品的生产的关心，是风险，而不是物质的贫乏，成为当今时代的主要烦恼，避免风险成了我们时代的中心政治议题之一。

在风险中心的社会中，安全成为新的价值体系的中心概念，“不平等的”社会价值体系逐渐被“不安全的”社会价值体系所取代。在这里，人们对“好的”东西的关心让渡为“如何预防更坏的东西”的关心，自我限制也成了一个目标出现了。如果说现代化初期社会所追求的目标是“做大蛋糕”，那么，在现代社会，“免受毒害”则成为重要社会理想。

随着生态危机所引致的风险的增强，人们的生存方式和困境也发生了嬗变。在现代化的初期阶段，推动、区分和融合个体的主要条件是需求的共同性，尤其是财富需求的共同性，而在现代，推动、区分和融合个体的不仅有需要的共同性，还有对风险的焦虑的共同性，并且后者越来越占支配地位。这种焦虑的共同性正在形成一种政治力量，尽管这种社会政治力量在各国的影响是不同的，但对风险的焦虑性正日益构成了人类共同的生存困境，由焦虑性困境所产生的政治团体构成了人类新的生存方式之一。

（二）在工业社会的变迁中认识风险社会

20 世纪 60 年代以来，西方资本主义社会发生了一场以电子技术为先导的技术革命，也导致西方工业国家的社会结构及其社会生活发生了巨大的变化。对于这一变化，西方学者有着纷繁多样的预见性表述，从中我们可窥见风险社会的基本面貌。其中丹尼尔·贝尔称之为后工业社会，马尔库塞称之为发达的工业社会，而乌尔里希·贝克则称之为风险社会的来临。三人都认识到了古典工业社会或早期的工业社会的基础与结构正在发生变迁或是消解，只不过，他们对于工业社会的变迁有的命名为“晚期的”，有的命名为“超越的”。尽管丹尼尔·贝尔和马尔库塞并没有提出风险社会的概念，但只要实现一下角度的转换，我们仍能从中感受到其与贝克风险社会理论的“家族相似性”。

在启蒙理性指导下通过工业革命所形成的工业社会在完成了西方财富积累的历史任务后，其颓废和副作用逐渐呈现出来，贝尔在《资本主义文化矛盾》一书中借用尼采的话作为开场白：“眼下我们整个的欧洲文化正在走向灾难，带着几个世纪积压下来的磨难和紧张，骚动着，剧烈地向前，像一条直奔向干涸尽头的河流，不再回顾身后的一切，也害怕回顾。”① 贝尔认为，发达资本主义国家正在从工业社会向后工业社会转化，一切都在终结，一切都在新生。人

① ［美］丹尼尔·贝尔：《资本主义文化矛盾》，赵一凡等译，生活·读书·新知三联书店 1989 年版，第 49 页。

类的文明固然有了巨大进步，但它是以巨大的恶的代价换取的，且恶的增长势头强大，如果不能有效遏制，人类的美好未来就是一句空话。生活在后工业社会里的人“面对着他竭力要理解和掌握的敌对力量”，“人伫立在一个他从未创造的世界上，孤独而恐惧，现实却不在那里”[①]。后工业社会的到来，使得个体之间变得日益疏远起来，地方观念的信仰受到了质疑，没有什么统一的价值观念能取代它们的位置，因而个体丧失了前后一致的自我感，其焦虑不断增加。个体时刻面临着失业的威胁，挫折感和无助感蔓延，并以非理性的方式爆发出来。在贝尔看来，焦虑与恐惧是后工业社会时代人的基本感受，尽管他并没有指认这是由于社会风险的增加带来的，但实际上他所指认的传统价值观念内含的确定性的消解——给人类带来焦虑与恐惧的时代因素——恰恰是风险社会的基本表现之一。

“曾经由‘自然’决定的东西—无论是‘环境’还是传统——一旦成为决策对象，那么便会出现新的道德空间和政治的复杂性。”[②] 在工业社会中，随着越来越多的副作用彰显，作为西方工业文明实质的基本观念：人类中心主义、工具理性支配论和历史进步观并没有“超稳定”存在，而是不断地受到质疑。因此，贝尔尽管没有直接用“风险”来描述后工业社会，但他“恶的增长势头强大”的指认，实际上已经看到了后工业社会存在的危机与威胁。

作为社会学家，贝尔不仅从文化和哲学的角度一般性地批判后工业社会存在的问题，同时还个体地指出了工业社会向后工业社会的具体变迁。如贝尔提出，“重要的事实在于，有关劳动的‘劳动问题’（‘Labor issue’ qua Labor）既不再是核心，它也不具有社会学和文化上的分量，能使其他一切问题都围绕这一轴心而分成两极”[③]。暂且不去讨论贝尔有关“劳动问题”不再是社会的核心问

① ［美］丹尼尔·贝尔：《资本主义文化矛盾》，赵一凡等译，生活·读书·新知三联书店1989年版，第199、200页。

② ［德］乌尔里希·贝克、［英］安东尼·吉登斯、［英］斯科特·拉什：《自反性现代化——现代社会秩序中的政治、传统与美学》，赵文书译，商务印书馆2001年版，第241页。

③ ［英］阿德里安·里特尔：《论后工业社会主义》，郑一明编译，《马克思主义与现实》2002年第2期，第37页。

题的判断是否准确，至少他看到了一个事实：在后工业社会时代，社会劳动市场发生着重要变化，有组织的劳动发展到了顶峰，劳动市场变得富有弹性、瞬息万变和无组织。而“劳动的特性和分配上的变化，既能够为创造一个真正富裕的更文明的社会开创新的可能性，也可能驱使我们进入更大的社会不安、失落和冲突之中”①。而事实上，不管前一可能性能不能实现，后一可能性的确在不断呈现之中，“大众持续失业的时代”到来了。后工业社会时代就业与失业更为紧密地纠缠在一起，个体所面临的失业风险越来越大。当然，在后工业社会时代，并不是就业—失业简单对应的风险变化，同时还存在着众多的由核心工作向边缘工作变化的风险。

相对于贝尔来说，马尔库塞作为法兰克福学派最为知名的激进哲人之一对于发达工业社会的变迁多是建立在批判之上的。马尔库塞认为，发达工业社会利用技术理性成功地消除了威胁人类的物质匮乏，并利用这一功绩把技术引入社会和日常生活的所有领域且形成了一种占统治地位的技术意识形态。这既使发达工业社会为广大民众营造出一所宽敞的避难所，同时又播下了可能毁灭人类的种子。在马尔库塞看来，毁灭人类的可能性就来自发达工业社会由于其形成的“同一性”而压制了人们内心的否定性、批判性和超越性，在这样的“单向度的社会”里，人们丧失了具有创造性社会批判功能的那个向度，只剩下肯定、维护现存秩序的一个向度。也就是说，在发达工业社会，科学技术与工具理性使得人们失去了批判与否定意识的“超然力”。

如果转换视角，马尔库塞对发达工业社会所作出的批判实际上揭示了风险社会的深刻性根源之一。如果说在古典工业社会中技术主要还是在生产领域发挥作用的话，那么到了发达工业社会时期，技术已经深入到了整个社会的控制系统和协调系统之中，更为可怕的是，它已经成为一种意识形态在实现着对整个社会的“同一性”统治。随着生产力的发展在对自然的技术性奴役之后，技术已经缺

---

①［英］阿德里安·里特尔：《论后工业社会主义》，郑一明编译，《马克思主义与现实》2002年第2期，第36页。

乏根本性的制度、文化和观念束缚，开始延伸出对人和自然的深层控制，并进一步导致对社会的成功统治（即通常所说的科学管理）。换句话说，发达工业社会从解放的道口出发，却内在地驶进了奴役人的风险轨道。

虽然马尔库塞的理论不是建立在对社会风险的分析上，但它的发达工业社会批判理论所指认的“没有反对派的”单向度政治、单向度的人、文化的超越性和对立性因素的消失、单向度的思想等揭示了发达工业社会的两重性质：解放和奴役。两重性而不是人们普遍所认为的“解放和进步的确定性”，构成了发达工业社会是高度风险社会的深刻说明。

科学技术在制度化的同时，其结果和基础也遭受着越来越多的怀疑，正被解神秘化。对此，德国社会学家乌尔里希·贝克给予了密切的关注。

作为“第二现代性理论”的代表人物，贝克对于工业社会出现的变迁观察更为仔细，思路也较为独特。他把工业社会以后的社会，也就是“后工业社会”和“发达的工业社会”阶段称为风险社会。但他不认为，风险社会来自资本主义工业社会发展的失败，而来自它的成功。贝克的风险社会不仅是古典工业社会副作用集中显现的阶段，更是工业社会自我调整、反思的阶段。

尽管存在诸多争议，但贝克通过与古典工业社会的对比，给我们呈现了一幅较为细致的风险社会图景。贝克认为，生产力在古典或早期工业社会时期的“清白无辜”之身已经丧失，从技术—经济“进步”的力量中增加的财富，日益为风险生产的阴影所笼罩。其早期所呈现的合法化的“副作用”现在日益成为公众批判与科学审查的主题，并渐渐获得了核心的重要性。“把生活和思考紧紧地系缚于工业现代性之上的坐标体系——性别之轴、家族之轴、职业之轴，对科学和进步和信念——开始动摇，同时机会和危险的新的黎明正在形成之中——这就是风险的轮廓。”① 且这一变化是全球性

① ［德］乌尔里希·贝克：《风险社会》，何博闻译，译林出版社2004年版，第9页。

的。在此，我们可以看出，马尔库塞等人所关注的是产生奴役风险的思想基础，贝尔关注的是产生矛盾风险的社会机制，而贝克则关注工业社会副作用的表现。

其一，阶级文化和意识，性别和家族角色等这些工业社会的传统参数日益消解，生存的个体化形式和状况正在出现，人们为了自身物质生存的目的而将自己作为生活规划和指导的核心。“社会阶级的文化不能为此提供一种定向语境”①，个体自身成为生活世界中社会性的再生产单位。个体化是风险社会的鲜明主题。

其二，早期工业社会就业体系的法律前提和社会前提已经改变，大规模失业被整合进以一种崭新的多元化不充分就业形式出现的职业体系，伴随而来的是所有与之相关的危险与机会。

其三，与早期工业社会科学实践与公共领域的关系中所呈现的初级的（primary）科学化不同，在风险社会中，科学面临着它们自己的产物、过失，科学自身的固有基础和外在结果面临着怀疑，科学不仅被当作一种处理问题的源泉，而且是一种造成问题的原因。科学不能再享受理性的佑护，而渐渐失去垄断地位。

其四，随着日益增长的危险的生产力，亚政治从政治手中接过了塑造社会的领导性角色。风险成为现代社会中的现代性自我政治化（self-politicization）的动力，并且，在风险社会中政治的概念、地位和媒介发生了变化。

从工业社会变迁的视角可以看出，风险社会不仅是生态危机、技术危机等这些具有重大影响的风险存在，还包括生活风险的存在，并且对劳动、工作、家庭、科学、政治等领域产生广泛影响。因此，贝克的贡献不仅在于其对风险的警觉，还在于其对风险社会及其影响深入细致的分析，拓宽了对风险认知的范围，也为风险社会中的人的生存与发展状况提供了重要的分析。

（三）在时空转变和偶然性增强中认识风险社会

认识风险社会还需要在更为微观的领域进行探视，这离不开时

---

① ［德］乌尔里希·贝克：《风险社会》，何博闻译，译林出版社 2004 年版，第 108 页。

空转换和偶然性增强两个视角的观察。时空转换和偶然性增强既是使风险增加的原因，也是风险社会的具体表现。

在传统理论中，时空仅仅被理解为社会运行的舞台，而在现代社会中，这一观念被改变，时空成了渗透于社会行为过程的关键因素和社会演化的内部参量。风险社会的基本表现之一就是社会运行的时空较传统社会和工业社会具有了新的态势。时空转变在这里有着两种不同的面向，即时空的分离、伸延和时空的压缩。这两种面向从不同的视角都反映了风险社会的时空特征。

时空的分离与伸延是英国学者吉登斯研究现代社会的基本切入点，他认为时空分离是现代性的重要动力因素。吉登斯认为，在传统社会中“构成日常生活基础的时间计算，总是把时间和地点联系在一起，而且通常是不精确和变化不定的”①。但是随着时钟这种“虚化时间”的出现，时间逐渐从空间中分离了出来。而“时间的虚化”构成“空间的虚化”的前提。“虚化空间”使得前现代社会空间（space）与地点（place）的一致性关系改变了，“在场”（presence）越来越多地被“缺场”（absence）所替代，地点变得捉摸不定，远距关系决定着场所的性质。现代化的扩散已经使得越来越多的社会过程和事件超出了传统自然共同体“同时同地”的范围，在越来越大的程度上将时间和空间分离开来。“被脱域了的制度极大地扩展了时—空伸延的范围……通过冲破地方习俗与实践的限制，开启了变迁的多种可能性。”② 现代社会的许多风险就产生于现代性的时—空联系由传统的“在场”转变为“缺场”，社会活动的方式越来越依赖于人们在时—空“缺场”情况下的互动。吉登斯认为，现代社会在“时空结构”上的高度伸延，是通过两种“脱域”机制实现的：象征符号系统和专家系统。处于分离和“缺场”状态下的人们依靠符号系统和专家系统获得信息，达成共识，形成共同行为，从而维持相互依赖。但问题在于，如果提供信息和解释信息的符号系统和专家系统出现问题，现代社会在“时空结构”上的相互

---

① ［英］安东尼·吉登斯：《现代性的后果》，田禾译，译林出版社 2000 年版，第 15 页。

② 同上书，第 17 页。

依赖就会受到极大损害，现代社会就有可能陷入高度紧张和突发性事件所带来的混乱的风险之中。因此，现代社会中存在一种“时空断裂”的潜在危险，社会秩序的问题转变为如何将高度伸延和分离的“时空系统”整合在一起。由于邮件通信、电报电话、互联网等科技和社会组织方式的推动，人类的生活方式发生了巨大的变迁，社会被不断地重组，社会变迁的速度、程度都大大增强。脱域机制给变化、不确定性甚至副作用都预留了广阔的空间，而社会变迁速度和程度的加剧，使得社会的未知领域不断扩大，增大了风险的程度。

在此必须要指出，时—空伸延是个相对的概念。从全球的层面上讲，时空伸延是全球化现代性的主导方面，西方发达国家在这一方面更为突出。但是对于后发现代化国家而言，时空伸延是建立在已建构和被建构的时空相对挤压的条件之上的。

鲍曼对于社会变迁的时空之维则给予了更为清晰的说明。他把现代性中“那一部分现在快要终结的历史”叫作沉重的现代性，即大量占有的现代性，一种“越大越好”的现代性。并且他认为，沉重的现代性是领土征服的时代，征服空间是它的最高目标。而现代世界是一个快速飞逝的世界，是一个由差异性诞生新的差异性的过程。鲍曼称之为流动的现代性。而对于这种变化，他引用巴黎大学经济学家科恩的话做出了形象的区别：“无论是谁，只要他的事业生涯的起点是从微软公司开始，他就根本不知道自己事业生涯的终点在何处。无论是谁，只要他的事业生涯的起点是从福特公司或雷诺公司开始，就几乎可以确定，他的事业生涯也就将在这同一个地方结束。”①如果说在“固态的”现代性是一个相互承诺的时代，“液态的”现代性却是一个解除承诺、捉摸不定、熟练地逃避和没有希望的追求的时代。“对‘接近不确定性的渊源’的追求，已经减缩并集中在‘瞬时’这一唯一的目标上。现在，谁运动和行动得

① ［英］齐格蒙特·鲍曼：《流动的现代性》，欧阳景根译，上海三联书店2002年版，第182页。

更快，谁在运动和行动上最为接近‘瞬时’，谁就可以统治别人。”①

时间的延伸与分离使得现代社会流动性增强，同时也带来社会变迁范围的扩大和空间的深刻性，显然，在这样的社会时空中，随着对时间的追求占据主要方面，不确定的空间明显增加了，短暂、瞬间和变化成了显著特征。

而英国学者大卫·哈维（David Harvey）则是将现代性在时—空向度的变化概括为“时—空压缩”。哈维认为，现代性改变了时间与空间的表现形式，并进而改变了我们经历与体验时间与空间的方式，而由现代性促进的时—空压缩过程，在后现代时期已被大大加速，迈向时空压缩的强化阶段。“强大的发明潮流，集中聚焦在加快和快速的周转时间上。决策的时间范域（现在国际金融市场上分秒必争）缩短了，而且生活方式的风尚变换迅速。这一切伴随了空间关系的激烈重组、空间障碍的进一步消除，以及一个资本主义发展的新地理形势的浮现。这些事件，引发了强烈的时空压缩的感受，影响了文化和政治生活的每个面向。”② 哈维认为，今天的电子技术使我们可以快速穿越空间移动自己及物品，使社会生活空间大大压缩，从而创造一种全新的时空压缩感。时—空压缩影响着整个社会的经济、阶级、文化和日常生活，缩短了生产、交换和消费的周期，并且使消费时尚发生根本性转变，即从消费物品转向消费服务，从而逼迫人们去面对和处理更多的新奇物、资源和一次性消费品。而求新求变，速度越快，往往风险就越大。近年来人们热衷于探讨一种可持续的、与环境相协调的“生态经济”、“稳态经济”、“循环经济”、实行“适度消费”的经济，就是这种趋向的一种反映。在这种分化、流动、易变的世界里人们对时间和空间经验方式发生着重大转变，不确定性、偶然性、易逝等体验越来越明显。

不管是时—空伸延还是“时—空压缩”，其实都反映了现代社

① ［英］齐格蒙特·鲍曼：《流动的现代性》，欧阳景根译，上海三联书店2002年版，第188页。

② ［英］哈维：《时空之间：关于地理学想象的反思》，转引自包亚明《现代性与空间的生产》，上海教育出版社2003年版，第392页。

会的易变、流动、瞬间、轻巧的特性，描述了风险社会的基本特征。

人们的观念长期处于必然性神话的支配下，思想完全向偶然性封闭。“必然性在事物发展过程中具有支配地位，偶然性对整个事物的发展只起加速或延缓以及使之带有这样或那样特点的影响作用。”① 按照这样的说法，在任何事物的发展过程中，必然性始终起着主导性的作用，偶然性的作用则始终是边缘性的。

必然性的存在有着深厚的知识基础和思想基础，科学、宗教和哲学上崇拜必然性的倾向相互强化，成了人们观念上的最高法则。从笛卡尔之“我思故我在”作为第一真理开始，经由康德、黑格尔等人贯彻，沿着追求知识的确定性，排斥不确定性、随意性和偶然性这一基本思路，逐渐形成了根深蒂固的必然性神话。正如加拿大学者伊恩·哈金在《驯服偶然》一书中所指出的：“贯穿整个理性时代，偶然一直被称为平庸之辈的迷信。偶然、迷信、庸俗、愚蠢是一回事。有理性的人对这些东西是不屑一顾的，因为他们有能力用各种无情的定律将混乱掩盖起来。他们坚称，世界或许常常是偶然的和随意的，但那只是因为我们不了解其内部工作的必然机制。长期以来，人们的观念一直处于必然性神话的支配下，仿佛外部世界和人们的全部日常生活都是按照必然性展示出来的。这种可怕的偏见使偶然性成了任何时候都必须被驱逐出去的幽灵。”② 偶然性、不确定性长期被必然性和确定性所遮蔽，对其价值的认识长期被忽视。

现代社会的状况已经表明，在社会整体上，意料之外的东西正在更多地呈现，并引致巨大的影响；在个体层面上，影响个体发展的因素越来越多，预期越来越不确定。“种瓜得豆”的事情时常出现，机遇对于个体发展来说越来越重要。这些都表明，当代世界是充满着更多偶然性的，日常生活是充满意外和风险的，需要提高对偶然性认识和重视，正如恩格斯所批判的那样，“力图用根本否认

① 肖前等：《辩证唯物主义原理》，人民出版社 1981 年版，第 261 页。

② 俞吾金：《偶然性、风险社会与全球伦理意识》，凤凰卫视《世纪大讲堂》演讲稿。

偶然性的办法来对付偶然性。按照这种观点，在自然界中占统治地位的，只是简单的直接的必然性”，而这样“我们也还是没有从神学的自然观中摆脱出来”，“确信在这里一切也都是立足在坚不可摧的必然性上面，这是一种可怜的安慰”①。

影响人类生存与发展的偶然性因素不断增加，偶然性在风险社会中日益从边缘趋向中心。耗散结构理论的创建者普利高津在其《确定性的终结》一书中指出：“人类正处于一个转折点上，正处于一种新理性的开端。在这种新理性中，科学不再等同于确定性，概率不再等同于无知。”② 他认为，伽利略和牛顿通过传统物理学理论展示出来的那个“时间可逆的确定性宇宙图景”已经千疮百孔，偶然性、不确定性、时间的不可逆性才是宇宙的本质。

我们暂且不讨论偶然性能否构成宇宙的本质，但偶然性因素对社会与个体的影响却较以前大为增强了。传统为达致必然而设置的科学和法律制度建立起来的风险计算方法并不适合这些现代威胁的基本维度。如生态和高科技的风险已经超越了它起源的地方，而是与全球的生命威胁关联；核事故甚至会影响到那些当时还未出生的或者多年以后在距离事故发生地很远的地方出生的人，如 27 万人因切尔诺贝利核泄漏事故患上癌症，其中致死 9.3 万人，专家称消除切尔诺贝利核泄漏事故后遗症需 800 年。从此角度看，不明的和无法预料的后果成为历史和社会的主宰力量。传统必然性思维还经常运用这样的词语表达：“人类对某某的接触量，平均起来看并没有达到危险的水平”，这种表达背后意味着“平均的接触量对于人类中所有群体来说，就是实际的接触量”。而这种思考方式实际上忽视了社会上不平等的风险地位，或许存在着这样的群体和生活境况，对于他们，“平均来说无害的”却能构成致命的威胁。同样的污染，依据年龄、性别、饮食习惯、工作类型、知识和教育程度等等，对于不同的人具有十分不同的影响。因此，许多“必然性”的东西其实对于个体来讲却具有明显的偶然性。从普遍意义上讲，现

① 《马克思恩格斯选集》第 4 卷，人民出版社 1995 年版，第 324、325、326 页。

② ［比利时］普利高津：《确定性的终结——时间、混沌与新自然法则》，上海科技教育出版社 1998 年版，第 5—6 页。

代社会在事物内在要素的复杂性与外在条件的不可预测性方面比传统社会强化了，使事物发展的可能趋势具有难以预料性。事物发展过程是不可能在同一因素作用下发展的，外部环境和内在要素都是可变的，因此每一种现象的出现都是唯一的不可重复的，因而也是不可能完全预测的。

对终极体系、完满秩序的寻求，对未知的、不可控制事物的根除、对结实的立足之地、可靠的家园的崇拜在风险境遇增强的现实中已经证明是不适时宜的。“坚实的大地迟早会从人的双足下消失，但是没有大地抑或双足之下大地不稳，人仍将活下去，只是从此他不再把自明之理当作真理，而是把它们称作谎言。”① 我们也许能在俄裔犹太哲学家列夫·舍斯托夫的这段描述更深刻地体会当代社会偶然性越发增强的特性：

> 定居的人说：“对未来的日子没有把握，那么，人该怎么个活法？上无片瓦，叫人怎么安睡？但是一次意外就将他永远抛出家门，必须在林中度过黑夜。他难以入眠，因为害怕野兽，害怕他的那些流浪弟兄。然而，他最终将自己的生命寄托于偶然性，开始过上流浪汉生活，晚上或许甚至能够安然入眠。”②

二　风险的现代语义

为了更清楚地认识风险社会，还需要认识清楚其核心概念：风险。风险具有很强的现代性，它远远超出了当初的规定，在一种更新的层面被理解和界定。风险在传统、现代、后现代三种语境中有着不同的语义，呈现着差异性的特点与构成。“风险”语义经历三次转变：从一个客观危害描述的概念转向一个包含主观判断的概念、从最初对地理空间的探索转移到对时间的探索、从风险与保险

① ［英］齐格蒙特·鲍曼：《流动的现代性》，欧阳景根译，上海三联书店 2002 年版，第 121 页。

② 转引自齐格蒙特·鲍曼《流动的现代性》，欧阳景根译，上海三联书店 2002 年版，第 122 页。

相连到与保险脱钩，风险的概念内涵也从一个统计学的概念走向了一个社会学的概念，同时概念转换也展现了三种不同的社会形态：农业社会、工业社会和风险社会，最后在20世纪形成了流行的“风险话语”和风险社会理论。①

（一）“风险”概念的现代嬗变

风险（risk）的语源并不明确，还存在着一些争议，根据学者们的考察，“风险”可以追溯到阿拉伯语、古希腊语、意大利语、西班牙语诸多语种中。埃瓦尔德将risque（风险）追索到意大利并将其置于早期的现代航海贸易和保险的背景下解释。Risco源自“暗礁”和“巨石”，原意是“撕开某个东西”，喻指货船航行在公海的危险。也有学者指出，risk源于拉丁语resceum，意味着“危险”、“巨礁”、“海上危机”，也源于希腊词hiza，意思是“悬崖”，喻义“围绕一个危险的障碍航行”。可见，风险的古老语义是指航海过程中类似于暗礁的客观危险。

16世纪，“风险”第一次以印刷的形式在德国出现。17世纪，“风险”通过法语和意大利语进入英语并赋予了新的含义：一种破坏或损失的机会和危害。这是一次定性意义上的转变，风险从单纯的、客观的描述性概念转向为包含着主观判断的概念，而“风险”表达的领域也从单纯的自然界转向了商业活动中。性质和领域的转变是互为影响的结果：商业活动在寻找新的商业基地的动机中面对的危险已经包括了主观判断的成分。资本主义建立之后，风险更多体现着它的经济语义，在此，风险所指开始由空间维度转向时间维度。风险与保险也开始连接起来：在面对一个开放、不可预测和不确定未来时，通过保险将不可计算的东西变成可计算的东西以创造安全。风险的经济语义将风险等同于损失的概率，从而风险防范被视为处理影响个体或群体事件的一种特殊处理模式。

进入20世纪80年代，随着基因食品等科学技术成果的出现，人们发现，有些风险不能通过保险得以消减，且这类风险具有极强

① 李瑞昌：《社会变迁中的风险话语：发展的视角》，《人文杂志》2005年第5期，第153页。

的毁灭性，成为风险的主要类型。风险开始由经济语义向社会语义转变，指涉技术和社会发展所具有的灾难潜能，“风险”概念逐渐在社会科学文献中广泛采用。后来，在贝克等人的研究中又把这一概念推向了一个更为宽广的范围：风险成为描述现代现象的一个历史—系统的结构模式，这一概念不是简单地把生态危机提升为一个社会学的主题，而是把社会—政治的危机推到前景，打破自然科学家在风险界定上的“理性垄断”（das Rationalitatsmonopol），弥合现代化危机处境中科学理性和社会理性之间的鸿沟。①

现在，风险已经脱离原初的狭窄内涵，不再仅是客观威胁、不安全等，而是作为一个社会学概念与现代性内在关联在一起，打开了丰富而又广阔的现代规定。风险既是物质性的又是非物质性的，是可见性的又是不可见性的，因此，有关风险的知识都是媒介性（mediated）的，都依赖于解释，而所有的解释从本质上说都是视角的问题，因此也是一个政治的问题，风险定义——谁来定义风险，以及怎样定义风险——实际上是一个政治学和亚政治学的问题。由此，定义风险是极为复杂的，它的社会定义与建构是开放的。正是在此意义上，在什么是现代风险这个问题上，需要放在现代性的辩证批判视域内、启蒙理性矛盾性的分析中理解和概括，才能获得开放性的理解。

（二）风险的现代特性

1. 风险是一个现代②概念

风险的现代性特征就在于他是与人的各项决定、与文明进程和不断发展的现代化紧密相连的。“风险”“是个指明自然终结和传统终结的概念。或者换句话说，在自然和传统失去它们无限效力并依赖于人的决定的地方，才谈得上风险”。“即在人们觉得自己受到自

① 刘小枫：《现代性社会理论绪论——现代性与现代中国》，上海三联书店 1998 年版，第 49 页。

② 在本文中传统与现代主要是在社会性质的意义上加以区分的。传统主要是指农业社会时期，现代主要是指工业社会和后工业社会时期。

然灾害或者众神行动危害的时期里，这一概念是并不存在的。”①

风险的现代性特征体现在三个方面：第一，风险包含着对危险后果自觉控制的意味。在此，风险是一种观念和意识，它的出现，表明人们开始认识到了自己的决定会造成不可预见的后果，因而应该有所准备，通过一定的方式控制不可控制的事情，“通过有意采取的预防性行动及相应的制度化的措施战胜种种副作用”②。

第二，风险在现代越来越多地表现为现代化的风险，是工业化的一种大规模产品，是现代化的威胁力量。因此现代风险规模、强度和后果都超出了传统的危险程度。同时，风险的类型也具有现代性，许多威胁来自现代技术的增长，并冲击着那些享受技术益处的人。很多时候这种威胁是潜在的，无法计算和预料的。现代风险主要的不再是由于资源稀缺而产生的“贫穷风险”，更多地是现代化发展所伴生的生态风险、高科技风险、健康风险等。

第三，风险在现代社会越来越具有反思的性质。风险概念表明一种视线的转移：人们关心的主题从开发自然或从传统中解放转移到关注技术—经济发展本身所产生的问题。当现代化成为它自身的主题和问题后，风险概念也越来越凸显，成为“系统地处理现代化自身引致的危险和不安全感的方式”③。因此，风险越来越成为反思现代化的关键词，成为与现代化的威胁力量以及现代化引致的怀疑的全球化相关的一些后果。反思在传统社会是缺失的，传统以过去为导向，过去对现在产生影响，凭借过去重建未来。

2. 风险是虚拟的实在

风险的虚拟性可以从两个向度展现：一是这一概念是建构的；二是这一概念是相对的。前者表现在其非现实性的一面，风险作为对未来威胁的论断，含有猜测的成分。这种猜测是为了避免、缓解或者预防未来的问题和危机。风险的本质并不在于它正在发生，而

① ［德］乌尔里希·贝克：《自由与资本主义》，路国林译，浙江人民出版社 2001 年版，第 119 页。

② 同上书，第 121 页。

③ ［德］乌尔里希·贝克：《风险社会》，何博闻译，译林出版社 2004 年版，第 21 页。

在于它可能会发生。风险不仅是在技术应用的过程中被生产出来，而且在赋予意义的过程中被生产出来，还会因对潜在危害、危险和威胁的技术敏感而被生产出来。[①] 因此，风险"在知识里可以被改变、夸大、转化或者削减，并就此而言，它们是可以随意被社会界定和建构的。从而，掌握着界定风险的权力的大众媒体、科学和法律专业，拥有关键的社会和政治地位"[②]。在建构中，风险包含着价值判断的概念，不同的现代化主体和受影响群体总会依据他们的要求、利益和观点以不同的方式界定风险。

后者表现在风险随着人类认知领域的增加而增加，有时风险并不是客观地增长，而是相对地增加。现代社会存在着这样的问题：是风险加剧了，还是我们的观念变化了。这两个方面是互为条件、互相加强，因为风险就是知识中的风险，风险的感知和风险不是不同的东西，而就是相同的东西。[③] 现代认知能力的增长和认识领域的扩大带来的不是确定性知识的增强，而是未知领域扩大和偶然性因素的不断增强。主体反思水平的提高和反思主体的增加使得争论和批判在几乎所有的日常生存领域中展开，争论和批判的主题也不再是所感知事物的特定价值，而是那些日常意识不可见、不能感觉的东西：危险和威胁。引起风险相对增强的还有科学理性的断裂。由于科学曾经扮演着对人和自然的全球污染的保护角色，带来了对科学判断的不可靠性的增长，未被认识的、可疑的风险的灰色区域也在增加，也带了一种普遍的关于风险的困惑。同时，因为现代知识与我们所栖居的位置有着必然的联系，我们都加入了情境化的知识，没有什么事实能够独立地置于以语境、位置、视角、利益以及对风险定义和着色的权力为基础的解释的相对化影响之外。除去整体上相对风险外，个体分担风险的程度也是不一样的，呈现出风险

---

① ［英］芭芭拉·亚当、［德］乌尔里希·贝克、［英］约斯特·房·龙：《风险社会及其超越——社会理论的关键议题》，赵延东、马缨等译，北京出版社2005年版，第3页。

② ［德］乌尔里希·贝克：《风险社会》，何博闻译，译林出版社2004年版，第20页。

③ 同上书，第64页。

分配在个体间的相对不平等性。由于风险与认知内在关联，在处理、避免或补偿风险的可能性和能力，在不同职业和不同教育程度、不同财富水平的阶层之间存在着不平等性。在风险地位上，是意识（知识）决定存在。

而风险同时还是实在的，除了已经发生的可以见到的事实性风险如恐怖事件、生态灾难、非典等负作用的表现形式外，风险的更为普遍的实在表征还在于广泛存在的不确定性、流动性、偶然性和矛盾性的社会现实。无论是当代社会，还是社会生活中的个人，都不得不与风险、意外结伴而行。风险绝对不只是“德国经验”和“巴伐利亚中心主义”[①]，其实在性是全球范围内的。原因有三：其一，现代性的影响是全球性的，尽管有些民族还处在“未竟的现代化之中”，但经济的全球一体化已经把所有民族都“卷入其中”，现代性所具有的特性和后果不可避免地嵌入全球的日常政治之中，副作用、不确定性、流动性和偶然性不只是后工业国家的“专利”，许多现代工业国家也正在“兼受着”后工业时代特性的影响。其二，高强度意义上的风险所威胁的不是单一民族国家和地区，而是全人类。如核战争的可能性、生态灾难、人口爆炸等等。从此层面上讲，在现代风险景象中，没有什么“旁观者”。其三，风险环境在全世界范围内的扩张，脱域机制使得资源、生产、服务等不再受地域的限制，单一地方性组织难以对付突发性事件。另外，某一机制的整体动摇其影响是全球性的。如石油输出国组织（OPEC）政策微弱调整，都有可能影响到全球范围内石油制品的消费者。

3. 风险是内生的、人为的

现代风险的类型大都表现在三个方面：第一，自然资源的枯竭、自然环境的恶化和文化生活方式的变迁。自然资源是工业社会赖以建立的基础，但工业化的发展使得自然资源不断枯竭，同时带来自然环境的恶化。同时，传统社会和现代工业社会内在的社会结构和基本的生活行为的确定性——社会阶级、家庭模式、性别身

① 有人指责贝克的风险社会理论忽略了阶级社会的“老问题”，对风险的解释只是地方性知识，从特定案例中总结出来一般性结论不太中肯，有些夸大风险的影响和现状。

份、婚姻、亲子关系和职业都发生着变化。第二，一些基本社会秩序假设的动摇。在由理性启蒙而建造的现代性中，设计、操纵、管理、建造是其基本运行方式，根除矛盾、精确界定、消灭不确定性、填补世界地图的空白，建立秩序是其自我设定的任务。但这些现代性的基本假设越来越受到怀疑和察觉，现代性的社会存在与其文化之间日益充满张力，现代性消除矛盾之筹划非可行性和世界的随机性和身份的偶然性的意识正在不断扩充。现代存在迫使其文化成为自己的对立面。[①] 第三，现代观念的解体。现代社会中业已形成的集体的或某一团体的意义之源正在失魅，诸如进步、理性、阶级矛盾、主体性等现代观念正在遭受着多种多样、各不相同又相互矛盾的生活方式冲击，人们对于未来状况的态度有着更多的担忧，并没有以前那么有信心坚定“未来更美好”的信念。

显然，这些风险的主要类型与外在自然无涉，它是现代社会的内在问题。从某种意义上讲，正如吉登斯所言，风险是现代性的后果，是现代制度、文化、技术和观念，是社会变迁和文明发展进程中的负面影响，是人为不确定因素中的控制与失控。

4. 风险具有二重性

风险不仅意味着副作用、威胁、危险和不确定性，他还是一个辩证性的概念，具有积极性的一面，主要呈现在三个方面：其一，风险是社会发展、创新的动力源泉；其二，风险在现代社会成为重要的政治动员方式；其三，风险会促进新的精神、观念的形成。

吉登斯认为，“风险是一个致力于变化的社会的推动力”[②]。风险的动力机制来自其带入到现代社会的制度化的怀疑精神。在风险日益增强的状况，许多知识都处于不断循环之中，包括自然科学和社会科学。在风险环境中，科学文明进入了一个它不再只是去科学地认识自然、社会和人，而且还要不断地把目光投向自身，去认识它的产生、影响和错误。“科学不再与从预先存在的依赖性（中）

---

① ［英］齐格蒙特·鲍曼：《流动的现代性》，欧阳景根译，上海三联书店 2002 年版，第 15 页。

② ［英］安东尼·吉登斯：《失控的世界》，周红云译，江西人民出版社 2001 年版，第 20 页。

'解放'相联系，而是与它们自己产生的错误和风险的界定和分配联系。"[①] 风险所开列的现代化缺陷越多，对科技文明进步颠扑不破的信念越是减弱，科学批判、进步批判、专家批判和技术批判越多，科学越是呈现开放性，那些长久以来在科学内部熟谙的错误认知就越能容易被纠正。风险带来了反思的科学化，催生了更为全面、更为创新、具有自我纠错能力的现代知识，从而推动了社会的更为和谐地前进。

风险不仅通过科学的反思推动知识的更新，而且还会促使个体、集体对风险认知的增强，以及对原因和结果的关联链的政治阐述，这就带来了政治动力。风险的副作用得到关注，风险成为政治的主题陈述，风险制造者成为检讨的对象，规避风险成为重要的任务，也成为号召和发动社会运动的主要理由。在此，风险担当起了新的政治动员方式。正如贝克所言，"这些是反思性政治化产生风险意识和冲突的动力。这并不自动地有助于反抗危险，但它开启了原来封闭的行动区域和机会"[②]。风险的介入，改变了政治的和非政治的、必然的和可能的、给定的和可变的原有平衡状态，原来属于技术、经济的内容，现在逐渐成为政治议题，消除危险原因的行为越来越具有政治性。风险作为政治动员方式，其积极的影响可能会在两种状况上呈现。一是风险成为新的社会运动的主题，会促进政治决策的不断调整，向和谐、持续发展目标靠拢。二是风险的外部压力会成为增强集体和民族内部凝聚力的因素，并为新的政治决策与行动提供情感动力、合理性证明。

但风险的政治动员作用并不是自发就能产生的，如果是一个低度网格/低度群体[③]的社会：有高频率的社会交换，但只有很弱的共同（集体）认同感，风险的政治动员价值很难显现。因此，风险的政治动员必须借助公民道德资源的有效调动，诸如公民的责任感的加强。如果缺乏这个基本前提，有可能会出现个体关闭和保护私人

① ［德］乌尔里希·贝克：《风险社会》，何博闻译，译林出版社 2004 年版，第 195 页。引文原文为"依赖中"，我觉得在此笔者存在误译或印刷错误，应为"依赖性"。

② 同上书，第 93 页。

③ 网格/群体（grid/group）是道格拉斯分析社会群体认同感程度的公式。

空间，而导致“公共物的悲剧”[1]，从而产生“个人的丰裕”与“公共的穷困”如影随形的状况。

风险会催生风险意识等现代观念。新的社会现实和实践必然要求相应的意识和观念，强大的风险现实必然要求人们必须具有的一种辩证认识“理性”思维、正视风险的心理状态和如何面对风险的态度，即具备规避现代性内在冲突而带来的危险的自我批判的精神形式。也必然会催生勇于批判和超越的态度和气质，和为未来的子孙后代发展主动规划、谋略一种可持续的发展模式的责任意识，反思过去和现在的发展模式、实践路径和价值预设，面向未来，预测未来可能存在的潜在威胁。

作为本书核心概念之一，建立在风险社会图景勾画和风险的现代语义理解的基础之上，还需要努力给出风险社会的定义，尽管这是件非常困难的事情。在现有的理论资源，学者对风险社会的理解有着其不同的重点，但风险社会作为一种视域或社会背景，本书试图给予风险社会一种更为广阔的、综合的理解。基于此，风险社会在此是指人类社会对现代性引致的危险和不安全感的反思不断增强的基础上建构起来的充满矛盾性、不确定性、偶然性和快速流动的社会特性，同时也是工业社会副作用日益显现，生态风险、社会风险和个体风险增强的全球性的客观实在。它既是建构的，也是实存的；既具有进步性，又充满着危机；既是现代性的后果，又是对现代性的反思。

还需强调的是，风险社会作为一般社会特性，它是建筑在一定的实体性的社会形态之上的。一般来说，人类社会形态从生产力的角度看，可以分为农业社会、工业社会、信息社会[2]；从生产关系的角度看，人类社会的历史发展则分为原始社会、奴隶社会、封建社会、资本主义社会、共产主义社会。而这两种不同社会形态划分

---

① 这一概念及其初衷是格雷行·哈丁（Garrett Hardin）提出的，关注的是对稀缺资源的过度开发以及人口过度增长的问题。

② 自1964年日本的梅棹忠夫第一次使用了“信息社会”后，这一概念已被越来越多的人所接受。但信息社会作为一个新的社会形态，各方面发展并没有完全成熟，人们对于信息社会的本质特征还没有清楚地认识。

标准之间有着内在关联，农业社会基本上是与封建社会相对应的，工业社会基本上是与资本主义社会相对应的，而信息社会在较长的历史时期所对应的仍将是资本主义与社会主义。从生产力的角度看，风险社会是工业社会的负面后果，作为对工业社会的生产方式、发展观念等反思的产物，可以说是信息社会这一社会形态的基本特性。从生产关系的角度看，风险社会是资本主义与社会主义社会形态的共同特性。尽管风险社会是全球性的图景，但不是说它是资本主义社会与社会主义社会“趋同”后共同进入的时代，并没有超越马克思所界定的人类社会发展阶段理论。

第二节　风险社会的现代审视

在视界交融中勾画风险社会的基本图景，只是认识的第一步，更为关键的理论探索在于，作为一种客观的社会特性，风险社会何以可能？风险社会产生的社会历史根源是什么？如何认识和评价风险社会？这些都需要在风险社会基本图景描述的基础上，对风险社会展开以上问题的现代审视。唯此，才能清楚地理解和判断风险社会及其背景下的人的发展问题，也才能为风险的规避与防范提供更为深刻和关键的理论支持。正如当代社会风险图景的宽阔、复杂一样，风险社会产生的社会根源和生成的可能性条件必定不是单一的，而是多种因素交错综合的产物，因而，对于风险社会的现代审视，需要借鉴多种理论资源，运用多重视角分析。

一　马克思主义视域中对风险社会的三重审视

风险社会作为后工业社会的重要特征，虽然远离马克思的基本生存环境，虽然马克思本身也从来没有提及“风险社会”，但马克思主义视域仍然能够提供审视风险社会的基本观点和方法。原因有二：其一，马克思主义是从人们的历史存在或曰实践出发解释一切问题的哲学人类学，对于人类社会的解释与说明的理论价值并不局限于某一历史阶段，其实践的社会历史方法对于分析当代社会的基本特点的形成仍然是科学的、深刻的和基本的认识方法，具有重要的借鉴作用。其二，承上所述，风险社会是与现代性内在关联的，风险社会理论大都是在对现代性的批判的基础上建立的，对风险社会的审视与对现代性的批判具有许多一致性。马克思虽然没有明确提出“现代性”的概念，但是基于对社会历史发展的深入考察，还是具体阐发了有关现代性的重要思想，并对现代性做出了新的实质性的理解，资本全球化为标志的现代社会就是马克思的历史地平线，马克思的新世界观就是现代性社会的哲学地平线。现代性对于马克思而言，不是其边缘化的在者，不是碎片化散播的话语，而是贯穿于马克思新世界观变革的核心、基础和一以贯之的主线。马克思与现代性批判的密切理论关系必然也能够为审视风险社会提供丰厚的理论资源和方法支持。其实，作为当代社会发展的重大历史现象，马克思主义不能也不应该让风险社会置于视野之外，否则，势必造成马克思主义某种程度的“失语”，对风险社会的审视也是马克思主义的当代出场语境。立足于马克思主义立场和方法，从个人与社会的两个基本命题对当代风险社会进行多重审视，是深层把握这一社会历史现象的根本途径。

（一）风险社会是人类自身实践活动和社会物质活动的结果

马克思非常重视“实践”概念，它在马克思哲学中处于核心和基础地位。他认为，实践是人类社会或社会化的人类历史的奠基石，“周围的感性世界决不是某种开天辟地以来就直接存在的、始终如一的东西，而是工业和社会状况的产物，是历史的产物，是世世代代活动的结果，……”① 且实践构成了人的“类本质”和世界历史的本质，“社会存在”本身就是“实践”。因此，马克思强调哲学世界观对“对象、现实、感性”的观察方式或理解方式不仅要从“客体的或者直观的形式去理解”，而同时要把它们“当作感性的人的感性活动，当作实践去理解”。马克思对人类社会的这一观察和理解方式是相当深刻的，从本体论的层面深化了对人类社会本质的认识。马克思认识人类社会的方式也是理解风险社会的重要

① 《马克思恩格斯选集》第1卷，人民出版社1995年版，第76页。

方式。

在《德意志意识形态》中，马克思则明确地说："生命的生产……立即表现为双重关系：一方面是自然关系，另一方面是社会关系。"① 人类实践作为人的本质力量外化、物化的过程，既是主体自觉改造客体、形成"周围感性世界"的感性活动，也是调整和改造主体间物质交往关系的活动。因此，实践结构具有双重关系：一是主体对客体的关系，即主体对客体的改造；二是主体际的社会物质交往关系。风险社会的社会根源从根本讲就是两种实践结构运动的结果。

第一种实践结构的运动本质上就是人类改造自然、自然人化的过程。先在自然由于人们的实践被二重化了，但"自然的人化"有两种基本情况：有利于人的生存的人化自然和不利于人的生存的人化自然。人类对自然的改造即人以自身的活动来引起、调整和控制人和自然之间的物质变换的过程，对于人的自身生活来说是必需的。人只有通过这种实践活动才能实现人的能力的发展，使自己的本质力量外化、客观化为对象的独立形式，从而达到自我发现、自我创造、自由创造。但是人化自然的实践活动由于主体意识膨胀、社会因素的催促、人性的危机和人类的认识的局限性等原因却经常表现为对自然的过度占有、破坏、毫无节制地开发和掠夺，造成人类物质家园不堪重负，生态危机骤然降临人世。人在改造自然、"人化自然"的同时伴随着"自然的反人化"，人们怀着以改造自然、创造一个有利于人生活的环境的动机却带来了一定的负面结果。

特别是近代以来，随着文艺复兴催生的人对自然征服理性的确立，"科学革命"和早期欧洲兴起的市场取向的文化逐渐替代了"自然母亲"观念，人与自然的实践关系也从榜样变成了对象。正如《自然之死》的作者，美国当代环境哲学和环境伦理学专家卡洛琳·麦茜特指出的那样："随着'科学革命'的推进和自然观的机械化与理性化，地球作为养育者母亲的隐喻逐渐消失，而自然作为

① 《马克思恩格斯选集》第1卷，人民出版社1995年版，第80页。

无序的这第二个形象唤起了一个重要的现代观念，即驾驭自然的观念。这种新的观念，即机械论、对自然的征服和统治，成了现代世界的核心观念。”[①] 由于自然沦为人类征服和改造的对象，在人剥夺自然的文化支持下，随着人的实践能力的不断提高特别是科技水平的发展，越来越多的破坏力量被释放出来。因此，风险社会首先是自然的反人化的产物，根源于人们过度改造自然的实践活动。

现代风险不仅是自然风险，更多呈现的是社会风险的特性。而社会风险从根本上讲是第二种实践结构运动的结果。在主体际的交往实践中必定会结成一定的社会关系并积淀下来，成为新的交往实践的历史前提。正是在一定的社会关系的影响下，主体际之间的物质交往在一定的时期常常表现出物化和异化现象，这是马克思对第二种实践结构运动的深刻洞见，集中体现在他的物役性理论和异化劳动理论。马克思认为，一方面存在着人类主体通过劳动生产在对象的改变中实现自己目的的积极过程，即对象化的过程，但在资本主义的生产过程中还存在着另外一种状况：“在货币（交换价值）上，个人的物化不是个人在其自然规定性上的物化，而是个人在一种社会规定（关系）上的物化，同时这种规定对个人来说又是外在的。”[②] 在此，产品支配生产者，物支配主体，已实现的劳动支配正在实现的劳动，劳动与劳动条件的关系被颠倒了，人自己创造出来的物反过来奴役人，正如马克思所言，“在现代，物的关系对个人的统治、偶然性对个性的压抑，已具有最尖锐最普遍的形式，这样就给现有的个人提出了十分明确的任务”[③]。马克思对物役性现象的揭示对于风险社会的审视提供了独特的理论资源，当代社会的风险景象很多方面都是人的物化的表现或结果，如从人性的视角看，生态危机等许多现代风险无不是由人的欲望的物性无限扩张造成的。也正是在物的奴役下，人被从物的效用价值的角度去看待，物成为衡量和评价人的尺度，人的价值被物化。僵化的实体性生活样式和

---

① ［美］卡洛琳·麦茜特：《自然之死——妇女、生态和科学革命》，吴国盛等译，吉林人民出版社 1999 年版，第 2 页。

② 《马克思恩格斯全集》第 46 卷上，人民出版社 1979 年版，第 176 页。

③ 《马克思恩格斯全集》第 3 卷，人民出版社 1960 年版，第 515 页。

片面的发展状态成为物化时代的主体状态，生活世界的物化使人的生活意义和价值非常贫乏。

马克思的异化劳动理论也是提供审视风险社会的理论资源。他认为，在资本主义的生产劳动中，存在着严重的劳动异化现象。"工人在他的产品中的外化，不仅意味着他的劳动成为对象，成为外部的存在，而且还意味着他的劳动作为一种与他相异的东西不依赖于他而在他之外存在，并成为与他相对立的独立量；意味着他给予对象的生命作为敌对的和相异的东西同他相对立。"① 马克思所指认的劳动产品的异化在现代社会具有了新的形态，标识利益与财产的劳动产品常常是危险性的后果，而这些后果使财产和利益受到威胁和剥夺，最明显的例子，"哪里建成和规划了核电厂，哪里的地价就会下降"。作为劳动产品的财富被不断增长的"有害副作用"所替代，而成为与生产财富的人相对立的东西，甚至曾经被高度赞扬的财富源泉（原子能、化学、基因）都转变为不可预测的危险源泉。早期资本主义社会劳动产品异化为压迫人的东西与人相对立，而现代劳动产品异化为威胁人的东西与人相对立，当代风险从某种意义上讲也是劳动异化的结果和表现。

（二）风险社会是历史向世界历史转化的客观后果

风险社会是全球性重要特征的描述，"从总体上考虑，风险社会指的是世界风险社会。就其轴心原则而言，它的挑战是无论在时间上还是在空间上都无法从社会的角度进行界定的现代文明制造的危险。这样，第一顺序的、工业现代性的基本状况和原则——阶级之间的对立、国家地位以及线性想象、技术经济理性和控制等——均被绕过和废除了"②。尽管马克思并没有论述过风险的全球性特征，马克思的世界历史理论却为全球风险社会的形成给出了深刻的说明。

马克思在《德意志意识形态》中指出："各个相互影响的活动范围在这个发展进程中越是扩大，各民族的原始封闭状态由于日益

① 《马克思恩格斯选集》第1卷，人民出版社1995年版，第41—42页。

② ［德］乌尔里希·贝克：《世界风险社会》，吴英姿等译，南京大学出版社2004年版，第24页。

完善的生产方式、交往以及因交往而自然形成的不同民族之间的分工消灭得越是彻底，历史也就越是成为世界历史。”“日益完善的生产方式”的建立和“彻底消灭各民族之间的劳动分工”①，使得生产力世界化。生产力的世界化是由民族历史走向世界历史的根本原因，生产力的高度发展，必然产生资本主义的大工业，而“大工业创造了交通工具和世界市场，控制了商业，把所有的资本都变成了工业资本，从而使流通加速（货币制度得到发展）、资本集中”。②人类活动的空间范围必然会随之拓展，并“使一切国家的生产和消费都成为世界性的了”，“过去那种地方的和民族的自给自足和关闭自守状态，被各民族的各方面的相互往来和各方面的相互依赖所代替了”③。

生产力的普遍发展和交往的不断扩大成了由民族历史向世界历史转变的动力。这也是风险的全球性图景和扩散的根本原因，同时也构成了风险社会的重要特征。现代社会生产力和交往全球化发展较之以前更普遍，地域性、民族性与全球性相互交错，风险也不例外。在这种状况下，某一区域性的风险状况必然会引发其他地区风险景象的产生，并催生了人的风险境遇的快速发展和风险形态的快速转换：从自然风险转向人为风险，从个别风险、区域风险转向全球性风险，从物质利益风险转向文化风险、道德风险、理论风险等非物质风险，从单一风险后果转向多重风险后果，从单一风险主体转向多重风险主体，从对风险的简单应对转向综合应对。

（三）风险社会与资本扩张密切相关

资本（Kapital）最根本的特性在于它的动态性，无限制地增值自己、膨胀自己。当然资本的这一根本属性不产生于自身——用马克思深刻的分析——它来自资本家追求财富的无限的欲望之上。同时，资本的运动还是以加速度、不断扩张地域的方式运行，最后形成全球化的资本快速运行。因而，资本扩张走过的每一步都烙印着它的与生俱来的本性——风险性。新增的剩余价值转化为资本而投

① 《马克思恩格斯选集》第1卷，人民出版社1995年版，第88页。
② 同上书，第114页。
③ 同上书，第276页。

入社会经济运行机器之时，必须开拓新的运行路径，这就注定它具有高度不确定性，资本扩张的道路及其给人们社会生活带来的后果，本身就处于不断的创造过程中，因而本质上难以预料。这就使资本扩张过程成为风险过程，由资本力量营造的现代社会成为充满不确定因素的风险社会。马克思对资本特性的深刻洞察为风险社会的形成提供了深刻的经济、社会视角。

第一，如导论中马克思所分析的那样，资本的永不停息的运动方式使现代社会变得动荡不安。在马克思的诊断中，资本之所以会造成动荡不安的现代社会，是因为它必须在这样的条件下才能生存下去。事实上，如果它不对全部社会关系不断地进行革命，它就无法生存下去。在这里，马克思深刻地揭示出，变动不居构成现代性的基本症候之一。① 变动不居也是风险社会的基本症候。

第二，资本的无孔不入的运动方式破坏了一切封建的、宗法的、田园诗般的关系，“它使人和人之间除了赤裸裸的利害关系，除了冷酷无情的‘现金交易’，就再也没有任何别的联系了”②。更为关键的是，这人与人之间单一金钱关联，不仅会转向人与自然之间占有与报复的单一关联，由于货币的虚拟性、替代性，传统的行为模式和信仰所提供的焦虑控制机制也遭到了破坏。在其中，传统的人对自然的崇敬价值观和规范遭到颠覆，传统的消解威胁的信念和习俗也被破坏了。

第三，资本的自发的运动方式必然导致世界市场，导致一切国家的生产和消费的世界化。“不断扩大产品销路的需要，驱使资产阶级奔走于全球各地。它必须到处落户，到处开发，到处建立联系。”③ 资本运动的全球化影响，也把变动不居的特点和对传统的消解带到了世界各地，并使得整个世界的联系更为紧密，威胁和不安全也超越了民族和地域的界限，风险成为世界风险，带来了风险社

① 俞吾金：《马克思对现代性的诊断与启示》，《中国社会科学》2005 年第 1 期，第 6 页。本书关于资本运行逻辑的三个结果参考了俞吾金在本文中的观点，在此表示感谢。

② 《马克思恩格斯选集》第 1 卷，人民出版社 1995 年版，第 275 页。

③ 同上书，第 276 页。

会的来临。

第四，资本必须在风险投资中实现其货币增值的最大化。由此产生了现代人格特征：有强烈的通过冒险获得非常利益的冲动，而资本扩张悖论使这种冒险精神也走向其反面，它给社会带来不安定因素，导致人们畏惧风险而不敢作为，于是规避风险的各种制度性设置应运而生，现代人生活在各种风险与规避风险的冲突之中。资本扩张既带来了人类生产力与人类社会的巨大历史进步，又带来了经济危机与生态灾难；既带来了理性秩序对社会资源的优化配置，也带来了非理性的拜金主义和唯 GDP 发展观的混乱与疯癫；既带来了人类个性的自由与张扬，又带来了社会理性机器对人的支配；既带来了货币与法律程序上的人人平等，又带来了两极分化；既带来了人类主义的觉醒，又带来了民族矛盾与冲突，如此等等。① 这正是现代性的风险景象。

二　现代性视域中对风险社会的四重审视

以启蒙理性为观念核心的现代性在取得很长一段时间的统治地位而成为世界现象和社会历史过程的总体性特征之后，其自身的矛盾和对抗也在渐显。作为一个文化或美学概念的现代性，似乎总是与作为社会范畴的现代性处于对立之中，“现代性的历史是社会存在与其文化间充满张力的历史”②。现代性的矛盾与危机逐渐打破现代性的“神话”地位而成为关注的主题之一。风险社会理论的主题就是置于对现代性的批判、观照、审视、反省中完成的。尽管对于现代性的批判有着不同的态度，但在对现代性的不同批判态度的交叉口，风险社会的基本成因却彰显其中。

（一）知识论路向：风险社会由科学的不确定性所致

对确定性的认可和追求一直是西方思想的主脉。特别是启蒙理性为核心的现代性把对确定性的追求和把握视为自己最为根本的任

① 鲁品越、骆祖望：《资本与现代性的生成》，《中国社会科学》2005 年第 3 期，第69 页。

② ［英］齐格蒙特·鲍曼：《流动的现代性》，欧阳景根译，上海三联书店 2002 年版，第 15 页。

务和职责，确定性是其知识论的核心思想，也构成了其合法性的主要根据。

受启蒙以来自然科学的进步及其思维方法的影响，现代知识是建立在寻求把握事物的因果联系及其普遍规律之上的，普遍性、必然性、客观性与确定性成了知识的标志。正如康德所言，“理性不允许我们的知识一直处于一种不连贯的、狂想曲般的状态。它要求我们的认识总和必须构成一个体系”①。并且认为对知识的追求和获得必然导致较为积极的结果，即认为能够通过知识控制和改造世界。启蒙运动的主要思想家相信，人类集体对世界了解得越多则越能控制这个世界并使之服务于我们的目的，社会世界和自然世界的知识增长得越多对我们的生存状况越有确定性的把握，而此也越能够使曾经属于其他因素影响的领域处于人类的主宰之下。

因此长期以来，科学一直保持着它作为可依赖之知识的形象，这种知识又滋生出一种尊重各门专业化技术的态度。在工业社会现代化过程中，科学得到了完全信任的格局，并被当作处理问题的源泉，成为传统与现代，普通人与专家的主要标识物。“在最现代的教育体系中，传授科学的教育总是始于‘第一原理’，知识在原则上被认为是不容置疑的。”② 各个学科的科学可以依赖科学理性和思考方法相对于传统知识基础、民间知识和日常实践具有某种优越性。

“事实证明，人类知识的发展和人类自我理解之间的关系比这种观点更加复杂。‘制造出来的不确定性’可谓我们今日生活的特色。我们生活中的许多方面忽然变得悬而未决，只能以‘场景思考’（scenario thinking）的方式加以组织，成为未来可能性的想象建构。”知识的增加和科学的进步并没有必然地带来更确定性的世界和社会秩序，恰恰相反，社会越发变得不确定了，而“今天我们

① ［英］齐格蒙特·鲍曼：《流动的现代性》，欧阳景根译，上海三联书店 2002 年版，第 31 页。

② ［英］安东尼·吉登斯：《现代性的后果》，田禾译，译林出版社 2000 年版，第 77 页。

所面临的许多不确定性正是由人类知识的增长创造出来的"①。也就说，启蒙思想家所预设的与事实恰恰相反，知识和科学的发展与社会确定性之间在一定的时期会呈现出反比例增长。

科学作为定义风险的媒介和解决风险的资源，以上情况的出现，有两个方面的原因，其一，知识是个开放的系统，如果获取的知识越多，那么，未知的和不可把握的领域就越广泛。对自然世界和社会世界的探索实际上是无止境的过程，人类无法穷尽对其的认识。对自然和社会认知的越深入，其未知的领域越广阔。更为可怕的是，在大量无法掌握的合理性的科学技术和专业知识面前，人已经没有能力通过他们的感官去真实地面对世界。机器越来越聪明，人越来越笨。其二，更为重要的是，"正是科学的成功和进步为人类播撒了怀疑的种子"②，科学怀疑的精神再一次显示出巨大的威力，作为认识自然和社会的科学知识本身的固有基础和外在结果日益受到怀疑。正如罗蒂认为的那样，现代性的知识论"错误地假设世界有内有的性质。……不管通过什么方式，我们永远不能知道它，就像我们不能知道现实的本质和人类的本质一样。即使是科学也没有达成确定性的特权，尽管它的应用范围如此广泛，科学的根基并不比文学更可靠"③。这虽然有些极端，但却指出了现代科学的境遇。

相对于第一种原因，第二种原因即科学本身受到质疑对于当代社会不确定性的增加更为关键。而第二种原因又有三种状况，一是随着科学对真理和启蒙的吁求解神秘化和受怀疑，"科学揭示了与其基础和后果有关的不安全感，这种不安全感只会被它所揭示的风险和发展前景的潜在可能性所超过"④。人们原来排解风险得以信托

---

① ［德］乌尔里希·贝克、［英］安东尼·吉登斯、［英］斯科特·拉什：《自反性现代化——现代社会秩序中的政治、传统与美学》，赵文书译，商务印书馆2001年版，第234—235、235页。

② ［德］乌尔里希·贝克：《工业社会到风险社会》，《马克思主义与现实》2003年第3期，第41页。

③ ［英］尼格尔·多德：《社会理论与现代性》，陶传进译，社会科学出版社2002年版，第205页。

④ ［德］乌尔里希·贝克：《风险社会》，何博闻译，译林出版社2004年版，第191页。

的支柱失去了稳固性，人们的主观风险感知必然会增加。二是随着对科学的反思，现代化的后果和风险通过不同科学对科学服务体系的批判和反批判不断展现出来，“结果，反思科学化的机会似乎与风险所开列的现代化缺陷成正比例增长，而和对科技文明进步的颠扑不破的信念成反比例增长。风险得以被科学地开放和对待的大门，就是科学批判、进步批判、专家批判和技术批判”①。三是科学成了制造风险和问题的源泉，科学技术不仅带来了对自然的破坏和对人类伦理秩序的冲击，更为关键的是，科学技术本身遵循物化原则，追求效益至上，存在着把人变成了物、工具与机器的危险，容易使人丧失了目的与价值追求，成为无根、无个性、无意义之人。因此，科学技术的发展无论是作为意识形态还是完全去神秘化，如果只注重其内在逻辑要求而无视它本身作为一种社会性存在而必须接受的约束，就无法改变其是现代社会充满生存性风险的始作俑者的地位，正是在这点上，科学知识在工业社会化解一些风险的同时，又带来了一系列新的风险，其影响更加无法预测，其后果更具有不确定性。

（二）实践论路向：风险社会由工业社会的生产方式和制度体系所致

现代性的实践或制度化身是工业现代化模式，工业社会的生产方式和制度体系在现代社会中带来的世界范围内物质财富的增长也不断地增强人们对于现代性的信服和敬仰。以至于19世纪和20世纪的社会思想基本被这种神话所笼罩：“发达的工业社会，连同它的工作和生活方式，它的生产部门，它的立足经济增长的思想范畴，它对科学和技术的理解与它的民主模式，是一个彻底现代的社会，是现代性的顶峰——甚至设想超越它的可能性也是没有意义的。”② 并且，工业社会的生产方式和制度体系也成为了现代社会演进的普遍有效的目标。

但是，“现代化与工业化社会等同，是现代化理论构造出来的

① ［德］乌尔里希·贝克：《风险社会》，何博闻译，译林出版社2004年版，第196—197页。

② 同上书，第4—5页。

‘文化神话’；事实上，工业化社会只是现代化的半途而废。以为工业社会（其工作和生活样式、生产体系及其评价尺度如经济增长、科学技术观、民主形式）才是地道的现代社会，而且是现代化的顶峰，乃是一个意识形态的传说”①。“现代”并不能等同于西方资本主义式的工业化，工业社会的实际达成也不等于现代化的达成。“在对现代化进程的反思之中，生产力丧失了其清白无辜。从技术—经济‘进步’的力量中增加的财富，日益为风险的生产所笼罩。”“生产力的指数式增长，使危险和潜在的威胁释放到了一个我们前所未知的程度。”②

随着工业社会的发展，“工业社会的制度成为其自身所不能控制的威胁的生产者和授权人”，“风险社会的格局的产生是由于工业社会的自信（众人一心赞同进步或生态影响和危险的抽象化）主导着工业社会中的人民和制度的思想和行动。……它出现在对其自身的影响和威胁视而不见、充耳不闻的自主性现代化过程的延续性中。后者暗中累积并产生威胁，对现代社会的根基产生异议并最终破坏现代社会的根基”。因此，从这一角度出发，贝克指出，“作为一种社会理论和文化诊断，风险社会的概念指现代性的一个阶段；在这个阶段，工业化社会道路上所产生的威胁开始占主导地位”③。风险社会由工业社会的生产方式和制度体系所引致的，最明显的表现在其对自然的态度：受其单纯的经济增长模式追求的影响，自然成为无限征服和开发的对象，并随之失去了其预先设定的特性，变成一种产品而成为“内部自然”，这样，人类在战胜前工业社会的饥荒和瘟疫等外部风险的同时，各种新的风险（人为的大规模风险）开始出现。而工业社会的生产方式和制度体系带来的更为深刻的风险在于人的发展受到了宰制：在工业化的体制中，永远滚动着

---

① 刘小枫：《现代性社会理论绪论》，上海三联书店 1998 年版，第 45—46 页。

② ［德］乌尔里希·贝克：《风险社会》，何博闻译，译林出版社 2004 年版，第 6—7、15 页。

③ ［德］乌尔里希·贝克、［英］安东尼·吉登斯、［英］斯科特·拉什：《自反性现代化——现代社会秩序中的政治、传统与美学》，赵文书译，商务印书馆 2001 年版，第 9—10 页。

的轮子到处都引导着技术进步，可是最终，“人类本身也变成了技术发展中和被技术发展左右的轮子”①。工业社会的时代，与其说是人利用技术，还不如说是技术利用人。“人本身成了技术体系的职员、附属、辅助甚至是它的手段。”②

（三）价值观路向：风险社会由启蒙理性的价值观念所致

科学技术与工业社会作为现代性的实体化表现，其背后还应存在着现代性意识和观念的支持，因此，审视风险社会还需要对现代性的意识和观念进行反思。由于现代性是建立在启蒙理性基础上的，现代性的观念问题可以转换为——或者实质上就是——启蒙理性的问题。

现代性态度是在启蒙运动中形成的，伴随着、科学革命和启蒙运动，在“世界的祛魅”过程中，人们的思维方式和世界观逐渐改变，催生了理性意识的形成。理性是启蒙运动用以替代上帝，作为价值之源与对现存事物批判的标准，是人判定一切存在的全理性的法庭。③ 理性“是一种引导我们去发现真理、建立真理和确立真理的独创性的理智力量”④，它表明“人类天赋具有一种穿透力和逻辑性思维能力，……表现这些能力的各种制度安排将会得到发展，因此无限进步和永久和平将会是最终的结局，……普通人和受过训练的人都同样坚信自己具有运用理性的能力”⑤。经过笛卡尔、康德、费希林、谢林、黑格尔等哲学家不断论证和确认，理性逐渐成为现代性的核心概念，并被赋予了三个方面的特点和功能：第一，理性是宇宙世界的基本组织模式，表明了世界的统一性、永恒性与秩序性，是知识与社会进步的源泉；第二，理性是人类拥有的一种

---

① ［德］容格：《技术的完善》，转引自［荷］舒尔曼《科学文明与人类未来》，李小兵译，东方出版社 1995 年版第 69 页。

② ［法］贝尔纳·斯蒂格勒：《技术与时间：爱比米修斯的过失》，裴程译，译林出版社 2004 年，第 30 页。

③ 陈嘉明等：《现代性与后现代性》，人民出版社 2001 年版，第 3 页。

④ ［德］卡西勒：《启蒙哲学》，顾伟铭等译，山东人民出版社 1988 年版，第 11 页。

⑤ ［美］亚历山大：《世纪末社会理论》，张旅平等译，上海人民出版社 2003 年版，第2 页。

强大的理智力量和方法，借此人类就能够发现社会重建所必需的适当的理论与实践规范，能够主宰世界，并通过这种主宰获得自由与幸福，即按照上帝的旨意在地上建立完美无缺的至善世界；第三，这种理性能力主要指的是工具合理性，是韦伯所谓的“理性地支配世界”的力量源泉。[①] 在启蒙理性价值观念的引导下，现代社会形成了一些基本信念：人类社会正在沿着一条线型的进步道路从落后的、非理性的、恶的传统社会向富足的、理性的和善的现代社会前进，而推动这种进步的基本动力是工业化，工业化不仅会带来物质财富的异常增长、生活水平的空前提高和科学技术的长足发展，还必然带来作为系统的社会的整体变迁和转型，如政治的民主化、自由化和人权状况的极大改善以及人的素质的普遍提升。

但是，启蒙理性在实际的发展中只是“工具合理性”一翼的膨胀，人类社会并没有按照启蒙理性所预设的轨道走下去，反而在一定程度上演变成对这种理性幻象的极大嘲讽，进步和灾变如同形影，甚至后者有吞噬前者的可能，“被彻底启蒙的世界却笼罩在一片因胜利而招致的灾难之中”[②]。启蒙理性之所以招致现代性的灾难，有以下几点原因：

第一，启蒙理性特别是崇尚“自觉”、确定设计的“建构理性主义”，具有极权主义的倾向，这是人为风险产生的最为根本的原因之一。从人性的角度看，很多现代风险产生于人类控制的欲望。在启蒙理性中，知识就是权力，技术作为知识的本质，其目的就是利用自然，“全面地统治自然和他者”。霍克海默和阿多诺指出，“启蒙对待万物，就像独裁者对待人”[③]。并且，它总是要求通过“统一的科学结构”和“统一现象的理想典范”统摄这个新工业加工世界和经济效用的关系王国。这必然导致启蒙理性从一开始追求的目的是一种统治和奴役，而这也构成了生态伦理和后现代思潮发

① 肖瑛：《从“理性 vs 非（反）理性”到“反思 vs 自反”社会理论中现代性诊断范式的流变》，《社会》2005 年第 2 期，第 2 页。

② ［德］霍克海默、阿多诺：《启蒙辩证法》，渠敬东等译，上海人民出版社 2003 年版，第 1 页。

③ 同上书，第 7 页。

生出来的逻辑原点。而工具理性一旦征服了自然界，必然会将其权力的铁钳伸向人的社会生活。如同韦伯所指出的那样，在走向铁笼的资本主义世俗化过程中，被管理的人间将变成一个工业性专家和疯狂纵欲者的天堂，在这个新世界中，“专家没有灵魂，纵欲者没有心肝”。“现在存在的东西被现代技术的本质的统治地位打上了烙印，这种统治地位在全部生命领域中通过诸如功能化、技术完善、自动化、官僚主义化、信息等等多样地命名的特色呈现出来。”① 但是，伴随着社会生活过分成熟的是，人的不成熟却在加剧。社会“通过全面的、包括一切关系和活动的社会的中介，人变成了与社会发展规律、自我本身原则相反的东西：变成了单纯的类本质，相互同样地经受强制控制的假主体性的孤独，不能相互说话的划船手”②。

第二，启蒙理性遵循数字化规则并引致非质性抽象。计算性是整个工具理性的存在前提，“对启蒙运动而言，任何不符算计与实用规则的东西都是值得怀疑的”③。因而，在工具理性面前，“再也没有什么神秘莫测的力量在起作用，人可以通过计算掌握一切。这就意味着世界的祛魅”④。在数字化面前，世界逐级被“夷平”，充满个性和特点的种种事物转变成了“无特性、无色彩和无人格性”⑤的东西，即非质性的非人事实。“世界给予的东西在我们面前瓦解为‘物’和‘过程’单位（并在可分性的图表中又被瓦解），瓦解为均质空间”⑥ 数字化规则必然引致质性的抽象与蒸发，产生人与物、人与人的对象化距离。而传统社会，“人们被自然‘环境’包围，人们与自然提供的供物和可能性关系密切”。而“今天的工程师从日常生活中摆脱出来，即是说，他摆脱了偶然性问题，身边的

① ［德］海德格尔：《海德格尔文集》下卷，上海译文出版社 1996 年版，第 827 页。

② ［德］霍克海默、阿多诺：《启蒙辩证法》，渠敬东等译，上海人民出版社 2003 年版，第 32 页。

③ 同上书，第 4 页。

④ ［德］马克斯·韦伯：《学术与政治》，生活·读书·新知三联书店 1998 年版，第29 页。

⑤ ［德］席美尔：《金钱、性别、现代生活风格》，顾仁明译，学林出版社 2001 年版，第 2 页。

⑥ ［德］马克斯·舍勒：《资本主义精神三论》，《资本主义的未来》，罗梯伦译，生活·读书·新知三联书店 1997 年版，第 146 页。

物质，以及工具。由于保持了距离，他按照科学的原则把个性问题变成一般性、抽象性问题，并按照科学方法去解决它”①。在此，自然不再有自身的存在，它被座架和整编，“决定性成为图像”②。

第三，启蒙理性是一种悖论性的存在。随着科学技术的发展，工具理性也日益膨胀和自大，认为科技进步可以促进道德完善，文明进步。但是，工具理性恰恰是一种悖论性的存在，只不过在前现代或者简单现代化社会中，科学技术解决了威胁人类生存的饥饿和其他自然性危险，加上启蒙运动家们对理性的热情鼓吹，人们很少深入探究启蒙理性的内在结构的悖论性以及这种悖论性结构可能带来的风险。实际上技术理性维度及其作为具体形态的科学技术和市场系统难以抑制的扩张，在承载人类向着物质财富巅峰冲刺，给人类展现出一幅美好前景的同时，也使得理性化社会日益呈现出一种极端化趋势，负面后果日益显现，出现许多形式的反向作用，这说明启蒙理性本身隐含着自身无法解决的内在冲突。启蒙理性的这种内在冲突和悖论性存在根本源于其传统人本主义和理性主义的人类中心主义和霸权逻辑。在人类中心主义价值观的引导下，启蒙理性否定中世纪神对人的外部强制，可是却建构了人对自然的暴力强制，并把生产的无限发展看作人类历史上的一条基本主线，其结果只能是生态环境日益严重受损，生态危机日益威胁人类生存；启蒙理性消除了封建专制中人对人的直接统治和奴役合法性，但在扩大人自由的同时也在吞噬人的自由，启蒙的解放作用逐渐变成了一种意识形态、强权与欺骗，封建的专制让位于一种客观的非人为的物化关系的统治，即商品市场中的非质性的等价交换法则的“社会强迫”；当科学技术在给人类带来财富的同时，不可避免地也带来了诸如切尔诺贝利核灾难的祸害。

（四）风险社会与现代性的态度

诚如前言，风险具有建构的性质，风险社会同样也是虚拟的实在，其直接与对待现代性的态度有关。

---

① ［荷］E. 舒尔曼：《科技文明与人类未来》，李小兵等译，东方出版社 1995 年版，第 10—11 页。

② ［德］海德格尔：《海德格尔文集》下卷，上海译文出版社 1996 年版，第 903 页。

现代性之所以受到广泛关注，除了其本身的重要性外，还由于它受到的广泛批判及相应引起的对它的辩护与重建问题的发生。在对现代性的后果及其基础启蒙理性的每一种批判的背后，都蕴藏着一种对二者的深刻反思，即对这种后果的肇因的追根溯源。简单归纳，基本存在四种范式的现代性反思和诊断方案。第一种：理性主义范式。认为现代性的灾变是由非理性的猖獗造成的。相信只要充分发展理性的力量，人类就能够摆脱过去的和当下的灾变局面。第二种：历史主义范式。认为工具合理性的过分张扬对人的其他生活样态的侵蚀是现代性的灾变后果之产生的根本原因。这种诊断在社会学上的奠基人是M. 韦伯，并影响了马尔库塞、霍克海默、哈贝马斯等法兰克福学派的批判社会理论家们的思想。但在社会建构的理论取向上，哈贝马斯稍微有些不同，他认为现代性仍然包含着规范的、令人信服的内涵，现代性是一项未竟的事业。第三种：后现代主义范式。后现代主义认为，现代性是一种意识形态，并已成为一种普遍的异化力量，成为奴役、压迫和压抑的源泉。

这三种现代性批判基本上是沿着理性—非（反）理性路径展开的，与其不同，还存在着一种现代性批判理论，这就是自反性现代化理论或现代化的自反性理论。这种范式试图从现代性预设的悖谬或者启蒙理性内在的结构性悖论中找寻导致现代性灾变后果的根源，以“全息”方式把这种后果的各个层面和角度都纳入其批判视野，把这种结构性断裂解释为现代化自身的后果而非外在原因使然。[①] 这种现代性批判的态度正受到越来越多的关注，风险社会理论的建构与这种现代性态度有着密切的关联。

1. 吉登斯的“现代化反思性”理论

吉登斯认为，在现代性的基础结构中，深刻地蕴含着一对“结构性矛盾”：反思—自反。二者存在一种张力关系。他认为，反思性是对所有人类活动特征的基本界定，因此启蒙主义理论中就包含有虚无主义的萌芽，因为“即使是早期的启蒙思想家，也曾清楚地

---

① 现代性批判的四种范式的归纳参考了肖瑛先生的思想，在此表示感谢。详见肖瑛《从“理性 vs 非（反）理性”到“反思 vs 自反”社会理论中现代性诊断范式的流变》，《社会》2005 年第 2 期，第 1—24 页。

意识到这样的‘证据’从原则上说就是很值得怀疑的”[①]。随着现代性的出现，反思具有了不同的特征：它被“引入系统的再生产的每一基础之内，致使思想和行动总是处在连续不断地彼此相互反映的过程之中”[②]。因而，现代性社会实践总是不断地受到关于这些实践本身的新认识的检验和改造，从而在结构上不断改变着自己的特征。这就是理性的自我循环。质言之，现代化反思性实际上破坏着获取某种确定性知识的理性，因而，以一种非常理性的“反思”形式获取的很可能是“自反”的知识效果，失去的是具有总体性效应的“真理”。“在不容怀疑的科学的心脏地带，现代性自由地漂移着”[③]。

由于知识不断卷入现代性的生产与再生产之中的过程行动与结构之间的无尽循环，不可靠的知识不断地建构和再建构着现代性，因而现代性具有一种先天不足的缺陷。从这种理解出发，吉登斯并不把现代性的灾难看作“现代性的终结”或“超越了现代性”，而是看作提供了一种内在于现代性本身的反思性的更为全面的理解。现代性的先天不足和“结构二重性”必然生产出许多超越确定情境的、非行动者所能控制的“意外后果”，而这些意外后果反过来又会构成新一轮理性行动的未被认知到的条件，成为现代社会的基本内容和现代性的基础。这样，现代性的生产与再生产就处在一种非确定性知识不断被卷入并生产和再生产出新的不确定性的过程。从这点看，现代社会注定是一个开放的、不确定的风险社会。

2. 贝克的“自反性现代化”理论

贝克认为——与吉登斯的看法相似——在简单现代化阶段，启蒙理性预设了构成现代西方社会的基石性理念的、现代化的、相互矛盾的基本前提，在现代化的进程中，它们在相互依存，共同推动现代化的成功的同时也生产出一些隐性副作用，这些副作用产生消解另一部分预设的新的副作用，最终导致对简单现代化自身的消

① ［英］安东尼·吉登斯：《现代性的后果》，田禾译，译林出版社2000年版，第43页。

② 同上书，第33页。

③ 同上书，第35页。

解。其中，科学技术占据着核心地位，其内在悖论和循环的剧烈化是简单现代化的自我消解和风险社会的自我形塑的基本机制，它不仅生产出各种不可靠的知识，而且还成为个体化、弹性化和不确定性的根源。

现代社会凭借其内在活力削弱着阶级、阶层、职业、性别角色、核心家庭、工厂和商业部门在社会中的形成，当然也削弱着自然的技术经济进步和先决条件和连续形态。在这个新阶段中，进步可能会转化为自我毁灭，一种现代化削弱并改变另一种现代化，这便是自反性现代化阶段。“现代现象中出现了断裂，古典工业社会的现代性草案被否决，一种新的形态出现了，这种形态可称为工业化的‘风险社会’。”① 即现代性的自反性能导致对工业社会的自我消解、自我危害和自我应用，后期工业社会中出现了根本性的制度危机，关键性的制度全都失去了根基和历史合法性，未来的基础将有难以解决的价值冲突。② 风险社会来临了。可见，风险的概念直接与自反性现代化的概念相关。风险可以被界定为系统地处理现代化自身引致的危险和不安全感的方式。③

与吉登斯强调反思的作用不同，贝克更强调自反，即现代性中“自我对抗”（self-confrontation）的因素和现代化的无法预测的结果。贝克认为，向现代性的另一个时代的过渡可以在无意中、看不见的情况下发生，绕过工业社会中的主导范畴和理论。“未被看见的、未受反思的、被外在化了的事物扩大了结构性断裂，这种断裂隔开了工业社会与风险社会，隔开了工业社会与目前的和将来的‘新’现代性”④。

---

① 刘小枫：《现代性社会理论绪论》，上海三联书店1998年版第44页。

② ［德］乌尔里希·贝克、［英］安东尼·吉登斯、［英］斯科特·拉什：《自反性现代化——现代社会秩序中的政治、传统与美学》，赵文书译，商务印书馆2001年版，第226页。

③ ［德］乌尔里希·贝克：《风险社会》，何博闻译，译林出版社2004年版，第19页。

④ ［德］乌尔里希·贝克、［英］安东尼·吉登斯、［英］斯科特·拉什：《自反性现代化——现代社会秩序中的政治、传统与美学》，赵文书译，商务印书馆2001年版，第232页。

但现代性的自反性并不以自我毁灭为目标，而是以工业化基础的自我改变为目标。因而，贝克的自反性现代化理论是中性的，它并不是关于危机的理论或关于阶级的理论，也不是关于衰弱的理论，而是关于西方现代化的成功所导致的工业社会的意外的、潜在的抽离和再嵌入的理论。

不管是“现代化的反思性”还是“自反性现代化”理论，都指明了风险社会来临是现代性反思或自反的结果，是现代化自我调整、自我消解和自我应用的产物。从这种视角看，风险社会实际上是建构在超越对现代性的激进与保守的态度基础之上。这种对待现代性的态度切近实际的社会裂痕，检审社会理论的库藏，从社会现实出发重构社会理论，因而日益受到重视，成为20世纪末和21世纪初的重要思想。

第二章

风险社会中人的发展样态及其理论辩证

诚如绪论中所言，现代性不仅是社会的历史巨变，同时也是无数“必须绝对地现代”的男男女女对这一巨变的特定体验，且根本上是人本身的转变。不仅是人的实际生存的转变，更是人的生存标尺的转变。著名哲学人类学家舍勒认为，现代性问题首先是人的实存的类型转变，现代现象中的根本事件是传统的人的理念被根本动摇，以至于“在历史上没有任何一个时代像当前这样，人对于自身如此地困惑不解”①。从某种意义上讲，现代性就是人的持续转变过程。人的转变不仅发生在从传统到现代的转型过程之中，也发生在现代性不同时期和不同阶段之中。作为一种社会现象，风险社会的来临必然伴随着人的实存样态的改变，研究人的实存样态——且进一步的——研究人的发展样态，是研究风险社会“首先”和“根本”要进行的探索，而对人的生存与发展的观照，也只有放入社会整体中进行。所以，在认识风险社会大致轮廓后，视界转入风险社会中人的实存和发展样态则是必然的逻辑发展。同时，从整体上讲，风险社会并不是人们所希冀的家园，其本身所带有的灾难、惶恐、不确定性、失衡性等特性必然会引致生活于其中的人的生存与发展样态存在着一些问题，或者说人的生存和发展状态存在的问题又进一步加剧了这种状况。因此，在对风险社会中人的发展状态的探寻中还需要伴随着对其的反思。

---

① ［德］马克斯·舍勒：《人在宇宙中的地位》，转引自刘小枫《现代性社会理论绪论》，上海三联书店 1998 年版，第 19 页。

第一节　风险社会中人的发展样态

在此，人的发展样态意指经过一个复杂的社会历史过程，作为一种时间性的、历史性的和有限性的存在的人在当代世界整体而又具体的时空下，在生活、观念、能力、素质的提升方面所呈现出来的基本状况和基本特点。人的发展，与人的实际生活过程和经验、与现代社会的基本性质和特点都有直接的联系，从早期现代化向风险社会的过渡过程中，人的发展样态必然会呈现新的状况和特点。

一　不确定性发展：发展预期的多种可能性

风险社会中存在着这样两种基本状况：其一，生活世界的制度性价值基础以及共识形式发生了根本性动摇，个体生活从工业化的稳定状态和标准生活形式中游离出来；其二，风险的复杂性以及灾难性潜能的不可知因素不断增加，未预料后果及“剩余产品”经常产生。在这样的社会背景下，个体面临着从传统和安全中的漂离（或被抛弃）的状况，他或她都必须面对各种选择，而非像过去一样面对着一些有支撑规范和预期的确定路径。而不确定性不仅仅是一种环境的特性，更是一种存在的状态，当个体的存在与发展逐渐失去稳固性的社会基础、价值规范和信赖力量，人在不确定性中发展必然带来人的发展的不确定性。

在古典工业社会中，受线性发展观念的影响，“种瓜得瓜，种豆得豆”成为人的发展的基本设想和信念。的确，随着生产力的高度和快速发展，科学技术水平的提高，在这一历史时期人对自然和社会的控制能力有了明显的提高，人的发展也呈现出许多“上升”和“前进”的表征。在这样的社会背景下，人们“发现”了人的发展的诸多规律性，并“论证”了诸多人的发展的因果关系，“找到”了诸多实现人的理想发展状态的条件和路径。但社会实践的发展，特别是在风险社会中，古典工业社会人的发展所谓的一些“规律”并没有按照人们的设想呈现出来，人的发展的预期出现了多种可能性。当然人的发展预期的多种可能性这一判断只是一个事实判断，并不是仅指正面的条件必然产生负面结果，而是表明人的发展的条件和结果之间的线性关系越来越不明显。但是，建立在对人的发展的现有观念反思的旨趣上，对于这一事实判断的证明，只需要论证传统观念中的正面条件与负面结果的关联。在此，从整体层面和个体层面都有所表现。

（1）从整体层面看，在现代社会，人的发展并没有随着生产力的发展和科技水平的提高而“更全面”，某些方面的片面性程度反而超过了传统社会；征服自然和调控社会的能力的提高并没有完全表现出其“进步性”，随着自然生态环境的恶化和社会科层化“铁笼”的越发牢固，这种能力的提高就是“发展”和“自由”的设定受到越来越多的质疑。

在此，人的发展的不确定性主要是指人的发展并没有随着生产力的发展而绝对发展，反而呈现出一些严重的负面后果。这类似于启蒙理性在工业进程中走向全面胜利同时充满了苦难和错误。我们知道，风险社会是工业社会的副后果，而工业社会特有物相是“它通过诉诸技术的生产力而忽视社会的生产关系——仿佛只有这些生产力的状况直接决定着社会的形态”①，也决定着人的发展。但是，在为生产而生产的工业社会并没有带来人的“更全面”的发展。反而，人的片面性在当代更为深刻了，突出表现为人的“物化”。受工具理性主义的影响，世界上的一切均须在客观性和科学性面前取得合法性地位，包括人的精神、价值。生活世界所具有的人文意蕴，生活世界对人所具有的内在性不复存在，生活世界成了一个僵化单一的实体世界。人与周围生活世界呈现的是分裂与对立状态，人在异化的生存状况下和扩张的占有意识和无根的精神焦虑中生活，生活世界本身具有的诗意变成了浮躁、占有和无边的烦恼。僵化的实体性生活样式和片面的发展状态成了“物化”时代的主体状态。

虽然，“当主体断言自身是万物的培根式的主人并最终是万物

① ［德］阿多诺：《否定的辩证法》，张峰译，重庆出版社1993年版，第149页。

的中心主义创造者时，它便把一种认识论的和形而上学的东西带进了这种幻想"①，但幻想毕竟是虚幻的，人的发展并没有按照当初的设想呈现。在"物化"时代，"个人除了失去了其行为中的更大社会和宇宙视野外，还失去了某种重要的东西，有人把这表述为生命的英雄维度的失落。人们不再有更高的目标感，不再感觉到有某种值得以死相趋的东西"②。工业社会的生产力发展，带来的只有"可怜的舒适"③，而不是"更全面"。而风险社会的来临，把这点可怜的舒适也"扫荡"了。

人不但没有呈现出"更全面"，也没有得到"更自由"（对此的详解将在第五章第一节中展开）。工具理性在社会生活中的延伸必然带来科学管理时代，阿多诺称之为"被管理的世界"（今天中国的体制建构正在进入这一时代）。而"工具理性支配社会的前提一定是工作中主体的消亡"④ 一个经理，尽管有自己的取向，也可能被市场条件逼着采纳一种他感到是破坏性最大的策略；一个官僚，尽管有个人的见解，也可能被他工作时依据的规则逼着做出一项他明知违反人性和善意的决定。"工业—技术社会的制度和结构严重地限制了我们的选择，……围绕工具主义理性建造的社会既给个人的也给群体的自由带来极大损失——因为我们的社会决策不仅仅是由这些力量形成的"⑤。一种与工具理性格格不入的个人生活现代社会几乎难以维持，即使是在处理具有致命威胁的环境灾难也面临着巨大的困难。因此，在现代社会"温和的专制主义"统治下，选择往往不是公民所做出的，而是由不负责任的监护权力做的。

而那些在过去被想当然地接受的价值和预设已经变得"虚拟

① ［德］阿多诺：《否定的辩证法》，张峰译，重庆出版社 1993 年版，第 145 页。

② ［加］查尔斯·泰勒：《现代性之隐忧》，程炼译，中央编译出版社 2001 年版，第4 页。

③ 尼采的《查拉图斯特拉如是说》中的一句话。转引自［加］查尔斯·泰勒《现代性之隐忧》，程炼译，中央编译出版社 2001 年版，第 4 页。

④ 张一兵：《无调式的辩证想象》，生活·读书·新知三联书店 2001 年版，第 33 页。

⑤ ［加］查尔斯·泰勒：《现代性之隐忧》，程炼译，中央编译出版社 2001 年版，第10 页。

化”了，过去隐含的有效性声明变得问题重重，从而产生了被质疑和被清算的潜在可能性。这既是人的发展的不确定性的表现，也构成了其基本根据。

（2）从个体层面上讲，影响人的发展的结果多数情况下存在着诸多发展基因的“变异”，积极性的正面结果常伴随着负面结果；较之过去，人的发展过程中受到更多负面因素侵蚀的机会大大增加了，结果充满着更多的“变数”；影响人的发展的偶然性因素大大增强了，主导性因素很多时候并没有带来相应的主导性结果。

在风险社会中，人的发展很难呈现出单纯的进步的状态，常常是正负面结果的伴生。这是因为在现代社会中，人的发展所依靠的力量通常具有双重性，被借助于促进人的发展的许多技术手段、制度手段和观念系统现在正在显现其副作用，借助于这些力量所取得的发展常常会呈现正负面结果的交错。这一点从网络社会与人的全面自由发展的复杂性关系可窥见一斑。网络一方面为人的全面而自由的发展创设条件，极大促进人的发展，如提升了人的主体能力和自由度，使人在虚拟空间能够超越现实限制，去操纵现实世界原先的可能或不可能等。但同时，网络又会使人的发展付出了新的代价，如网络沉溺、数字化犯罪、计算机病毒侵害、网络帝国主义等，这使人面临着新的困惑、困境和危机。一般情况下，借助网络条件的个体发展常常是有代价的发展，正负作用交织在一起，有的个体呈现的正作用明显一些，而有的负作用则占主导。

较之传统社会，风险社会中侵蚀人的发展的负面因素更多，在发展的过程中常常会受到意外风险、竞争风险、诱惑风险、成瘾风险的影响，特别是由于精神世界的失落，人抵御外在诱惑、处理挫折的能力降低了，并且对于一些外在刺激也易成瘾。例如，在现代社会由于实利的社会资源相对有限性日益凸显，个体普遍感到驶入了快车道，竞争压力日益增加，人际关系日益紧张，情感需要得不到应有的满足，感到孤独、苦闷，这些极易引发心理疾病、吸毒、性乱、邪教、自杀等反社会、反生理行为，也有相当数量的个体由于种种原因而陷入困境不能自拔，走向自我毁灭的道路，一些最终走出困境的个体，也大多经历了心理上和精神上的艰难痛苦历程，并留下了终生的阴影。这些都会造成人的发展过程出现转向，发展结果充满变数。

诚如第一章第一节所述，风险社会是充满偶然性的社会，事物内在要素的复杂性与外在条件的不可预测性比传统社会强化了，事物发展的可能趋势具有难以预料性。事物发展过程是不可能在同一因素作用下发展的，外部环境和内在要素都是可变的，因此每一种现象的出现都是唯一的不可重复的，因而也是不可能完全预测的。在风险社会中影响人的发展的偶然性因素非常之多，且常常始料未及，人的发展的范式是高度复杂的、多样的和对抗性的，在很多情况下，偶然性在人们的日常生活中起着实质性的、决定性的作用，对人的发展起着主导性的作用。从这种意义上讲，风险社会中人是“偶然性的个人”，个体的存在和发展的每一次实现呈现出许多具体性、有限性和随机性。

另外，传统发展所依赖的确定性知识已经变得并不那么确定了，“所有的科学都建立在流沙之上”①，现代性的反思性在破坏着获取某种确定性知识的理性，在这种情况下，由于对这个世界的认识本身就存在着不稳定性和多变性，对有关社会生活的知识了解得越多就越可以更好地控制自己的命运和发展自己的未来，变成了一个假命题。既然所有通往认识论的“基础”都变得不可靠，也就没有什么东西被确定无疑的认识。人的发展无疑也是如此，存在着许多不稳定性和多变性。更何况随着生态问题的日益凸显，对于“进步”与“发展”概念在不断地反思之中，传统认识难以取得合理的支持。

总之，风险社会中人的发展呈现“种”与“得”、“投入”与“产出”的非线性关系，这既表现在“投入”与“产出”的量的非对等性，还表现在可能出现的质的改变。量的非对等性包括量的增加和减少两种情况，质的改变也包括正面改变和负面改变两种情况。但比较而言，风险社会中后一种情况呈现得则更多一些。

---

① ［英］安东尼·吉登斯：《现代性的后果》，田禾译，译林出版社2000年，第35页。

二　反思性发展：发展观念和模式的更新与调整

随着对现代性的深入探讨，“反思性”（reflexivity）逐渐成为“最重要的共同的关键主题之一”[①]。“社会知识的自反性和循环性能够不可预测地改变行动的环境”[②]，而且社会的现代化程度越高，主体所获得的对其生存的社会状况的反思便越有力，因此改变社会状况的能力也越大。风险社会是对现代化的反思、自我相关性和现代性的自我指涉，是人类对知识的范畴系统性反思的结果，是“人们反思性地运用知识的过程中（并通过这一过程）被建构起来的”[③]。实际上，反思性是人类生存的基本条件或状态，是认知与实践活动的普遍结构，也是现代性的最独特、最突出，也是最难把握的特征。[④]也正是由于反思性让人们在它所带来的辩证性、复杂性面前茫然失措，以前所未有的紧张和忧虑关注现代社会所潜藏的风险。

从某种意义讲，现代社会正是在人类主体的不断反思中推动前行的，同时现代社会中所有东西也处于被反思之中，甚至包括对反思性自身的反思。人的发展自然也难以逃脱反思性的“控制”，其实，随着风险的加剧，“发展”（包括社会发展和人的发展）则是重点反思的领域。随着人的反思能力的提高，人的发展越来越显著地呈现出反思性发展的样态，最明显的表现在人的发展观念和模式的不断更新与调整。

现代社会对人的发展的反思是全方位的，既包括对“发展”概念的反思，也包括对发展目标、路径、条件和阶段性等的反思。而对人的发展的反思可以说在改变着人的发展，既是建构现代发展的动力，也是规避发展中的内在冲突而带来的危险的自我批判的精神

---

① ［德］乌尔里希·贝克、［英］安东尼·吉登斯、［英］斯科特·拉什：《自反性现代化——现代社会秩序中的政治、传统与美学》，赵文书译，商务印书馆2001年版，第1页。

② 同上书，第223页。

③ 安东尼·吉登斯：《现代性的后果》，田禾译，译林出版社2000年版，第34页。

④ 郭大为：《镜像中的生存——现代性的反思与反思的现代性》，《中国社会科学》2005年第1期，第10页。

形式。反思性发展就是在变动中建构自身，在不断的映射中认识自身，始终代表着一种自我批判和自我超越的努力。

反思性是一个历史概念，反思性发展自然也是如此。反思性作为风险社会中新的发展形态，并不是断然出现的。实际上反思性与发展应该很早就相形相伴的，只不过表现并不明显，没有成为显著性的特征。随着人类反思能力的提高，反思性在人的发展中越发显现，并呈现出新的特征。人的反思性发展样态主要表现在以下几个方面。

（一）风险社会中的人的发展是在发展观念的不断修正中进行的

包括对社会发展观念的批判和对人的发展观念的批判。

首先，人的发展过程中伴随着在对当代社会发展观念的批判反思。人的全面而又自由的发展是人的最高发展目标，这已在全球范围内成为共识。人的全面、自由发展不只是一种置悬于历史终点的不可逐及的理想，同时亦是悬设于现实生活的理想，是一种衡量任一现实社会的理想化的标准和对现实生活进行批判的动力源。人的发展在当代社会正是通过对现实生活的批判获取观念支持、发展空间和发展资源的。因而，可持续发展、以人为本的发展、人文发展等观念全面提出与逐渐形成共识可以说是人在现实危机面前反思的结果，是在风险社会的背景下发展观念不断修正的结果，而正是通过反思，达成新的发展观，从而获取人的不断提升。

风险社会给人的发展提供了获取思想观念和现实支持的契机。在社会危机面前，人们不得不去反思传统的社会发展观念，重新认识社会发展与人的发展的关系。进入现代以来，发展一直被视为经济学领域的研究主题和资源规划、社会工程的技术问题，效率与生产率、利润和绝对化的意识形态成为发展的绝对目的。因而形成了一种人围绕发展的中心，而不是发展围绕人的中心的发展模式。但危险真实地发生了，由于经济发展构成了自身的目的，发展手段绝对化、价值物质化的恶果开始显现。社会发展并没有带来“美好生活”，反而使人的生存面临着更大的危机，人的发展的片面性似乎也加强了，人从一种不自由状态走向另一种不自由状态。在现实面前，人们对什么是发展，发展为了什么，社会发展与人的发展谁是中心等问题开始了大规模的集中反思。通过反思，当代社会的发展观念开始了转向，从单纯的经济增长开始向可持续发展转向、从社会发展为中心开始向人的发展为中心转向。“发展从属于美好生活”① 观念越来越得到重视，许多国家开始调整发展政策、改变发展模式。虽然这些转向大都是停留在观念的层面，实践层面只是刚刚开始，但这一转向已经成为基本趋势，并已经开始对当代人的发展产生影响。

其次，对“人的发展”本身的反思也是当代人的发展的中心议题之一。受社会发展观的影响，人的发展也存在诸多问题，风险社会正是社会发展与人的发展综合作用的结果。在生存困境之中，人也开始反思人的自身发展问题。“人的全面自由发展”成为当代学界乃至政界的理论热点，就突出反映了这一现象。

面对生存危机和人的生存困境，对“人的发展”本身的反思当前主要集中在对人的片面性发展和工具理性对人的发展的负面侵蚀的认知与批判。在当代社会，人们在物质生活日益丰富的同时却普遍感受到精神生活意义的日益贫乏；实践能力日益提高的同时，评价、欣赏、享受精神价值物的能力却在退化；尊崇、敬畏、温情、神圣等人类所独特的情感体验被抛弃、撕碎，精神家园长满了荒芜的杂草；世界的符号化和自然的隐退所形成的“无根”的意识、价值尺度的多元化和不确定性所形成的“没有标准的选择”、终极关怀的感性化所形成的“信仰缺失”、“形上迷失”和“意义失落”正在显现。正是通过对于人的发展现状的反思，社会和个体都开始重视这些问题的影响。社会通过运用宗教的、教育的或是文化的方式，促进个体精神生活的发展。一些个体也自觉的发展自身的情感素养和意义生活，在强大的生存压力和竞争压力下开始有意识地增强心理素质和内在修养，通过内在心灵的调适和外在能力的提高综合应对外在世界。

① ［加］查尔斯·泰勒：《现代性之隐忧》，程炼译，中央编译出版社 2001 年版，第43 页。

同时，社会也开始了对提高人的品德与精神生活方式方法的反思。例如我国最近持续地对于思想道德教育的批判与思考就是典型代表。专家认为，在消解"物"对人的"压迫"，唤醒人们对价值、生活意义的追求方面，德育应自觉向以人为本的德育转向，把德育的功能、目标和追求定位为服务于人的全面发展，服务于人的精神提升、德性提高，服务于个体的发展和享用。把德育变革为一种真正为"人"着想，进而被"人"所想的实践活动。总之是建立起充满人性关怀，处处凸显"大写的人"的德育。为此，一是需要反思过去"对待人的方式"，自觉地以人的方式把握和理解人；二是反思存在的"土壤"，自觉地回归生活世界。

（二）风险社会中人的发展是批判性借助现代力量的发展

在传统社会，人的发展主要是借助于传统经验得以进行，在工业社会，人的发展主要借助于没有受到任何质疑的知识体系得以进行。而在风险社会中，这一情况有所改变，人们对于发展所借助的力量并不是毫无保留地接受与吸收，而是加以批判地利用。随着生态环境的恶化、生活风险的增加、技术理性的入侵，特别是科学知识、解释和实践提出的"解决方法"在各种场合、思想和文化流派中的直接对立，人们开始了科学技术权威的质疑，知识逐级被用以"场景思考"的方式放到具体情境中加以相对理解，真理不再被看作"指涉性"的而是"表述性"的，专家也很难获取传统意义的"专家"地位，被当作社会进步的"守护者"，反而经常成为批判与争议的对象，甚至会被认为是社会发展的"破坏者"。过去科学具备大量的、没有疑义地相信科学的公众，但今天它的努力和进步总是伴随着不信任。"人们怀疑未尽之言，考虑副作用并预料最糟糕的情况出现。"① 个体在借助于现代科学知识或技术发展自身的同时，也在准备应对其可能带来的风险。

现代社会人们对科学的信仰于对科学的批判杂糅纠缠在一起。一方面专家仍然是在必要时刻可以求助的人，仍然是一切大一统

① ［德］乌尔里希·贝克：《风险社会》，何博闻译，译林出版社 2004 年版，第 19 页。

的、普遍意义上的“权威”的源头，但同时“对知识的所有主张（包括关于这些主张的综合陈述）都是可以矫正的这个事实——在现代社会中已成为一种存在状况”①，科学权威也在“任何东西都不是神圣的”这一原则下接受人们的再审判。

与对科学技术与知识的批判性应用一样，人们对借助发展的其他支持系统也是在批判性反思中进行的。例如我国近年来的教育扩招虽然使得更多的人接受了高等教育，但并没有必然促进一些人的发展，反而使一些人和家庭因此致贫。因而，教育与发展的关系在许多人看来并不是那么必然，开始反思“知识改变命运”的观念和探索其他发展的路径。

市场经济也是人的发展所必须信赖的现实力量。但经过一段时期对市场经济“暧昧地调情”之后，人们开始改变对市场经济单纯信赖和信任的一面，逐渐认识到市场经济与人的发展存在着内在张力。一些个体开始对当代社会存在方式进行警示性的批判，自觉矫正完全陷入财富崇拜的行为，疏离最初的“拜物”观念。尽管这些个体还不能构成主导性群体，但是“现实的都是合理的”发展观念开始被广泛地质疑，更多的人开始意识到人的神性之维和现实的有限性，以一种非现实的人类理想的生存形态及艺术活动的完满性来对照现实，从而提升人们的存在质量。当我们一方面在批判当代人的种种现代性问题和困境时，不应该忽略“沉迷”中的觉醒和反叛事实。

（三）风险社会中人的发展面向未来，转向可持续性发展

在传统社会，社会通过控制时间而控制人的发展空间，人的发展是以过去为导向，发展的目标是为符合传统规范和回归过去，因而，传统社会中的经验对人的发展影响重大。进入工业社会以后，社会关注“利益最大化”，受其影响，人的发展从关注过去转向到关注当下，关注即时性需要的满足。“人在谋求发展过程中，由于受眼前利益、局部利益和个人利益的驱使和局限，往往只重视个人

① ［德］乌尔里希·贝克、［英］安东尼·吉登斯、［英］斯科特·拉什：《自反性现代化——现代社会秩序中的政治、传统与美学》，赵文书译，商务印书馆2001年版，第110页。

和社会的眼前发展而忽视了长远发展，结果导致发展间断和缓慢，甚至发生倒退”[①]，这是一种短视发展、自发发展和间断发展，这种发展是以牺牲自然，更为实质的是牺牲后代为代价的发展，它既忽视了代内公平也忽视了代际公平，势必造成社会发展的不可持续性，同时也引致人的发展的自我断裂。

风险社会中，强大的风险存在和实质性的社会变迁，使得人们不得不远离原先的思考和行动模式，考虑社会发展的持续性，考虑自身发展中的不明的和无法预料的后果，考虑未来预期的风险。

因而，风险社会中人的发展的核心不在于现在，而在于未来，过去失去了决定现在的权力，它的位置被未来取代了。“不存在的、想象的和虚拟的东西成为现在的经验和行动的‘原因’”[②]，今天的发展不再是单纯地关注积极性因素的获取，开始更大地关注避免、缓解或者预防明天或者后天的问题与危机。发展中的“预期变数”成为个体发展的重要命题，其关注程度与相关发展因素的不可预测性及威胁成正比。人的发展在这一时期不自觉地通过预期后者来确定和组织现在的行动。

1994年在开罗召开的联合国国际人口与发展会议通过的《行动纲领》指出“可持续发展的中心是人”，人既是可持续发展的目的，又是实现可持续发展的决定因素。人的可持续性发展逐渐成为新的发展观之一，并被更多的人接受。在现实的生存环境危机面前我们也不得不从思想上警醒，从可持续发展上找到自身发展的方位与路径，特别是找到正确的价值观念和伦理支持。

另外，工业社会中人的发展所呈现的程式化、稳定性、神秘性、周期化、均质性的特点正在随着人们反思力量的增强而逐渐式微，一些新的特点开始形成，突出表现为自主性、开放性、个性化。这些都与当代社会人的反思性发展有着一定的关联。

---

① 郑永廷：《坚持科学发展观 促进人的全面发展》，《思想理论教育导刊》2004年第6期，第59页。

② ［德］乌尔里希·贝克：《风险社会》，何博闻译，译林出版社2004年版，第35页。

三 个体化发展："解放"与"围困"共存

现代社会的发展并没有改变马克思所关注的那些方面：收入的不平等、劳动分工的结构、雇佣劳动等等。但与此同时，社会的、文化的和制度的风险不断改变着工业社会内在的社会结构及其基本的生活行为的确定性，社会阶级、家庭模式、性别身份、就业模式、劳动标准都随之发生着"解传统化"的改变，人的发展的传统依赖方式："阶级认同"和"社会阶级"依附削弱了。人们期望过上"自己的生活"，并且寻求对社会的和个人的新的认同与责任。E. 拉兹洛断言，"在东方和西方的工业化国家里，当前的文化转变改变了广大居民的思维方式和行为方式。不久前居支配地位的价值观念和信念是由传统工业社会的经验形成的，但由于传统工业社会正由一种全球联系的信息经济所取代，这些基本概念便变得越来越陈旧，其有效性日益受到质疑"①。在此背景下，人的生存与发展从历史地规定的、在统治和支持的传统语境意义上的社会形式与义务中脱离，并伴随着与实践知识、信仰和指导规则相关的传统安全感的丧失。在新的风险和威胁面前，人们开始由寻求传统支持网络转向自身，依赖自己的个体命运，个人被迫成为自己生活规划和行为的中心。"个体自身成为生活世界中的社会性的再生产单位。社会性的所是所为与个体决定缠绕在一起"②，无论是在家庭内或外，个体都在其生存与发展的计划与组织中占有主要地位。同时，人的发展都指向了一个核心的关注点：对控制个人自己的财富、时间、生活空间和身体的要求。所有产品、价值观、生活方式等与个人相关的方面，都在适应着多样化的个体的存在方式，使作为能力不同的每个个体都可以根据自己的兴趣和个人偏好，围绕个人尊严、个人贡献来自主地建立和安排自己的生活。"换言之，人们要求发展他

① ［美］E. 拉兹洛：《决定命运的选择》，李吟波等译，生活·读书·新知三联书店 1997 年版，第 73—74 页。

② ［德］乌尔里希·贝克：《风险社会》，何博闻译，译林出版社 2004 年版，第 109 页。

们自己的生活观念并且能够据以行动的权利。”[①] 这些我们可以称之为人的个体化发展。

个体化发展主要是指人的发展的实现和推动越来越多地摆脱了集体的规定性而依赖于个体，发展的目标更多指向发展自我。个体化的实质在于，个体与日益丧失提供明确的价值体系和行为准则能力的社会或集团之间的联系日益弱化。或者从某种层面上讲意味着标准生活经历成为选择的生活经历、“自助生活经历”（罗纳德·希兹勒语）或者如吉登斯所说的“自反性生活经历”。

从世界范围看，人的个体化发展趋势从启蒙运动时期就已经产生，那时人们就开始提出按自己的方式生活的要求。但直到20世纪五六十年代，一些发达的工业国家的正常家庭和小家庭中尚存在着一种相对清晰的日常家庭生活的安排模式：男人从事职业工作，妇女料理家务。而这种情形在我国更为普遍。但是，教育、劳动市场和流动性这些以个人而不是以集体为导向和定位目标的制度性的框架条件正在日益形成着个体化的进程。人们无法以整个家庭为单位找到某些活动形式，必须作为个人取得自己的学历证书，必须作为个人在劳动市场上实现自己。“妇女也同男人一样被卷入接受教育、进入劳动市场、追求前程和强制流动的个体化涡流。”[②] 这种情况在城市非常普遍，在农村也正在形成个体化的潮流，诸如现在农村的进城务工人员中性别比例差异并不大，即使是从事农业生产，传统的劳动分工也日益消解。在教育、劳动分工和流动性因素的推动下，人们会提出自己的权利和要求，当这引起权利与要求延伸到某个次级群体时，就会把这些人从其“等级”命运中解放出来，“为他们创造按自己的方式生活的种种机会，同时也给他们带来风险”[③]。诸如妇女群体、农民群体等都在发生着这一转变。正如鲍曼在《个体化社会》的序言所指：“让‘不再靠社会拯救’的训告深

① ［德］乌尔里希·贝克：《风险社会》，何博闻译，译林出版社2004年版，第113页。

② ［德］乌尔里希·贝克：《自由与资本主义》，路国林译，浙江人民出版社2001年版，第70页。

③ 同上书，第72页。

入人心，使之转化为大众心智中的常识，这是当代生活的表层上很容易发现的现象。”①

具体而言，具有“解放”意义的个体化发展体现在四个方面。

第一，发展目标的个体化。在现代社会中，社会阶级、核心家庭、性别角色都无法替代个体身份，身份逐渐与阶级、家庭和性别脱离。身份的个体化也使得个体的发展目标更少地与阶级、家庭、性别相关。身份的个体化不是说人的发展过程中没有阶级差异，而是说他们退回到了新近出现的人的发展规划“中心”的后台。经过市场的不断中介，人们原来形成的共同生活经验开始分裂，以市场体制为主的社会转型已经导致人们价值主体地位的确定并呈现出价值主体个体化特点。因而从人的阶级地位出发，不太容易确定其观点、关系、家庭地位、社会和政治理念与认同，同样也不太容易确定其共同性的发展目标。不断提高的生活标准和不断增长的教育信赖，以及流动性的增强、竞争和劳动关系的仲裁系统的完善，这些因素都严重削弱着“阶级共同体”，使得共同的“阶级使命”难以形成，发展目标呈现更多的个体性。尤其是在强大的风险面前，风险的规避经常超越阶级范畴，需要不同阶层人的联合起来。这样，“新形成的社会关系和社会网络现在由个人来选择，同样，社会纽带也变成反思性的，所以要通过个人来确立、维持并不断地更新”②。随着核心家庭的解体，个体身份也逐渐不再用“某一家庭”的角色来称谓，家庭成员都是独立的个体，他们在自己的网络中选择各自的关系和生活。个体身份也不再用性别来说明，传统的“某某先生的太太”或“某某太太的先生”都不再是主流的表达身份的方式。发展目标的性别色彩越来越少，女性逐渐摆脱旧有的“为了他人而生活”的归因角色，在“家庭劳动的去技艺化”、“母亲的命运”的解放、涌入劳动市场、教育机会的逐渐平等的基础上，妇女从她们现代的、不能改变的女性身份命运中解放出来，可以有更

① ［英］齐格蒙特·鲍曼：《个体化社会》，范祥涛译，上海三联书店2002年版，第8页。

② ［德］乌尔里希·贝克：《风险社会》，何博闻译，译林出版社2004年版，第119页。

多的条件去寻求作为个体的发展目标而不是作为女性的发展目标。

第二，交往网络安排的个体化。人的个体化发展不仅体现在自主发展和发展自我方面，还体现在发展路径的自主安排方面。个体不仅是自己的生活的“编织者”，也是交往网络的建造者。他们几乎可以说既是自身的经营者，也是社会的经营者，只有不断地同他人协调，才能真正实现自己的生活设想。可见，人的个体化发展绝对不是指人脱离社会网络而独自发展，个体化发展也必须通过社会交往进行。但较之以前不同的是，人在什么形式下进行社会交往，为了谁而进行社会交往，这些问题不再是由他人、集体预选规定好的，也不再是限于履行程式化的义务，而是根据自己的正义感、责任感、兴趣等不断地再生产自我。因而，个体化发展的社会交往较之以前更为自觉。

我们不能忽略这样的情况，一些竭力坚持自我实现的人会高度评价团体活动，也乐意拿出业余时间帮助他人。但这种帮助并不是出于为社会、集体的福利目的，更多地是出于自我发展、自我实现和兴趣的需要，是在个人交换的意义上这样做的，希望能从中为自己的生活获取点什么。因此，个体化发展在重新调整着个人主义和社会道德的关系，寻求把个人的自愿和个性同帮助他人的行为联系起来。

第三，人的发展需要更多的决定。人的发展现在逐渐地从预定的命运中解脱出来，并为人们自己所掌握，容许并信赖于决定。在现代社会，发展方向、路径、目标越来越信赖于个体的决定，根本不受决定影响的发展机会的概率正在减少，开放的并必须个体化地构建的发展概率在增强。社会与传统预定的发展必须转换为自我生产，影响发展的因素诸如教育、职业、工作、居住地、配偶等及其内在结构与排序的决定都不仅成为可能，而且必须被做出。是否做出决定，做出什么样的决定都会严重影响到个体的发展结果。同时，个体必须将自身看作发展的中心以及能力、取向和关系的规划者。

第四，个体化发展的社会表现。人的个体化发展不仅表现为个体的发展状况，同时在社会的各个领域都有所体现。在经济领域表现为经济个体化：尊重个体的个人价值，鼓励个体在充满激励、公平竞争以及相互合作的工作环境中发挥自己最高的智慧和能力；在教育领域表现为个体化的学习模式：从过去统一模式的集体化、社会化学习，到注重学生的主体性，以人为本，以学生为中心，注重学生个性和创造性的培养等；在道德领域主要表现为道德多元化，伦理规范和评价也越来越呈现出“情境化”和特殊性，不再也很难用统一的理论来加以引导和解释。

虽然人的发展逐渐开始摆脱阶级关系、家庭、性别等束缚，具有“解放”的意义，但阶级差异与家庭联系，包括性别定位并没有真正完全消失，与此同时，新的依赖性产生了。传统纽带和社会形式的位置被次级中介和制度所替代，并使人们依赖于时尚、社会政策、经济周期和市场。因而，“解放性”并不是当代社会个体化发展样态的单一性质，而是“解放”与“围困”的矛盾性共存。

个体化发展的“围困”是“看不见的”，在发达的现代生活中，个体化产生在普遍的社会化条件下，社会对我们的生活历程做了明确的规定，个体只能按照社会给我们预定的生活模式进行，甚至连生活阶段的顺序都有规定，我们无法打乱它，除非我们不想生活在这个世界中。上同样的学校，学同样的知识，生活在同质群体社会中。当然，这种控制和标准化是内隐的，不易察觉，甚至是带有“自由选择”的面纱。教育体系和职业体系是控制和标准化最为有力的两个杠杆，它们直接规划着人们的生涯阶段，包括教育、职业、工作时限、生活方式。也就是说虽然从具象上看，个体发展呈现出个性、选择性和决定性，但从整体上看，个体发展的几乎所有方面都严重信赖于市场，受大众媒体的影响，人们的选择、习惯、态度和生活方式其实存在着内在控制和标准化。“一方面，它使人们从传统的塑造和划定的交流、经验和生活环境中解脱出来。然而同时，每个人都处于一种相似的位置”①，因此，“个体化——更确切地说，就是从传统生活过程中的脱离——伴随着生活方式的一致

① ［德］乌尔里希·贝克：《风险社会》，何博闻译，译林出版社2004年版，第162页。

性的标准化。……这样，就出现了一群孤立的大众观众的社会图景，或者，说得更直接一些，就是孤立的大众隐士的标准化集体存在”①。

这一点，通过电视媒体更易直观。虽然个体分存于不同的空间之中，但却在夜晚相遇在电视的村落里，消费着相同的节目。这是一种空间和时间的双面生活：同一刻既在此处又在彼处，在个体化的空间中享受着同样的东西。尤其对于那些把电视节目作为家庭时间表的人来说，受到更为明显的控制。

人的个体化发展还存在着一种既不是“解放”也不是“围困”意义的情况：人的发展风险承担的个体化。当个体从传统中解脱出来也意味着他/她必须面对各种选择，而非像过去一样面对着一些有支撑规范和预期的确定路径。选择和决定的个体化，同时也意味着个体要为自己的选择和决定负责，并承担失败的风险。因此，当人的发展从“等级”命运解放出来，按照自己的方式发展和生存的同时，也带来了风险。而原本可以通过阶级、家庭等解决的个人生活中的机遇、威胁和矛盾现在越来越多地由个人来感知、解释和处理，个人必须掌握“风险机遇”，但由于社会的复杂状况，个人却很难在坚实可靠的基础上做出必要的决策，全面考虑到所有可能的后果。所以，个体要经常面对和承担发展中的风险。

第二节　人的发展样态的理论辩证

正如风险社会的双面性一样，人的发展呈现的每一个新样态内部、新样态与传统发展样态都具有复杂的结构性矛盾。剖析其中的结构性矛盾是正确认识、评价发展样态的关键。而结构性矛盾往往是通过“反思的概念”② 呈现出来，因而，深化对当代人的发展样

① ［德］乌尔里希·贝克：《风险社会》，何博闻译，译林出版社 2004 年版，第 112 页。

② 黑格尔把本质论的范畴又称为“反思的概念”或反映的范畴。本质论里的范畴都是一对一对的，要理解一个概念就必须理解另一个概念，双方都是对方的一面镜子，此概念是彼概念的颠倒形象。

态的认识，还需要对一些范畴进行分疏，展开理论辩证。

一　偶然与必然

人的不确定性发展的实践背后都蕴藏着偶然与必然的理论辩证问题，必然性与偶然性的关系理解背后隐含着相应的认识论和方法论，对人的发展的现实、人的发展观、指导人的发展等问题都有着深远的影响。

一般说来，必然性与偶然性这对范畴所指涉的是事物在其变化发展过程中先后两种状态之间的关系，以及发生变化后的状态属性。必然性指的是先后状态之间的因果决定性联系和结果状态的确定性，偶然性则是指事物发展结果的不确定性，按照因果律无法对事物发展的未来状态做出精确预测，或是不能确定两种状态的因果决定性联系。

其实，偶然性与必然性问题一直都是哲学争论的热点问题。早在古希腊时期，德谟克利特和伊壁鸠鲁对此就有着截然相反的观点。德谟克利特认为自然界中只有纯粹的必然性，由于人们的认识的局限才表现出偶然性。他在认识论层面上把偶然性看作是感性的认识世界，是必然性的表现形式，并形成了科学理性主义传统；而伊壁鸠鲁则认为偶然性是事物本身所固有的、现实的存在，必然性是虚幻的代名词。他则是在本体论层面把偶然性看作是感性的生活世界，是人的自由的存在，形成了实践哲学传统。此后，必然性与偶然性在社会中的影响力呈现着一种此消彼长的态势，宗教、自然科学发现、社会重大特性都改变着人们对于偶然性与必然性的认识。但从整体上讲，在人类社会历史的长河中，必然性在与偶然性的竞争中占据着的主导地位。特别是到了近代，哲学家们发展了德谟克利特的哲学传统，不仅如此，还把偶然性由一个本体论范式转化为认识论范畴，把偶然性定义为必然性的表现形式，使其从属于必然性。黑格尔就是这一传统的集大成者。

在现代社会，由于风险的广泛存在、社会复杂程度的提高以及自然科学的重大发现都日益证明了偶然性的普遍存在，社会出现了强调偶然性的趋向。我国学界对此也做出了许多的新的探索，但从整体看，由于受传统教科书的影响和对马克思主义基本观念的误读，对偶然性与必然性的认识还停留在旧有框架内：偶然性是必然性的表现形式和补充，必然性决定偶然性，二者是本质与现象、内容与形式的关系。必然性是由事物内部的主要矛盾决定的，在事物发展过程中处于支配地位，决定事物发展的主要趋势；偶然性是由事物的外部矛盾、次要矛盾决定的，在事物发展过程中处于被支配地位，对事物的发展起加速或延缓作用。

对于必然性与偶然性关系如此简单的理解，显然已无法解释当前社会发展的诸多现实。偶然性不仅是认识论的问题，同时还是一个本体论的问题，不加区分地把必然性与偶然性的关系放置于所有领域去认知，错误和危害都是明显的。马克思早在其博士论文中就实现了偶然性从认识论到本体论的转换，但这一成果长期被视为马克思早年的唯心主义的著作而不做重点研究。而马克思正是从偶然性的解释开始走向了他的"生存实践论"，偶然性是马克思人学核心思想的起点和开端。

马克思在其博士论文中虽然强调偶然性的价值，但他也不是简单地反对必然性，他所反对的是科学理性主义传统所主张的必然性。马克思认为科学以自然界为研究对象，所要解决的是精确地描述世界的问题，所以用必然性来解释自然界的存在。但是这种解释方式不能应用于所有领域，特别是对于解释人的生命存在和自由发展。如果把必然性运用于解释人的精神创造领域，势必会为人的生命存在预设逻辑前提。而对这个逻辑前提的寻找最后必然会通过宗教来解决。而马克思对这一问题的解决是通过把偶然性由认识论转换为本体论而实现的。马克思认为，应该把科学与哲学做出区分，哲学是以人的生命存在、人的自由为研究对象，所要解决的是创造世界的问题，而创造世界的问题在西方的哲学传统中是一个本体论的问题。哲学通过把实体抽象为观念，使其成为实体的本质。"这种以观念形式表示的实体不再受外在物质的限制，而是与人的目的结合在一起，表现为主体的应有，同时它不再把人的感性知觉与个别存在作为观念的表现形式，而是作为它的实在的、经验的内容：人的感性知觉与人的生死意识、人的快乐、痛苦和幸福相联系，表现为人的生存意识从而服务于人的目的，体现了人的存在的本质亦是人的存在本身，而个别的存在则成为人的有意识、有目的存在的经验形态。"① 在这里，观念与人的感性知觉与个别存在结合在一起，展示出一个感性的生活世界，这个感性的生活世界就是偶然性的本体论意义。至此，偶然性不仅是与必然性相对的具体性、有限性、随机性，也被视为与物质性相对应的主体性与个性自由。

马克思的偶然性思想进一步在其《德意志意识形态》中进一步展开。马克思认为，人的需求具有历史性，当个体的需求和相应的能力已超出某个特殊范围，这个特殊范围的限制就与个人主体性发生矛盾，此时的个人就是不自由的偶然性存在。但是，"有个性的个人与偶然的个人之间的差别，不是概念上的差别，而是历史的事实。……这种差别不是我们为一切时代划定的，而是每个时代本身在它所发现的各种不同现成因素之间划定的，而且不是根据概念而是在物质生活冲突的影响下划定的"②。因而，我们不能把自己意识到的现实束缚主观地强加给过去的时代和个人，否则，必然会产生必然性对偶然性的统治观念，产生先验、绝对的主体，这就是马克思所批评的"总是用后来阶段的普通人来代替过去阶段的人并赋予过去的个人以后来的意识"③。其实，"生存于一定关系中的一定个人独立生产自己的物质生活以及与这种物质生活有关的东西，因而这些条件是个人自主活动的条件，而且是由这种自主活动产生出来的。这样，在矛盾产生以前，人们进行生产的一定条件是同他们的现实的局限状态，同他们的片面存在相适应的，这种存在的片面性只是在矛盾产生时才表现出来，因而只是对于后代才存在"④。而只有当人们的能力超出以往的条件时，人们才觉得这些条件是偶然的桎梏。

更为关键的是，马克思认为，尽管个体在发展过程中不能控制

---

① 何萍：《马克思博士论文中的本体论问题》，《学术月刊》2002 年第 9 期，第 30 页。

② 《马克思恩格斯选集》第 1 卷，人民出版社 1995 年版，第 122—123 页。

③ 《马克思恩格斯全集》第 3 卷，人民出版社 1960 年版，第 77 页。

④ 《马克思恩格斯全集》第 1 卷，人民出版社 1995 年版，第 123 页。

自己的物质生活条件而作为异化者而存在，但个人作为主体能随着社会历史的发展而利用普遍性、必然性力量。尽管个人主体性的存在和发展不能摆脱每一次实现的具体性、有限性，但个人却能通过实践不断地超越偶然性存在的事实形态。

马克思把偶然性从认识论转向本体论，从根本上改变了黑格尔“必然性”王国中整体高于个体，把整体当作个体的真理，因而把人的发展看作是先定前提的实现的错误观念，马克思通过对偶然性本体论的建构把人的发展看作是一个生生不息的过程。

现在再来看一下被深刻误解的恩格斯有关偶然性与必然性的论述。恩格斯在其《自然辩证法》中集中对必然性与偶然性进行了一般性的论述，“形而上学所片面坚持的另一对立，是偶然性和必然性的对立。还有什么能比这两个思维规定更尖锐地相互矛盾呢？认为这两者是同一的，偶然的东西是必然的，而必然的东西同样是偶然的，这怎么能行得通呢？日常的理智和具有这种理智的大多数自然研究家都把必然性和偶然性看作永远互相排斥的两个规定。一个事物、一个关系、一个过程不是偶然的，就是必然的，但不能既是偶然的，又是必然的，但是不能两者兼而有之”①。看来，由于恩格斯的话被肢解，他批判的东西反而成了我们错误观点的理论依据。实际上恩格斯在此正是要批判那种一味地把必然性和偶然性当作永远互相排斥的两个规定，孤立、静止地考察事物的形而上学思维方式，而认为应该对两者进行动态的辩证把握。这就是恩格斯所说的“在历史的发展中，偶然性发挥着作用，而在辩证的思维中就像在胚胎的发展中一样，这种偶然性融合在必然性之中”②。可见，在恩格斯这里，二者是同一事件在不同存在层次上状态属性即现实性和可能性的一种辩证统一，在人类的认识活动和实践活动中，二者是一种一般和特殊、具体和抽象的辩证统一。“只有把两种描述结合在一起，才能给出现实的图景。偶然性和必然性在这里表现为互补的原理，也就是说，它们是一个事物的不可分割的两个方面，是同

---

①《马克思恩格斯选集》第4卷，人民出版社1995年版，第323—324页。

② 同上书，第331页。

一过程。概括地说，互补性观念类似于过程思想。”①

后来恩格斯又进一步批判，“必然被说成是科学上唯一值得注意的东西，而偶然被说成是对科学无足轻重的东西，……这样一来，一切科学都完结了，因为科学就是要研究我们不认识的东西”②。在此，我们无论如何也得不出必然性决定偶然性的结论。

基于以上的理解，人的发展的偶然性是人的发展的本真属性。一个成功的人生正是在于它逃脱了对它的存在的偶然性所做的因袭的描述，而找到新的描述方法，这新的描述方法就是不断地自我创造。人不是要寻求对自身确定性的解释，恰恰相反，他就是要借偶然性的东西不断突破外加到他身上的种种规定。从某种意义上讲，这是人的发展随着社会的发展理应呈现的样态，它突破了传统社会和古典工业社会“必然性”的束缚，使人的发展呈现出了多种可能性，也使得人的发展逐渐向“人”接近，因而也可以说，人的发展的偶然性蕴含着以人为本的发展观的内涵。正如阿格尼斯·赫勒所言，“我们可以努力将我们的偶然性转变成我们的好运”③。当然我们不可否认人的不确定性发展会带来人的发展的负面结果，但我们不能因为负面结果而回归到限制性的、模式化的发展轨道上。人的不确定性发展可以说是人的主体性增强的表现，是人在复杂的社会状况面前获取更多的主动性、选择性的结果。在此层面上，人的不确定性发展是人的发展所呈现出的一种进步性。

其实，只要我们把人的发展的偶然性从马克思所倡导的本体论视域去理解，人的发展的偶然性的价值就更为明显。从本体论看偶然性，其背后蕴含着实践性、批判性、开放性等特性。实践性使其保持同现实的社会生活的紧密联系；批判性使其批判的锋芒不仅指向外在的对象，而且指向自身，使其能超越自身的局限；而开放性使其能容纳百川而成大海。这种实践性、批判性、开放性就保证了

① 詹奇：《自组织的宇宙观》，曾国屏等译，中国社会科学出版社1992年版，第53页。

② 《马克思恩格斯选集》第4卷，人民出版社1995年版，第324页。

③ 转引自［英］齐格蒙特·鲍曼《现代性与矛盾性》，邵迎生译，商务印书馆2003年版，第231页。

人的发展的生命力。甚至可以说，人的偶然性发展就是人的实践活动，是人“本源性”的生命存在和活动方式，构成了“世界”、“人”以及“人与世界关系”的“奥秘”和深层根据。

首先，人现实的生活世界完全是由人的实践活动所“构造”或“组建”而成的，生存实践活动通过把人的生命力量对象化，把自然界转化为自己的“无机身体”，把自然关系变换为“属人关系”，从而使整个世界“活化”起来并拥有了生命的光辉，它是一个超越主客抽象的对立，把人与对象融为一体，并不断地把人与世界推向更高层次与境界的能动的过程。[①] 正是“这种活动、这种连续不断的感性劳动和创造、这种生产，正是整个现存的感性世界的基础”[②]，“整个所谓世界历史不外是人通过人的劳动而诞生的过程，是自然界对人来说的生成过程”[③]。因此，可以说正是人的偶然性发展才构成了丰富多彩的现实生活世界。

其次，生存与实践是人之为人的基本规定性，人有什么样的实践性、从事何种实践活动，人也就有什么样的生存状态和生存特性。而人正是从自身创造性的生存活动中生成为人的，人的全部生活状态、生活环境和生活特性都根源于此、生成于此，因此人之为人的自身根源来自生存实践活动，人是自身活动的创造者。因此，先验实体不是人之为人的根据，人也不存在既定的本质和命运。因而人是自己的主人，人不断地实现着向未来的敞开，在实践与生存中不断实现自我超越。从实践与生存的视角理解人，人具有“自我规定”的本性，人的活动是“自由自觉的”。人的偶然性发展可以说既是人的自我规定、自我超越和“自由自觉”形成的依据，也是其基本表现。同时，人的偶然性发展也是受动型生存方式和主动型生存方式的基本标尺。人是一种主动性生存方式，而一般的动物则是一种受动性的存在，从某种意义上讲是由于人是一种偶然性的存在，而动物则是“必然性”的存在。因此，人的偶然性发展是属人

① 贺来：《马克思哲学与“存在论”范式的转换》，《中国社会科学》2002 年第 5 期，第9 页。

② 《马克思恩格斯选集》第 1 卷，人民出版社 1995 年版，第 77 页。

③ 《马克思恩格斯全集》第 42 卷，人民出版社 1972 年版，第 131 页。

意义的范畴，具有全面而丰富的内涵。人的偶然性发展具有把人从先验实体和既定命运中解放了出来，给予人充分的自由的意蕴。

由于我们国家长期存在着对必然性与偶然性的误解，在对“必然性”绝对地位寻求的影响下，常常带有严重的本质主义思维方式指导和研究人的发展问题。这种思维方式在提高人的发展的意义、研究人的发展的基本规律方面发挥过重大的作用，但在社会和人的生活世界日益复杂化的今天，本质主义思维方式已经无法有效地指导人的发展向纵深进行，甚至还会束缚人的发展，与人的发展现实背道而驰。

“本质主义”（essentialism）即是以“本质范畴”、“本质信念”、“本质追求”为基本特征的一种知识观和认识论路线。本质主义思维方式是本质主义知识观和认识论路线的思维模式，本质主义是本质主义思维方式在认识论领域提出的自然要求。

我国当代的人的发展问题研究受本质主义的影响很深，本质主义思维方式是主要的思维模式。但在偶然性日益增强，人的发展日益呈现不确定性的今天，本质主义思维方式无法引领人的发展，第一，本质主义思维方式以抽象化的方式理解人的发展，把对人的发展的认识统一到一种形而上的概念、命题和哲学用语上，根本不能树立人在发展中的主体地位。第二，本质主义思维把主要的精力都放在对于人的发展的本质与规律的追寻上，很少关心人的发展所赖以存在的生活世界，其结果只能是人的发展的研究与生活逻辑和自然逻辑的双重背离。第三，本质主义思维所追求的是概念、定义的不变，其结果必将是把人的发展中的人看成一成不变，从“是什么”的意义对人性给予规定。

对此，我们需要转换思维方式，树立与作为本体论的偶然性相适应的思维方式。实践是人类特有的对象性的主客体关系的感性活动，人类特有的生命存在方式是社会实践，人的思维应向实践思维发展。其一，实践思维是一种关系思维。它关心的是人的存在方式、存在状态。它的兴趣点在于研究人及人的思想是怎样存在的？它的关系状况是怎样的？它更多探索的是一些关系性、功能性、结构性的领域。在人的发展研究中运用关系思维，能使教育者把人是如何存在为中心问题来研究，把人看作为一个“生存活动者”，把人的发展看成一种通过实践活动不断否定和生成自身的超越性存在。其二，实践思维是一种多向思维。多向思维在这里更多的包含有两方面的含义，一是价值思维，二是全面思维。实际上，人的发展研究的根本任务是为了人的生存与发展，不能缺乏价值思维，否则容易以规律为中心，以必然性的追寻为中心，而不是以人为中心、为主体。所谓全面思维，是相对于单向度思维而言的。其实人与世界、主体与客体、人和自己对象之间的相互关系是多面的、多维的、多元的。因而，人的发展过程是不可能通过因果细节来得到解释的，人的发展是一个复杂系统，其中的每一个部分都影响着其他部分，在人类的认识存在着某种局限性的情况下，人们无法穷尽某一事件的初始条件，因而也就很难对其进行准确的因果性分析。

二　理论与实践

风险社会的出现，使人们看到了许多“现代性设想”在这一历史时刻与人的发展的现状有着较多的出入，许多有关人的发展的理论解释要么与人的发展现实相脱离，要么相背离，根本无法应对新境况，或者说按照理论设想实施的人的发展现实与预期大相径庭。诸如，生产力、科学技术与人的发展的正向关系的设想；社会发展、社会形态与人的发展正向关系的设想；包括教育、劳动分工、就业问题与人的发展的关系在当代社会的表现都超乎人们的原初认识，从不确定性发展样态可以发现这些问题。也正是在这种情况下，随着主体性的提高，人们开始对先前观念不断批判，不断改变着发展的观念、路径与方式，并思考着新的发展理念，形成反思性发展的新样态。从某种意义上讲，现代人的发展其实就是在实践中不断突破原有的发展理念而“生成”的过程。那么这就带来一个问题：为什么人的发展的理论在此时与现实发展状况如此不一致呢？为什么人的发展的实践要比“人的自由全面发展”这一理论目标复杂得多呢？如何实现人的发展的理论对实践的指导呢？这些问题都可以归结到一个问题：人的发展的理论与人的发展的实践的关系。

理论与实践，是人的活动的两种基本样式，也是人与世界的两种基本关系。理论的根本价值在于对实践的指导，对实践产生作用，并改变实践活动。早在20世纪40年代马克思就发出了这样的声音："哲学家们只是用不同的方式解释世界，问题在于改变世界。"[①] 马克思认为，从前的哲学没有把"改变世界"作为根本使命来担当，而只是或者替现存世界做辩护，或者对理想世界做设想，即只是给世界一个理论的说法。当然，马克思也没有说只要行动而不要"解释世界"的理论，而是认为"解释世界"与"改变世界"应该实现统一。由此，马克思认为，应该用"现实的、有形体的、站在稳固的地球上呼吸着一切自然力的人"取代了"无眼、无牙、无耳、无一切的思维"[②] 来充当辩证运动的主体。而在人的发展问题域，当前还存在着许多马克思当年所批判的问题：人的发展的理论到处存在，但是从某种意义上讲，它们多数还是"理论哲学"，对人的发展进行着"解释"，尤其是对人的发展的理想状态的"解释"，而缺少能够带来"改变"的"实践哲学"。这些静态的、终极式的"解释"远离甚至背离着人的发展的实践活动，对理论与实践的复杂关系认识远远不够。

"改变世界"所遭遇的问题、所呈现的面貌，要比"解释世界"复杂千百倍。[③] 这是因为，人类理性不可能用某种"解释世界"的单一理论去认知和设计"改变世界"的复杂工程，人类"改变世界"的实践活动不可能最终符合某种"解释世界"的单一理论所规定和预期的目标状态。人的发展的实践也同样要比人的发展理论所阐述的要复杂得多。如果人的发展理论不能认识于此，而是认为其可以找到一个超越生活世界的绝对视点，认为理论理性高于实践理性，继续扮演着"理论哲学"的角色，其危害与失败都是必然的。

而当代人的发展理论对此则没有完全清醒和足够的重视，表现是多方面的：其一，人的发展理论具有太多的"形而上学"气息。

---

① 《马克思恩格斯选集》第1卷，人民出版社1995年版，第57页。

② 《马克思恩格斯全集》第42卷，人民出版社1979年版，第167、178页。

③ 徐长福：《重新理解马克思人论的四个命题——一种反思性的探讨》，《天津社会科学》2003年第3期，第21页。有关理论与实践的关系，同时也参考了徐长福教授的其他著作，在此表示感谢。

当代人的发展的理论很少关注社会与人的生存现实，而是要努力获取超越于生活世界的视点，其结果只能是通过抽象，从特殊中抽象出普遍，从多中抽象出一，从感性经验中抽象出概念。可以说，当代人的发展理论的状况正如哈贝马斯对黑格尔为止的形而上学总结："同一性思想、理念论、意识哲学作为第一哲学、强大的理论概念。"① 当代哲学正在实现向"实践哲学"、"生存哲学"、"生活世界"的转向，但在人的发展题域还囿于概念的解释、理论的证明、价值的确立等方面，而是很少深入到社会、政治、经济、文化、教育、家庭、劳动、社会保障等领域，而这些正是人生存与发展的具体环境。如果一味地寻找人的发展的本质的、普遍的存在，并把它当作经验的、个别的存在物的基础，不能说对人的发展毫无益处，但它容易导致理论的停滞，从而难以寻找和发现人的发展的新境况，严重的还会束缚人的发展的实践。当然，对当代人的发展的理论"形而上学"气息的批判并不是说当代人的发展不需要思辨的研究，而是说如何改变人的发展理论正在走向封闭的抽象体系的危险，实现将个别事物吸收入自身之中。尤其在风险社会中，人的发展呈现出许多新的特点，仅靠某一种发展理论或理论不能随着实践而发展已经很难完成解释的任务，无须"改变"。正如徐长福教授所指出的那样："理论只能把握普遍，实践则运作个别；任何一个实践中的个别都必定关涉众多异质性的理论的普遍，因此，没有任何一种理论的普遍足以单独表达实践中的个别之所是，唯有将这些异质性普遍统合成一个特定的整体才能回答实践中的个别究竟是什么和应当变成什么。"② 对此，人的发展理论也要实现向"实践"的转向，把人的发展看成一个"实践与生存"的过程。而这正是后面要展开的论述。

其二，对绝对价值和终极价值的诉求缺乏与现实的结合。在人的发展理论中有两个密切相关的命题："以人为本"和"人的全面自由发展"，前者构成了人的发展的绝对价值，后者构成了人的发

① ［德］哈贝马斯：《后形而上学思想》，译林出版社2001年版，第29页。

② 徐长福：《关于实践问题的两个第11条——〈形而上学〉卷3第11条和〈关于费尔巴哈的提纲〉第11条钩沉》，《中山大学学报》2004年第6期，第155页。

展的终极价值。两者对于人的发展核心价值地位的确立和人的发展指引起到了非常重要的作用。但问题是，如果把这两个命题悬搁于“高处”，而忽略其与现实的结合，二者很难实现对人的发展的真正支撑。

先来看第一个问题。自从近代以来，人类社会经历了神本价值、物本价值、人本价值三个阶段。在思想领域，西方社会经过文艺复兴和启蒙运动，到了费尔巴哈那里实现了神的本质向人的本质的还原，马克思更是推动了运动的进一步发展，彻底地把价值从的神的维度转向了人的维度。但在社会现实层面，不论西方社会还是我国传统社会主义早期阶段，实际都存在着“物本价值”。但是，需要清晰地认识到的是，以“人本”取代“物本”并不能够解决所有问题。从全球视界看，启蒙时代所建立的那种正统的人本主义价值仍是主流的价值观。但是，也正是在此境况下，我们进入了风险社会，而风险社会的来临不能说与诸如个人的权利、最大的实利、全面的享乐、现世的幸福等等这些人本价值观无关。因此，人本价值并没有形成与人的发展简单的积极关系，反而会带来对人的发展的重大阻碍。

在我国，一开始是用客观规律和阶级斗争的“物本”价值去取代传统的神本或准神本价值，后来是用马克思式的人本价值去破解物本价值，同时又引入了西方主流的人本价值来对抗前述各种价值。如今，后现代价值成了新的资源，传统价值也志在振兴。[①] 在各种理论资源的缠绕之中，“以人为本”的发展理念应运而生。虽然我们在有意地去剥离“以人为本”与西方“人本主义”的关联，但无法回避的是，二者都是把人的地位提高到了一个绝对地位，正如马克思所说“人是人的最高本质”[②]。不论“以人为本”的价值观与西方资本主义的人本价值有多少区别，但有一点是一样的，那就是这种价值观的确立并不一定能解决人的发展的所有问题。这是因为，人不论是在事实上还是在价值上都是有限的存在物，如果以

---

① 徐长福：《重新理解马克思人论的四个命题——一种反思性的探讨》，《天津社会科学》2003年第3期，第19页。

② 《马克思恩格斯选集》第1卷，人民出版社1995年版，第9页。

有限的人自身为终极价值目的，其结果仍是有限性，从解决旧的问题开场，到收获新的问题结束。因而“以人为本”价值理念与实际上的“以人为本”之间还有相当大的间隙。怎么在人的发展中实现以人为本，并不是简单的“以人为本”价值理念的确立就能全部解决的，其中如果缺乏相应的具体机制，此价值理念的价值很难发挥。更何况，什么情况下是“以人为本”，什么情况下违反“以人为本”远比理论复杂得多。

“以人为本”如果被抽象化、简单化并悬搁高位，其结果反而会有害。其最大的危险就在于“以人为本”成为绝对价值。“绝对价值的危机源于人的身内世界和身外世界各种异质性价值的充分显形”①，因为，在风险社会中人自己身内的价值欲求是五花八门的，且之间往往互不协调，甚至互相冲突。绝对价值的出现很有可能会贬抑或否定其他价值欲求，从而无助于克服人的身内世界的价值矛盾。“以人为本”很有可能会抱着尊重不同的人的目的出发，而收获对其他价值观的排拒的结果。另外，在不同的历史阶段，“本”的内涵也有具体的规定，有的时期提高人的物质生活水平可能是“本”，但在另外时期这一“本”就不应该是“本”。如果“以人为本”成为绝对的价值诉求，形成固定的“本”，缺乏对现实社会与人的分析结合，对人的发展则是不利的。这一点从风险社会的成因中就可窥见一斑。

再来看第二个问题。在马克思宏大的理论体系中，人的全面自由发展是社会与人的发展的最高目标状态。“代替那存在着阶级和阶级对立的资产阶级旧社会的，将是这样一个联合体，在那里，每个人的自由发展是一切人的自由发展的条件。”② 恩格斯也认为这是最能代表马克思思想的一句话。现在“人的自由全面发展”成为我国社会与人的发展的终极价值追求，这一最高目标在我国的重新确立给人的发展提供了指引和标尺，其意义是显著的。为此，理论界展开了对它的阐释。但是在浩如烟海的理论阐释中，自觉实现与人

① 徐长福：《重新理解马克思人论的四个命题——一种反思性的探讨》，《天津社会科学》2003 年第 3 期，第 19 页。

② 《马克思恩格斯选集》第 1 卷，人民出版社 1995 年版，第 294 页。

的生存和发展的现实境遇结合的理论太少。马克思这一目标提出的基点是当时的社会现实：生存的逼迫或社会关系的强制、人的产品对人的统治和占有产品的他人对自己的统治以及资本主义社会将多数人的牺牲作为少数人的享乐的条件。因而，马克思所关注的是自然界对人的压迫和社会关系对人的压迫，他所努力解决的也是生产力的发展问题和社会关系的变革问题。站在当时的社会条件下，马克思对人的自由全面发展问题所关注这两个方面，是合逻辑的，也是现实的。但问题是，在社会条件发生重大改变之后，当生产力的重大发展并没有必然地促进人的发展，反而给人类带来多重危机，当风险已经超越阶级的界限而成为全球风险社会时，我们仍然局限于这两个方面去研究人的全面发展，显然是脱离了社会发展和人的发展的现实。人的自由全面发展作为人的发展最高目标，其应不断实现与社会现实、人的生存和发展的现实的结合，不断充实新内涵。

另外，马克思生活的时代所面临的主要社会问题和主要任务，决定了他的“人的全面发展”理论并不是全方位地宏大展开。而问题是，在“集体财富的一切源泉都充分涌流之后”[①]，并不是不会再有什么足以引起普遍社会问题的非社会因素或人的自然本性的因素。我们清楚地看到了，现在给人的发展带来阻碍的不仅是财富的生产与分配，还包括风险的产生与分配问题。如果说马克思所生存的时代发展是主题，那么现代社会必须提出限制的问题。因而，“人的全面自由发展”作为终极价值必须实现与现实的结合，随着时代发展不断丰富基本内涵，否则其只能作为空洞的口号而难以产生实际作用，也不能真正起到引领作用。也可以说，我们要去努力实现的并不是马克思的最初设想，而是发展中的“人的自由全面发展”。

还有，“人的全面自由发展”并没有涵盖所有的问题，人的发展还存在着生死的“问题属性”、超越社会关系的诸如利己心、嫉妒心、占有欲、控制欲、破坏欲的“问题属性”，除此之外，还有

---

① 《马克思恩格斯选集》第3卷，人民出版社1995年版，第305页。

种群、地理、习俗、传统、时尚等“问题属性”。可见，由于人身上存在着错综的“问题属性”，这些次生的“问题属性”在某一历史时期甚至会成为主要的“问题属性”，成为制约人的发展的瓶颈。因此，我们不能对“人的自由全面发展”进行抽象化的理解和无限化的想象，随着社会的发展，也许还会更多的“问题属性”呈现。

正如前面所述，人的反思性发展样态形成的现实基础归根结底来自理论与实践的脱离与背离的问题。在现实境遇中主体对以往观念的批判、矫正保证了人的发展的顺利进行，但人的发展的实践毕竟需要理论的指引，尤其在人的“现代性发展”具有双重性和矛盾性情况下，怎么改变传统人的发展理论的“形而上学”性质，从“理论哲学”走向“实践哲学”，达到理论与实践发展的一致性，仍然是人的发展题域重要的问题。这需要实现人的发展理论走向“生活世界”，把人的发展与人的生存实践活动紧密相连，用“生成”的视界看待人的发展。

而完成这一任务仍然需要从马克思那里寻找支持。因为人的发展其实质“不是一个理论的问题，而是一个实践的问题”，而“人应该在实践中证明自己思维的真理性，即自己思维的现实性和力量，自己思维的此岸性”①。为此，需要有“要对现存的一切进行无情的批判”和“在批判旧世界中发现新世界”的建构者立场，即通过以人的劳动、现实的生产活动，也就是人的实践为现实基础说明人的发展的现状、方向及路径。

人作为实践的生存者，通过实践展开生存活动，在改造外界对象的同时，不断进行改造自身的活动，提高人的主体能力，由人的片面和不自由发展向全面而自由发展转变。人的发展正是建立在人的生存基础之上，生存与发展是人的实践活动的两大主题，二者相互交织，不可分割。因此，探讨人的发展问题，必须指向人的生存实践之域，必须深入于人的生活世界之中。否则，讨论人的发展只能是虚妄的理论假想与人云亦云。就如同上面指出的一样，如果不深入我国西部省份一些人生存实践活动中，可能我们还会沉醉于

---

①《马克思恩格斯选集》第1卷，人民出版社1995年版，第58页。

“知识改变命运”的逻辑之中而为教育扩张增加了受教育的机会而沾沾自喜。

海德格尔曾经说过：“此在能够这样或那样地与之发生交涉的那个存在，此在无论如何总要以某种方式与之发生交涉的那个存在，我们称之为生存。这个存在者的本质规定不能靠列举关乎实事的‘什么’来进行。”[①]也就是说，生存是一种可能性的筹划，是向未来的展开，它的本质总是体现为动态性质的“有待去是”，而不是现成的存在者。生存的本质规定说明了人不可能是完成了的存在，人之生存展现为一个动态的完成过程。而人之生存的“动态”在当代社会比任何以往时刻都更为明显。这种变化既宏观地表现在处于前现代性经验视域之中的现代化正在为反思性现代化所取代，也中观地表现在对古典工业社会的科学与技术的理解的变化之中，同时还微观地表现在工作、闲暇、家庭和性的存在模式之中。而对于这些动态的变化，时至今日仍在使用的有关人的发展的理论方案关注较少。即使是发展的、实践的马克思主义理论，也只能为我们提供方法论的指导，而对于人的新的生存困境与方式的认知，还需要深入新的社会现实之中把握。更何况，当代人的生存环境—风险社会及当代人的生存方式—风险生存与过去以往的生存环境与生存方式有时存在着泾渭分明的区别，这一点可以从第一章清楚地感知到。唯有关注人的不确定性生存、反思性生存、风险性生存、个体化生存等新的状况，才能紧跟实践的步伐，从而产生价值，也才能“不是从人们所说的、所设想的、所想象的东西出发，也不是从口头说的、思考出来的、设想出来的、想象出来的人出发，去理解有血有肉的人”[②]，而是按照生活所呈现出来的样子认识生活。而陈旧的理论和习惯性的思维方式根本无助于对现代人的发展的指导。

三　悲观与乐观

受“人的自由全面发展”的指引，对待人的发展的未来形态多

① ［德］海德格尔：《存在与时间》，陈嘉映译，上海三联书店1999年版，第15页。

② 《马克思恩格斯选集》第1卷，人民出版社1995年版，第73页。

数人是抱有“革命乐观主义”态度的。但“革命乐观主义”态度对“人的自由全面发展”目标的实现并不总是有益的，尤其是面对人的不确定性发展的现状时，可能仅有乐观主义并不是实事求是的态度。因为，从某种意义上讲，人的发展的当代风险或是困境在一定程度恰恰就是来自人的过度自信和过度乐观。因此，从人的不确定性发展的样态出发，需要重新思考悲观精神与乐观精神两种不同的态度。

我国对于人的和社会的发展的乐观主义态度有着文化传统基础和现实基础。在中国古代儒家主流思想体系中，性善论是其哲学基础。其中孟子的阐述最为详细，他说：“人性之善也，犹水之就下也。人无有不善，水无有不下。”[①] 并认为人皆有“恻隐之心、羞恶之心、恭敬之心、是非之心”，且这四种善良本质作为“仁义礼智”的四种“善端”“非由外铄我也，我固有之也”[②]。性善论相信人的本性是善的，人有体现至善的可能，可能这种通达至善的过程会很艰难，但只要认真修炼，“人皆可以为尧舜”，有变成“完人”之可能。虽然儒家主流思想中也有忧患的思想，但“大致而言是间接的映衬和侧面的影射。……始终没有淹没它基本的乐观精神”[③]。儒家思想也就形成了这样一个信念并至今对中国人的精神产生影响：人的发展可由内在德性的培养去转化，无须对生命的缺陷与人世的遗憾进行感受和警觉，因而也无须通过外在制度的建立来防范。这既形成了中国人在困境中不屈不挠、乐观面对的精神，也同时带来了中国人警醒意识、忧患意识和防范心理的不足。

当然，中国人的乐观精神有着深厚的现实基础。改革开放以来，我国在经济发展方面所取得的突出成就增强了人们对于未来发展的信心。美国独立民意调查机构佩尤研究中心公布的个人乐观指数调查结果显示，许多中国人认为，他们在过去 5 年中取得了实质性进步，并且在未来 5 年中会变得更好。调查称中国人对未来感觉好，72%对国家状况满意，76%的受访者对未来 5 年生活质量的继

① 《孟子·告子上》。

② 同上。

③ 张灏：《幽暗意识与民主传统》，新星出版社 2006 年版，第 40 页。

续改善持乐观态度，这使中国在17个被调查国家中名列首位。中国已成为世界上对未来最为期待的国家。[①] 中国人的这种乐观情绪无疑和持续上升的收入水平、更多的消费选择、不断改进的生活和工作条件有紧密联系。

此外，乐观精神也是建立在对理性的绝对信仰的基础上之上的，持这种态度的人确信理性和具体的科学能提供长期性的安全，并认为知识与技术是确保人的发展的最重要因素。自笛卡尔确立理性的权威以来，技术成为联系各门学科的桥梁和纽带，占领了自然、社会、文化、意识形态等各个领域。技术成为了人类力量的确证，并预示着未来福利和光明前景，技术乐观主义是历史上一贯以来的主导倾向。在这种态度的影响下，随着知识经济的来临，一些人欢欣鼓舞地认为知识经济为人的全面而自由的发展创设了条件，并使之成为可能。尽管市场经济对人的发展的影响是双重的，但还是有很多人相信市场经济所带来的问题还需要市场经济来解决。其实这些都存在着一个共同的信念：把理性主义纳入我们的设计之中，就能产生个人的福祉安康。

正如前面所言，对“人的自由全面发展”的信念并不意味着过程中必须具有乐观主义的态度。尽管人的当代发展具有更多的机遇，但面对风险社会的现实，面对人的发展所面临的许多人为风险和困境，我们没有理由拥有单一的乐观的态度。

首先，不论是性善论还是性恶论都不应成为我们乐观或悲观的认识基础。因为人性并不是抽象和永恒的，它在不同的历史阶段和不同的生产力水平上有着不同的规定。实践是人的存在方式，构成了人类生活世界最为切近的基础。人类生活的每一个方面都是在实践基础上逐步建构和发展起来的，是人们物质活动的结果。但是，人类具体实践的实际后果与其原初目的并不总是一致，并非在任何时候实践的任何后果都是对人有利的。“每一次胜利，起初确实取得了我们预期的效果，但是往后和再往后却发生完全不同的、出乎

① 《国际先驱论坛报》2005年11月15日。

意料的影响，常常把最初的结果又消除了。”① 实践的发展、扩大不仅使实践的积极后果增加，也使得实践的消极后果加剧，实践规模越是扩大、程度越是加深，人类面对的实践的风险也就越是强烈。

其次，社会发展所取得的成就并不能构成我们乐观的全部理由，因为以非持续性发展方式进行的具有短期收益的发展是以环境污染、资源浪费甚至是安全事故为代价取得的。这样的发展方式所带来的财富增长不久就会被所引致的风险所抵消，会为将来人的发展埋下隐患。

最后，更为重要的是，被我们所严重信赖并当作人的发展重要条件的科学技术，曾经是人类摆脱愚昧、野蛮和贫穷落后，跨入文明社会、实现富裕梦想的重要手段，它使人类从自然的奴隶变成了自然的主人。但是开始有越来越多的人反对技术，对技术的恐惧和不安随着技术的发展而与日俱增。这是因为科学技术不仅扩展了它的范围，而且也有控制我们的生活的威胁。如泰勒所提到的例子，“医学中的技术方法经常将一种护理撂在一边，这种护理把病人看成是一个具有生活经历的完整的人，而不是把病人看成是一个解决技术问题的场所。社会和医疗设置常常小瞧了护士的贡献，但比起那些有高技术知识的专家，护士们反而能提供这种有人情味的护理”②。技术的支配地位也逐渐拉平了人类环境曾有的共鸣性、深刻性和丰富性，从而助长了生活的狭隘化和平庸化。还有，人们对科学技术的功能、后果的认识需要一个历史过程，当科学技术的功能、后果尚未被人们清楚地把握的时候，其应用对人类而言就存在极大的不确定性，即意味着巨大的风险。

科学技术所呈现出的这些问题，都没理由让我们去充分相信科学技术的发展会必然促进“人的自由全面发展”。现代社会与人的发展的困境和现实表明，科学技术与人的发展的关系并没有想象的或传统理论理解的那么简单，二者之间的关系是极为复杂的，存在

---

① 《马克思恩格斯选集》第4卷，人民出版社1995年版，第383页。

② ［加］查尔斯·泰勒：《现代性之隐忧》，程炼译，中央编译出版社2001年版，第7页。

着过程性和不平衡性。科学技术能够迅速促进对人的某些方面的发展，但在有些方面影响却非常缓慢。科学技术对不同的人的影响作用也是不同的，甚至某些人还会利用科学技术负向发展自己。诸如，科学技术给现时代的人提供了更多的闲暇时间，但在现阶段，闲暇时间的增多并不是对每个人的发展都会起到积极作用。有些人利用闲暇时间发展自身，有些人在闲暇时间中无所事事，而有些人却利用闲暇时间去做更多的不利于或损害他人和社会的事情。

当乐观主义的态度已经不能有效地应对当代人的发展的现实时，面对诸多困境，这时需有一些悲观的精神或态度，以保证我们足够的清醒。当然，对人的发展的悲观态度并不是否定“人的自由全面发展”的目标和信念，而是要求用更多的批判性、前瞻性和建构性的思维来直面人的发展的现实。

悲观态度并不总是消沉与厌倦，它还具有冷静的眼光和批判性的视角。悲观态度更多是披露现代社会中自然、社会、生态、环境存在的危机，揭示技术的非人化实质和技术与人类自由与发展的内在矛盾，展现技术官僚统治与技术意识形态化的发展脉象，彰明人性异化的现实命运。悲观态度，可以为我们展示人的发展的复杂性、曲折性和艰难性，深化人们对科学技术、人类实践与人的发展的复杂关系的认识，从而提醒我们深刻全面地剖析和反思传统理论和观念。

同时，悲观的态度通过揭示工业文明社会的困境和当代人的发展种种问题预先提出警告，因而具有前瞩性。正是叔本华的悲剧主义思想开始了人们对人生苦难的关注，并思考如何把人从上帝和了无生趣的理性中解放出来。也正是由于海德格尔、哈贝马斯等技术悲剧主义者的揭示，才使人们开始警惕陷入技术的框架，受其控制而不能自拔的危险。

悲观态度的前瞻性可以使人们得以重新审视人类行为本身，克服极端的人类中心主义观念，纠正人类的过度欲望和偏执理念，合理地调节主体与对象、人类与自然的关系。在此基础上，悲观态度展现其建构性的一面，通过警醒世人，推动人们对生态、环境、技术、人的生存困境的关注和热烈讨论，间接地导引了生态伦理学、可持续发展、科技伦理学等诸多学科的诞生和发展，从而为濒临绝望的人类勾画了一幅充满希望的未来前景。

人的发展的悲观态度有着自己的价值内涵。作为一种人类的心理倾向，它是根植于人的潜意识深层的一种忧患意识，而这种忧患意识是风险社会时代最为重要意识观念之一，它为人和社会的发展提供了必要观念基础。而这种忧患意识也反映了主体的能动性、批判性、前瞻性和建构性。作为一种理性存在，它是一种否定性的思维方式，面对社会与人类的生存困境，人类必须对启蒙理性和工业社会的实践做出反思，敢于否定人类以前的观念和实践活动。缺乏有效的否定性思维，很难深刻地揭示现代社会的内在缺陷以及当代人的生存与发展中的深层矛盾。更为重要的是，悲观的态度可以对人类的实践行为起到规避和约束作用，在有限发展、可持续发展和自由发展、全面发展之间寻求统一。

当然，并不能否定对悲观态度尤其是悲观主义的限制，毕竟悲观态度具有很大的主观性和矛盾性。当这种态度否认人的发展的乐观前景时，往往会把种种非理性的、主观的体验作为人生和社会追求的终极目标，因而容易走进主观主义的误区。而悲观的态度虽然可以为人的发展提供前瞻性和建构性，但总体上来说，它常常陷入矛盾之中而缺乏具体的解决办法。面对人的风险发展，我们需要反思和警示，因而需要悲观的态度。借助悲观的态度也许可以减轻对人的“宏伟发展计划”的盲目乐观和过度热情，从而正视现实困境。但“人的自由全面发展”仍是我们需要追求的目标，因而不能麻痹性地消沉甚至厌倦尘世。一些人通过结束生命的方式来表达自己对生存与发展的焦虑和绝望，并不可取。虽然当代人的生存与发展并没有呈现预设的状况，面临着严重困境，但对现实的严酷性的经验，恰恰是一个人有可能达到他自我的唯一途径，况且通过现代性的反思机制，仍然存在解决问题的可能性前景。

四　“人的依赖”与“物的依赖”

尽管遭遇着新的“围困”，但人的发展逐渐从阶级关系、家庭、性别等与生俱来的社会属性等的确定性中解放出来的事实表明：

“个体分化”式的发展是现代人的发展境况中最明显和最具有潜势的特征之一。人的发展所遭遇的新“围困”不同于过去阶级地位、出身、家庭和性别对人的发展的限定，从某种意义上讲，它也是人的个体化发展的一种表现。它表现了现代人的发展的个性特征的不完整性，而这种不完整性是与现代社会的所有其他境况密切相关的。人的个体化发展的“解放”与“围困”的矛盾性存在恰恰符合个人与社会关系的基本理论——正如鲍曼在《个体化社会》中所言——无论“个性特征”是以什么方式设置在我们的时代，无论在我们反思的时候它以什么方式表现出来，它都不是一个“个人的问题”和“个人的忧虑”。我们的个性是在社会中产生的，……但这一事实的正面仍然需要更为经常地重复：我们的社会性和我们共享的社会的形态反过来又取决于制定“个体分化”的任务的方式以及对其做出的反应的方式。[①]

由此可以讲，尽管人的个体化发展还不完整，但相对于前现代社会已经开始呈现出一种转变：发展从“给定”转变为“任务”[②]并承担执行“任务”以及执行过程中的后果。也就是说，人在社会中的位置，已经不再是拥有状态，而是存在状态。

前文提到，风险社会充斥着偶然与意外，这种不确定性一方面给人带来恐惧，同时也会激发出抱负和决心，在风险社会中忧虑与大胆、恐惧与勇气、绝望与希望都是相伴而生。[③] 因为偶然、意外和不确定性使得对本性的任何判定不是不可更改的，因而人们无须勉强接受现有的存在。可以这么说，风险社会把事物的脆弱性和不稳定性充分展开，打开了重塑事物的可能性和必要性，将对事物的拥有状态变成存在状态。在这种情境下，进步的观念也变得非常个人化，因为“进步”也成为人们自由激烈争论的主题。个人也只有

① ［英］齐格蒙特·鲍曼：《个体化社会》，范祥涛译，上海三联书店2002年版，第181页。

② “任务”一词是齐格蒙特·鲍曼在《个体化社会》中所使用的词语，意指人为创造的生活，相对于传统社会人的生活是给定的，赠给的礼物。

③ 当然，这是从整体上而言的，而在现实生活中，源于事物的不稳定性的恐惧与快乐的分布是极其不均衡的，这取决于一个人所掌握的资源。

独自运用各自的智慧、资源和奋斗，使自己的境况变得让自己满意。在此，“先在的目的”让位于“生活的规划”、与生俱来的“人性”让位于不断改造的“个性”、“给定之物”让位于不得不去接受的“任务”。当然，需要强调的是，风险并不是人的个体化发展样态形成的唯一因素，它是现代性的产物，技术发展、市场经济、工业革命包括观念变革等综合因素将人的“人的依赖关系”带到“以物的依赖性为基础的人的独立性”，实现了形式的独立，形成个体化，个体主体开始生成。但在风险社会中这一样态更为明显，并构成了其中的促进因素。

与前现代社会尤其是与传统社会相比，现代社会个体可以通过自身的努力获取自决权，取代传统社会身份的确定性。从社会历时态看，个体化发展颇具有进步性。为了突出人的发展这一样态，本文给予了其“进步性”更多的论述。但如何理解和认识这一进步呢？必须把人的个体化发展的样态的出现放入人的发展的整个历史形态中去认识，才能给予其深刻全面的把握。对此，马克思关于人的发展的三大历史形态理论给我们提供了重要的研究视角。

马克思在《1857—1858年经济学手稿》中指出，人的发展大致将经历以下三个历史阶段，“人的依赖关系（起初完全是自然发生的），是最初的社会形态，在这种形态下，人的生产能力只是在狭窄的范围内和孤立的地点上发展着。以物的依赖性为基础的人的独立性，是第二大形态，在这种形态下，才形成普遍的社会物质变换，全面的关系，多方面的需求以及全面的能力的体系。建立在个人全面发展和他们共同的社会生产能力成为他们的社会财富这一基础上的自由个性，是第三个阶段。”[①] 在人的全面发展的历史进程中，第一种形态的主要历史特征是“自然化”的需要、“原始丰富的”活动、“依附的”社会关系和“缺失”的个性等。在这一历史阶段，生产力水平低下，生产社会化程度极其有限，人类深受自然界的压迫，陷于生存斗争的不自由境地。此时，人与自然、人与社会、人与人之间呈一体化状态，个体还处在族类群体的“襁褓”

① 《马克思恩格斯全集》第46卷上册，人民出版社1979年版，第104页。

中，人的个性发展缺乏最起码的社会空间和条件，更谈不上个人自由。因此，在这个历史阶段，“无论个人还是社会，都不能想象会有自由而充分的发展，因为这样的发展是同［个人和社会之间的］原始关系相矛盾的”①。第二种形态的主要特征是“‘商品化’的需要、‘能动—片面’的活动、‘物化’的社会关系和‘独立—物役’的个性等”②。在这一阶段，由于商品货币关系占据支配地位，劳动力也同其他生产要素一样成为劳动者自己可以支配的商品。这时候，无论是资产者还是无产者，他们在摆脱前资本主义的封建宗法共同体的依附关系的意义上，都是具有独立性的个人。与“人的依赖关系”形态相比，这一阶段人的主体性和自由的创造性逐渐在两个方面显现：一是由于科技和生产力的发展，人和自然的关系发生了根本性的变化，人不再依附、屈从于自然，而是成为自然的征服者和改造者；二是适应商品经济发展，人身依附关系和等级制度被打破，劳动者拥有了独立支配自身劳动的权利，成为自由的劳动者，从而确立起自己独立的主体地位。人的个体化发展样态正是人的发展历史形态的第二阶段的一种表现，相对于第一种历史形态，其进步性是明显的。风险社会与人的发展的第二种历史形态的交叉融合，使得个体化发展的样态更加明显和突出。

但是，“以物的依赖为基础的人的独立性”却无法摆脱商品货币关系的支配，仍然不是真正有独立性和个性自由的。正如马克思指出的那样，商品经济要创造一个普遍的有用体系。在这个体系中，“活动和产品的普遍交换已成为每一单个人的生存条件，这种普遍交换，他们的互相联系，表现为对他们本身来说是异己的、无关的东西，表现为一种物。在交换价值上，人的社会关系转化为物的社会关系，人的能力转化为物的能力”③。因而这也就决定了人的个体化发展相对传统社会中人的发展样态而言具有一定的历史进步性，但由于受“商品经济”的包围，注定其自身还存在着许多困境

① 《马克思恩格斯全集》第46卷上册，人民出版社1979年版，第485页。

② 张军：《马克思人的发展三形态论析》，《社会科学辑刊》2002年第1期，第9页。

③ 《马克思恩格斯全集》第46卷上册，人民出版社1979年版，第104页。

和问题。因而，我们思考人的个体化发展样态，除了认识和把握其进步性的一面，还必须对此保持必要的警觉，去探讨其可能存在的问题。

在风险社会中，由于风险的无处不在，生活世界的灵活多变，无法提供给个体长期稳定的且非常坚固的“基床”，个体化发展也使得个体处于不断的变动之中。鲍曼用“抢座位游戏”形象地描述了这一状况。[①] 丹尼尔·库恩也指出，那些在微软公司开始自己的职业的人没有一个会想到要在那里终其一生。“总跑在路上已经成为（如今是长期）被连根拔起的个体永久的生活方式。”[②] 这就带来非常值得警觉的关于当代人的发展的第一个问题：在风险面前，人们对于未来的计划逐渐变成转瞬即逝的东西，难以把未来纳入设计之中，整体生活被分割成片段，进步的累积和长期性让位于每一个片段分别提出的要求，长远性计划被短期的生活策略所替代。个体发展呈现片段性和零碎性的特征，在这种状态下，长久性、持续性、不屈不挠地对真理、正义、善良等美德的追求变得不合时宜。快速的、近期的目标成为许多人的追求，流行歌星、影星、彩票中奖，甚至银行抢劫和恐怖活动成为许多人追求的目标或发展方式。

和目标短暂必然相伴生的是目标的漫溢、分散和不可确定。这是对于个体化发展所应警觉的第二个问题。人类社会发展到今天，对于个体的发展而言，马克斯·韦伯20世纪初所提出的“工具理性”已经比较丰富，甚至超过了已知的需要。因而，问题的关键已经不是“我如何才能到达那里？”而是变成了“我可以或应该到何处去？我所选择的这条道路会把我带向何方？”当今世界可以说是万花筒式的，各种价值不断翻新，生活轨道不断更改，参考框架日渐溶毁，甚至元价值也不断受到挑战。在这种情况下，同一性和连续性的发展目标选择常会带来机会封闭的风险，“达到目标之时自

① 在“抢座位游戏”中，由于座椅的位置与数量不断发生变化，迫使参加游戏的人不断地奔跑。

② ［英］齐格蒙特·鲍曼：《个体化社会》，范祥涛译，上海三联书店2002年版，第181页。

由尽失，功成名就之日我已非我”①，因而，人们常会像更换衣服一样选取和弃却目标。

需要警觉的有关个体化发展问题还有第三个方面：“替代性的发展。”克里斯多弗·拉什在《自我崇拜的文化》一文中的一段描写把“替代性的发展方式”清楚地表达出来：

> 由于丝毫没有希望以任何重要的方式改善自己的生活，因此人们深信真正重要的是精神上的自我改善；触及自己的感觉，吃上有益于健康的食物，参加芭蕾或贴面舞课程，沉浸在东方的智慧之中，做慢跑运动，学会如何“建立关系”，克服“对快乐的恐惧”。这些本身并无害处的追求被提高到项目规划的高度，并且被包装在真实性和自觉意识的华丽外衣之下，因此它预示着从政治活动中退出……②

相对于对“人的物化”的容易省察，“替代性的发展”却极易被理解为“健康文明的生活方式”而接受。也许在市场经济浪潮中，批判这种发展或生活方式对于个体而言有些苛求，但面向未来和全球的理论思考绝对不能停留于此，因为我们还需要考察什么对于人类生活和意义是最为重要的。用去购物中心或旅行替代去更有保障、更具人道或正义的另一个社会进行旅行，根本无法解决后者的缺失所留置的空白。概括地说，人的个体化发展中出现的“替代性发展”实际上蕴含着“生命的英雄维度的失落”。“人们不再有更高的目标感，不再感觉到有某些值得以死相趋的东西”，只留置了“渺小和粗鄙的快乐”和“可怜的舒适”③，而我们人类环境曾有的共鸣性、深刻性或丰富性却丧失了。更为严重的是，这种“替代性的发展”把个人拽向自身，容易导致个人将自己封闭在内心的

① 转引自［英］齐格蒙特·鲍曼《个体化社会》，范祥涛译，上海三联书店2002年版，第187页。

② 同上书，第190页。

③ ［加］查尔斯·泰勒：《现代性之隐忧》，程炼译，中央编译出版社2001年版，第4页。

孤独之中的危险，使我们的生活既平庸又狭窄，缺乏意义，更缺少对他人及社会的关心。

可见，在风险社会中虽然生产力得到了巨大的解放，催生了人的独立性、个性化的增强，但离人的真正解放有较大的距离。相对于工业社会以前的阶段，个人虽然获得人身自由，有了一定的相对独立性，然而人的发展却是以一种“普遍的物化过程”出现的，它“表现为全面的异化”，人的目的“则表现为为了某种纯粹外在的目的而牺牲自己的目的本身”，在这种形式下的个人发展“表现为完全的空虚”[①]。以上三个方面的“困境”和问题也是必然要呈现出来的。

总体上看，个体化发展样态是人的全面发展的历史进程中的表现形式，在人与人之间相互依赖，缺乏个性走向以个人为主体的自觉、自愿、自主的发展，主体自身的人格不断自我完善的过程中承前启后，超越旧形式，孕育和催生新形态。个体化发展也是人的全面发展作为现实规定的具体表现，体现了当前社会的现实状况，是当代社会的历史实现形式和具体内容。

① 《马克思恩格斯全集》第46卷上册，人民出版社1979年版，第486页。

第三章

风险社会中人的发展的内涵拓展与主题延伸

人的发展不论是作为研究对象还是作为当代社会发展的历史实现形式和具体内容，都不是一劳永逸的事件，这是本书的一个基本观点。在什么意义上和什么范围内探讨和研究人的发展问题，应当以人的实践活动的范围为基础。也就是说，人的实践活动延伸到什么领域，人的发展的语境就应当拓展到什么范围。人的发展永远需要置入具体的历史时空中考量，唯此才能避免使其成为“无根的浮萍”和“形上的迷思”。风险社会的理论与实践把人的发展置入了新的历史时空，不论是在“发展什么”（发展内涵）还是在“怎样发展”（发展模式）问题都较之过去有了“新”或“细”的要求，风险社会中人的发展需要拓展内涵与延伸主题。

第一节　风险社会中人的发展的内涵拓展

内涵拓展在此是指在风险社会中个体应当具备过去所不具备或所没有要求的新的观念、意识、能力、品质等，是应对社会发展的新特点，更好地取得自身进步和提高对个体提出的新要求，主要包括风险意识、反思能力、风险的调适能力、发展伦理观等。

一　风险意识：危机感与责任感的生长

在探讨风险意识的具体内容和核心之前，有必要首先根据其表面要义说明风险意识为什么是人的发展在当代社会所必须具备的应然性内涵。

认识风险的前提。尽管现代社会中风险已是客观的存在，并影响到了人类和个体生存和发展的各个方面，每个群体和个体都应对此有所应对。本书在风险的双重性部分提到，风险可以催生风险意识等现代观念，但这并不意味着风险意识会随着风险社会的来临成为每个个体或多数个体的基本观念，风险社会只是为风险意识的产生提供了客观基础和现实要求，当然在风险环境和风险遭遇过程中，会被迫增强一些个体的风险意识，但现代风险社会，只有主动性的风险意识才能够清楚地认识风险。况且在很多时候，那些损害健康、破坏自然的东西是不为人的眼睛和感觉所认识的，许多风险完全逃脱了人的直接感知能力，其形成有害影响的曲折途径很不稳定和不可预测。如果缺乏足够的风险意识，常会将风险的现实性进行虚拟化，或是不将全球事件与全球风险与自己身边的显在与潜伏风险相联系，并以长期积累下来的地方性知识作为应对新型风险的心理基础与现实手段。特别是对于贫困群体，如果缺乏风险意识，那些作为伴随财富增长的“有害副作用”的风险常常会在征服贫困的努力中被忽略。

规避风险的基础。一定地区群体在极大的灾难性风险分配方面几乎是平等的，但处理、避免或补偿风险的可能性和能力，在不同职业、不同教育程度、不同风险意识的群体之间是不平等分配的。尽管影响规避风险的条件是综合的，但风险意识却是基础性的。风险意识有助于个体关注有关风险信息，并尽力进行有效的应对。近些年来人类社会所发生的悲剧，很多不是不可规避，而是由于缺乏风险意识而酿成灾难，如我国在2004年就连续发生北京密云元宵灯展惨案、重庆氯气泄漏事件等，这些事件其实质是由风险意识没有跟上由于经济高速增长而形成的高风险造成的。较长时期的和平环境已使人们的风险和危机意识淡漠，应付突发性事件的心理准备不足，整个社会对个体行为习惯与危机事件的关系认识不足和重视程度不够。

现代社会确定和组织行动的必要观念。在传统社会，由于风险并不突出，社会和个体活动常会沿着预期或惯常的轨道发展，但在风险社会中，行动的手段、方式、后果都可能会转变为不可预测的危险源泉，个体很难得到一个“单纯”的进步或发展结果，而是经常伴随着“副作用”的侵蚀，甚至有时“副作用”侵蚀会完全替代正面收获。因此，为避免、缓解或者预防明天或后天的问题和危机，个体发展过程中需要将一些不存在的、想象的和虚拟的东西成为现在的行动或经验的“动因”。如果缺乏风险意识，很难使个体远离原先的思考和行动模式，类似的行动也很难确定和组织。在一般性的活动组织中也必须要树立风险意识，计算可能出现的风险，做好迎接风险的准备。这样才能克服行动的经验主义与盲目主义，主动承担风险责任。

获取安全发展的观念保证。人类行为空间扩张，而人类在许多领域仍处于无知状态，任何细小的决策失误或行为过当都有可能引发毁灭人类生存的风险。风险社会是多维空间的存在，因此微小的变化可能不再像两维坐标中那样没有什么大的后果，而是会产生难以估算的后果，因此，为了图存，人类不得不在更广阔的思维空间内进行思考，确立风险意识，这是获取安全发展的观念保证。在传统意义上，人的发展更多的是指人应该做什么，怎么做，但风险的普遍景象要求人的发展还要明确什么不应该做。在传统意义上，发展更多的意味是“能力的提高”、“素质的增强”、“交往范围的扩大”和“自由时间的增多”，而在风险社会中，安全已经成为发展的重要前提和内容。过去所忽视或不能构成目标的东西在今天成为重要的部分。

可持续性发展的关键。不论是社会还是个体，在风险成为领悟世界的包罗万象的背景下，目前都面临着如何实现可持续发展的问题。对个体而言，无所作为会阻碍人的发展，要求过多同样也是如此。为了发展而无节制地消耗自然资源，破坏人和自然的关系，反过来也必然会遭受惩罚，影响到个体的发展。诸如，如果缺乏风险意识，个体一味地增强自己科学技术水平和手段，不但不能必然促进自身的发展，而且可能会导致个体和社会在更大范围、更大程度上的风险和不确定性。因而个体的每一个行为越来越具有群体的意义，每个人的任何一种选择都会产生风险。可见，增强风险意识，重视科技伦理，加强对风险的道德防范，时刻不忘自己面对社会的重大责任，尽可能预见并为其科技成果的社会应用承担相应的责任，抵制具有破坏公众利益潜在危险的有关研究和应用已经成为社会和个体持续健康发展关键性因素之一。

在论述了风险意识的重要性之后，有必要具体阐述风险意识的主要内容和核心问题。首先要说明的是，在一般性的理解中，风险意识有两种面向，一种面向是指积极进取，勇于创新、冒险、挑战性，这是相对于保守、循规蹈矩、求稳、缩手缩脚而言的。除此之外，风险意识还有另外一种面向，那就是正视和自觉认识风险、风险态度、风险道德意识、面向未来、责任意识等，其中，面向未来是其核心内涵。其实这两种面向的风险意识都是人的发展所不能缺乏的思想观念因素，但在风险社会中，根据本书对时代现状和风险要义理解的基础上，更倾向于把风险意识理解为后一种面向，并认为根据全球性的社会特点，对于整个人类社会的多数个体的发展而言，风险意识的后一种面向更为关键。

正视和自觉认识风险。虽然风险社会的来临是个不争的事实，但由于现代风险一般会逃脱人们的感知能力，加上科技的进一步发展使得知识的复杂性日益增强，一般人与政府、专家系统之间有关风险的知识之间的落差在日益扩大，与正式的组织体系之间也存在着信息沟通的障碍，许多人并没有强烈的风险感知，即使是对生活风险有所感知，也缺乏对社会风险、生态风险的认识，风险也就经常被虚化处理。因此，正视风险就成为风险意识的首选内容。如果忽视风险的存在，自然就无从谈起风险意识。实际上风险已经成为现时代的主题之一，尽管风险的紧迫性和存在随着不同的利益和价值而变化不定，但“未来日益有别于过去，而且在某些方面变得十分具有威胁性”①，由于专家系统知识本身与新型风险的不确定性所造成的风险不可预测性，已经在更大程度上影响了个体的日常生活与发展。很多危险与破坏今天已经实际发生，如水体的污染、森林的破坏、新的疾病。还存在着一种更为严重的风险类型：现在虽然

① ［德］乌尔里希·贝克、［英］安东尼·吉登斯、［英］斯科特·拉什：《自反性现代化——现代社会秩序中的政治、传统与美学》，赵文书译，商务印书馆2001年版，第2页。

没有发生，但一旦发生就意味着规模大到无法采取什么行动。[①] 因此，在破坏性产生之前无须“杞人忧天”，正视这种破坏性的存在和危害，这样才有可能破坏这种危机，规避风险。

风险意识的真正确立应建立在对风险的自觉认识之上，因为生活和行动在不确定性中已成为一种基本体验，不可能拥有任何决定性的解决办法，所以理性面对风险是当代个人生活和政治问题的关键之一。而只有自觉地了解风险，才可能理性地面对风险。因而在风险社会我们需要开启一种新的学习过程，自觉地学习和研究风险的主体、基本范畴、风险伦理、风险责任、风险决策、规避风险的方法等。

面对风险的态度。由于现代风险是如此之复杂，因此面对风险的态度难以鲜明。面对风险，我们必须反思启蒙理性和工业社会的过分自信，认识到风险的产生恰恰就来自人类的盲目自大，因而需要一些悲观的态度。但悲观的态度又需要限制，因为风险也是对人类的一种挑战，具有积极的作用。风险社会并不是让我们悲观地面对未来，而是用批判扬弃的态度来审视现在、规划未来。风险一方面将我们的注意力引向了我们所面对的各种风险——其中最大的风险是由我们自己创造出来的，另一方面又使我们的注意力转向这些风险所伴生的各种机会，风险不只是某种需要进行避免或者最大限度地减少的负面现象，它同时也是从传统和自然中脱离出来的、一个社会中充满活力的规则。

介于乐观与悲观态度之间的则是实用主义的态度，这也是许多人对当代社会发展和人的发展的态度。持这种态度的人“确信现代世界中正在进行的许多事情是人们无法控制的，凡是能够计划或能够期盼的，都不外是短期的实际收益”[②]。因此，与其从外部退却，

① 就在此部分写作的时候，台风“桑美”登陆浙江、福建等地，造成近500人遇难，而重庆、川东等地正在经受着百年不遇的干旱灾难的考验，连续长达近100多天的干旱使得这一带人畜饮水都出现了问题。频繁的自然灾害不得不正视环境和生态的脆弱，反思对风险的忽视和缺乏应对。

② ［英］安东尼·吉登斯：《现代性的后果》，田禾译，译林出版社2000年版，第119页。

还不如一种维系着对日常问题与目标的实用主义的参与。但实用主义的态度也可能存在着深层次的经常性焦虑，它的背后既可能是悲观主义的论调，也可能是充满希望的想法，二者彼此共存。

在此，人们很难开出一剂合理有效的面对风险社会及其人的风险发展的适应性反应的良药。在风险社会中，人的发展的矛盾性和复杂性既需要信念和信心，也需要忧患意识，同时对悲观主义态度所带来的焦虑性"生存"还需要找到一种内心的平衡办法，告诫自己"一切仍旧如常"，这样才能获得一种安全心理。悲观、乐观、实用、焦虑的混合物充斥人们的情绪，飘忽不定，这种复杂性的态度其实也正是当代社会状况的反映。

但不管是悲观与乐观的态度，面对日益风险的社会和生活，我们需要为现实忧虑，但不能麻痹性地消沉，甚至厌倦尘世。在一种由风险的影响普遍化而形成的世界风险社会之中，风险的主题将社会政治的各种不同领域联结了起来，我们越是要就未来的事件做出积极的决策，我们就越需要从风险的角度来考虑问题。也就是"激进的卷入"，这是一种"针对已察觉到的危险之根源的实践性搏击。……尽管我们已受到严重问题的困扰，我们仍然能够而且应该动员起来以降低它们的负面影响或者战胜它们"①。正是如此，吉登斯认为，尽管"历史"没有给我们提供任何保证，但"这并不意味着我们应该放弃驾驭那头猛兽的努力。将具有严重后果的风险降低到最低点，超越了所有的价值和所有相互排斥的权力文化"②。所以，"乌托邦的现实主义"和"道德的确信"仍是必需的。

风险道德意识。如上所述，风险社会中个体的行为更具有群体的意义，因而在风险社会中个体需具备风险道德意识。首先，个体要有科技伦理意识，在科技的运用、制造或创造中对具有破坏公众利益潜在危险的行为应自觉予以抵制，增强对自身行为的自律。其次，不能为了发展而无节制地消耗自然资源，减少并消除不可持续发展的生产和消费模式，完善人和自然的关系，因而要具有生态环

---

① ［英］安东尼·吉登斯：《现代性的后果》，田禾译，译林出版社 2000 年版，第 121 页。

② 同上书，第 135 页。

境的保护意识。再次，由于风险社会的形成与现代性的整体性、绝对性、必然性等观念与行为模式相关，因而应学会尊重多元主体交流、对话、博弈和妥协，确立商谈伦理的观念，改变一方对另一方的强制性要求的传统意识，并突破地域和民族的狭隘思维方式，有意识地培养全球化的观念。最后，风险社会适应“木桶原理”，现代风险的制造者可能正是少数人，“少数人”应成为伦理关怀的中心，过去仅关注最大多数的人幸福的观念亟须转变成“少数人意识”、“弱势群体意识”、“协调发展意识”。

面向未来的意识。面向未来是风险意识的核心。因为风险意识的关键不是在于解决现在的矛盾和已经发生的问题，今天的努力恰恰是为了预防明天或者后天的问题和危机。“作为猜测，作为对未来的威胁和诊断，风险也拥有并发展出一种与预防性行为的实践联系”①，概括地说，就是要学会预期并根据预期确定和组织现在的行动。未来作为一种目的参与到人的生存活动中，直接影响和约束了人类的生存方式和发展模式，使之受到明确的“牵引”和“规划”，从而表现为一种预决性。预决性被认为是一种依赖于未来的知觉，即发展方向不仅决定于实际状态，而且取决于一种对未来的预测。若不如此，未来将会处于更加不确定之中。因此，我们需要根据数学模型所预期的劳动市场的瓶颈来确定今天的教育政策；根据预期的失业威胁来确立今天的生活状态与态度；根据预期的环境破坏和核威胁来确定今天的行为方式、政治观念和政治参与等等。

面向未来不仅是将来怎么办，而是通过风险把过去、现在和未来紧密联结起来，即通过反思过去、预期未来而确定现代人正确的行为和观念。从这个意义上讲，风险意识是一种勇于批判和超越的态度和气质。批判是针对过去而言的，就是反思过去的发展模式、实践路径和价值预设，批判无限性思维模式，改变对自然具有无限承受能力的认识，正确把握对人化自然的“度”，确立极限思维方式；批判现代理性机制及其权力结构过分集中化、同一化和总体化

① ［德］乌尔里希·贝克：《风险社会》，何博闻译，译林出版社2004年版，第35页。

对人类生存价值与意义的颠覆，在理性化的现代性中超越启蒙的辩证法、理性的铁笼和现代性的自我危害，进入一种不同于自身的状态。而超越是针对未来而言的，就是勾画出可能存在的潜在威胁，为未来的子孙后代发展主动规划、谋略一种可持续的发展模式。而不论是批判还是超越，都离不开现在的纽带。因为现在的风险状态需要批判过去，更迫切预期未来，但未来更取决于现在的行动。因而，面向未来的意识关键是现在就确立风险的分配、预防、控制的自觉性，主动自我限制发展和改变发展模式。

责任意识。风险社会可以说是“有组织的不负责任”的结果，“有组织的不负责任”是风险社会的危险的核心概念之一①，每一个个体、团体、组织和政府都应该为科技时代的风险负责，承担相应的后果。因此，在风险社会中“责任就更需要成为普遍性的伦理原则，……在‘责任原则’之下，没有人能够逃避彼此休戚与共的责任要求”②。责任原则是解决当代社会可能面临的风险问题的最根本最切合的原则，“而责任伦理这一概念，则又恰如其分地体现了当代社会在技术时代的巨大挑战面前所应有的一种精神需求与精神气质”③。风险意识内在地与责任意识融合在一起。

作为风险意识内容的责任意识具有前瞻性的、非对称性、整体性的特性。所谓前瞻性指风险发生前就积极进行预测，以高度的责任意识来规范实践行为。它要求人们关注的不仅仅是当下的行为，更将目光投射到未来的社会、未来的人类身上。当代人可能是未来风险的肇事者，但却享受着眼前的利益，而未来人则是这种可能风险的承担者。因此，我们有责任让后世都能够生活在一个适合于人居住的环境之中。非对称性是指责任主体无条件地、不求回报地对

① 参见［德］乌尔里希·贝克《世界风险社会》，吴英姿、孙淑敏译，南京大学出版社2004年版，第191页。

② 薛晓源、刘国良：《全球风险世界：现在与未来——德国著名社会学家、风险社会理论创始人乌尔里希·贝克教授访谈录》，《马克思主义与现实》2005年第1期，第54页。

③ 甘绍平：《忧那思等人的新伦理究竟新在哪里?》，《哲学研究》2000年第12期，第51页。

责任对象负责，这种责任是自然的、先定的、绝对的。[①] 风险的普遍性存在使得每个主体，不论是发达国家的个体还是发展中国家的个体，不论是风险的制造者还是风险的受害者，对于生态、环境和人文秩序都必须绝对地担当责任，因为每一个个体都绝对不能拿整个人类的存在去冒险。尽管不同个体所应该和可能承担的责任是不一样的，但承担责任却是绝对的。另外，责任的绝对性还表现在人类拥有理性、意志、道德以及创造文明的能力，因而人类必须要担负起守护与关爱整个自然生态圈的职责，不可为了人类自身的利益而践踏其他物种的正当权利，不可只着眼于当代人的利益而忽视甚至侵害未来人的利益。整体性是指每个群体、民族和国家要担当起维护人类整体利益的责任，把它作为我们的最高利益，把人类的生存价值作为我们的最高价值。特别是在自然资源的开发利用中处于优势地位的群体对弱势群体的责任意识。由于自然资源和自然环境是不同的利益主体的共同财富，任何利益主体为了自己的狭隘利益破坏自然环境、浪费自然资源的行为，都将直接损害其他利益主体生存与发展的权益，并从而危及人类可持续生存与发展。这就要求资源利用的强势群体要尊重弱势群体的权益，发达国家也不应该为了追逐自己的私利而侵害发展中国家可持续生存与发展的权利；同一国家、同一地区、同一历史时期资源利用的强势群体也不应该剥夺弱势群体享有充足阳光、清洁水源和清新空气的权利。

根据中国社会发展的实际，中国语境下的风险意识应体现在对传统发展模式的反思上，破除单纯经济增长的狭隘思维模式，树立全面、协调、可持续的发展观，在经济发展的基础上促进社会全面进步和人的全面发展。这样才能整合和提升以往的社会发展，解决人的生存和发展危机。我们无从逃脱风险对我们的影响，这需要一方面引入现代性的精神和制度，一方面又需要批判和超越现代性；一方面清楚地看到风险的全球化对我们的影响，另一方面承担起自己的责任，避免加重风险的全球化威胁。唯有早确立风险意识，才

---

① 在此参考了华中科技大学潘斌博士生的《风险社会与责任伦理》一文的观点。详见《伦理学研究》2006 年第 3 期，第 15—19 页。

能避免沿着西方现代化的老路而走向"焦虑性生存"，才能使我们的现代化之路更具有协调性、科学性、持续性和安全性。

二　反思能力：批判与超越水平的培养

如前所述，反思性发展已经成为一种当代人的发展的新样态，并论述了风险社会与反思性的关系以及反思（包括社会与个体）对于当代社会与个体发展的重要性。但是作为一种新的发展样态，反思性发展对于民众而言整体上还只是潜意识层面的，作为支撑力的反思能力还只是对个别群体的要求①，并没有放入现代社会人的发展的重要内涵之列。

对于个体而言，反思能力主要是指个体的批判和超越水平。其中批判是反思能力的内在精神和动力，也是反思能力的基础，它是过去指向的。批判包括自我批判与社会批判两种类型。超越是反思的目标与归宿，它是未来指向的，是"应然"不断地成为"实然"，并产生新的"应然"，以"所拟设的可能世界去取代现实世界"②。批判与超越二者内在关联，超越需要借助于对现实的批判，而批判又是从一定的实践意向所构想的目标为前提或标准来批判现实。

先看批判。在批判方式的意义上，反思能力主要体现在自觉、"正确"与综合地做出社会批判与自我批判。自觉是相对于自发而言的，它体现的是一种自我意识、自主寻找。它不是一种完成的、给定的状态，而是一个生成的过程和一种开放的状态。自觉的最高形式是理论自觉，即在科学、艺术、哲学等自觉的精神活动中系统的、深刻的、开放的、创造性的总结与批判形成困境的社会因素与个体因素。针对当前的生存困境与危机，学界特别是哲学界研究范式实现了"生存论转向"，价值哲学、文化哲学、人学也随之兴起，可以说这都是理论自觉的表现，也说明了人的反思能力的增强。"正确"在此并不是传统意义上理解的"唯一"与"标准"，它是

---

① 通过中国期刊网上搜索"发展能力"得到的论文中，95%的有关研究集中在教师反思能力的探讨上。

② 鲁洁：《道德教育的当代论域》，人民出版社2005年版，第36页。

指批判形式是否反对客观中立的幻想、强调传统历史的背景、重视多元性的关系、肯认一致性的共识、进行实践性的对话、展现辩证性的过程、主张开放性的视域、着重参与性的倾听、实现理解与沟通的效能。由于反思本身具有消除话语霸权的意味，因而作为反思形式的批判所要达成的“正确”性，很重要的意蕴在于平等开放地使用规范性的语言进行说明、解释与反驳。综合是指批判的指向既要指向社会，同时也要指向自我。通过对社会的批判寻找危机与困境的社会背景，为自我批判提供内容；通过自我批判寻找危机与困境解决的起点，为社会批判提供人性基础。缺失社会批判的自我批判是肤浅的、懦弱的，只是对现有强大制度的默认和服从，逃避了制度建构的责任和义务。缺乏自我批判的社会批判是虚伪的，因为不能真诚地面对自我的缺点。

在批判对象的意义上，反思能力主要是指现代性批判和科学技术批判的水平。当代人的生存与发展所遇到的困境与危机、世界风险社会的形成从根源上都是现代性的后果。近现代哲学思想传统也始终贯穿着一种现代性的问题意识，黑格尔对市民社会的批判、马克思的异化劳动和商品拜物教理论、韦伯的合理化理论、卢卡奇的物化理论以及霍克海默和阿多诺的工具理性批判、哈贝马斯的“生活世界殖民化”理论、贝克的风险社会理论等，其核心问题都是对理性在现代性中的命运做出诊断。科学技术日益成为人的发展的重要手段与内容，但同时也日益显现出对人的发展的负面力量。受启蒙理性和对马克思主义理论片面化理解的影响，科学技术具有很大的“迷惑性”，其功能的“另一维”常被忽视。因此，对科学技术的批判也非常必需。

第一，现代性批判。现代性是需要警惕的社会方案，但更为关键的问题在于警惕什么。众多的理论自觉中，理性偏失是基本共识。概括地说就是普遍理性、价值理性、否定理性的弱化，实证理性、工具理性、肯定理性的强大。

作为现代性核心观念的启蒙精神所崇尚的是一种含义广泛的普遍理性，即理性不仅体现为对“事实的研究”，还“给予一切被作为‘存有者’的东西，即一切事物、价值和目的以最终的意义”①。普遍理性不仅仅是指自然科学本身，同时它还具有形而上学的维度，它的最终指向是人自身的完满。然而自19世纪后，随着自然科学成果日益显著，科学逐渐作为一种绝对客观的存在，渗透到生活世界之中，实证主义思潮应运而生。实证主义者认为，一切关于上帝、灵魂、终极实在、形而上学等的探究都应予以摒弃，以专注于增进人类知识与财富的科学研究。实证主义把理性等同于实证理性本身，完全消解了理性中原本具有的形而上学维度，即对于人生意义与人自身完美的关怀，导致了理性自身的危机与片面化，也从而导致了对理性自身的限制。胡塞尔不无忧虑地指出：“19世纪的下半叶，现代人的整个世界观都受到实证科学的规定，并使自己受到实证科学所造就的‘繁荣’的迷惑。这种独特性表明，对于那些真正的人来说，极为重要的问题被轻描淡写地抹去了。只看重事实的科学造成了只看重事实的人。……我们常听说，在我们生活的危难中，实证科学对我们什么也没有说。它从原则上排除了这样一个问题。即整个人类的存在有无意义的问题，而对于我们这个不幸的时代来说，解答这个与人的命运的转变休戚相关的问题已经迫在眉睫。”② 启蒙精神原初的终极目的是借助理性的发展实现人的自由与全面性，结果却走向了其反面。

马克斯·韦伯从另外的视角详细地分析了理性的偏失进程。在他看来，理性有价值合理性和工具合理性两种，现代文明的全部成就和问题都源于价值合理性和工具合理性的紧张和对立。在韦伯的心目中，工具合理性与价值合理性并非绝对地两相对立，它们彼此互为前提地共存于同一事物之中，一个具有真正自由人格的人，应该能够以价值合理性为动力，以工具合理性为行动准则，将信念与责任互补交融地结合起来，只有这样的人组成的社会，才具有真正的合理性。③ 但是到了工业社会，工具合理性对于价值合理性具有

① ［德］胡塞尔：《欧洲科学危机和超验现象学》，张庆熊译，上海译文出版社1997年版，第13页。

② 同上书，第5页。

③ 车玉玲：《启蒙精神逆转的理性根源》，《哲学研究》2002年第4期，第35页。

了优先性。对效率和一致的考虑将不再受到一套给定的实质性价值观和生活方式的制约，而这些规范自身，反过来还要根据其在达成已选定目标和意义的过程中所体现出来的效率和一致性来加以判定。那些被选定的目标和意义不再具有任何更进一步的合法性，它们仅仅是选定的。也就是说价值理性逐渐受到工具理性的控制与侵蚀，二者分裂并引致可理解的冲突。而“现代合理性将使生存非人道化，因为在以往，赋予生活以魅力和趣味的是实质合理性。任何事物都将与效率和一致性有关”[①]。

受韦伯思想的启示，霍克海默和阿多诺则从肯定理性与否定理性视域对现代性给予了批判。在霍克海默与阿多诺看来，导致启蒙精神自我毁灭的因素在于：现代化进程结束了启蒙精神中蕴含的理想主义的色彩及其批判的、反思的、否定的精神，而成为一种与实证主义者强调的理性相同的“实证理性”、“肯定理性”。在他们看来，受实证科学支配的理性思维往往具有抽象性的特征，容易停留于对事物的直接的认识和精确的描述，而缺乏对现存的否定性的理解和超越。因而启蒙理性本质上是一种肯定现存秩序的知识形态的顺从哲学，其要害是对现实的非批判的认同。正是在此意义上，霍克海默指出，资本主义社会里得到说明的整个知觉世界，被知觉者看作事实的总和，且必须接受它。在此，形而上学精神、反思性、批判性等均已被理性所具有的工具性替代，知识成为生产力。

可见，现代性危机很重要的因素在于理性偏失，哈贝马斯虽然做出的是生活世界与系统的区分，但却表达了同样的观点：现代性危机的特点是生活世界与系统之间的不平衡，本来应该限制和控制系统的生活世界反而受到系统的任意支配。人的当代发展所呈现的重物质轻精神、重科技轻情感、重眼前轻长远的困境与现代性的理性偏失有着同构性，后者构成了前者的社会因素。在全面发展的价值指引下，只有完成对后者的批判才可能为前者困境提供“解药”。从这个意义讲，个体发展所要求的批判首先应该指向理性偏失，并

---

① ［美］大卫·库尔珀：《纯粹现代性批判——黑格尔、海德格尔及其以后》，藏佩洪译，商务印书馆2004年版，第38页。

在发展中不断自觉地寻求各种理性的平衡、协调发展。

第二，科学技术批判。不可否认，科学技术的进步极大地促进了人的发展，尤其是对于发展中国家而言，发展现代科学技术是长期的历史任务，科学技术上不去，国家的综合国力也就上不去，人也难以取得较大的发展。推进现代科学技术的发展，依然是一个紧迫的主题。但问题是科学技术在当代社会的风险景象和人的生存和发展危机中越来越彰显其负面形象，科学技术反思与批判的缺位，可能会招致更严重的生存危机。即使是对于科学技术发展仍然是主题的发展中国家而言，科学技术批判也可以帮助其少走弯路。更何况，科学技术所产生的负面影响已经危及绝大多数人的生存与发展，发展中国家也无法幸免。

科学技术批判既是对科学、技术、科学技术方法、科学技术的社会意义和实践功能等方面的分析、反思和判断，同时也包括对文化价值观念、历史文明形态和人的存在方式等的内在批判与本体反思。因而着眼于个体的生存与发展以及科学技术的负面价值与力量，科学技术批判需要从不同视角和不同层面展开。

生态视角。日益强大的科学技术创造了以往任何一个时代都无法比拟的物质财富，人类的物质欲望得到了空前满足。然而，所取得的这一切都伴随着负面的代价，物种毁灭、生态破坏、环境污染、能源枯竭，其结果是自然向人类进行疯狂的报复，疾病、自然灾害连年不断，人类自身的生命健康面临和遭受着巨大的威胁而自食发展性危机的恶果。人与自然界之间的关系达到了前所未有的紧张状态，一言以蔽之，现代科学技术的本质中蕴含着一种支配、统治自然界的盲目力量，这使我们必须终止对现代科学技术的社会作用和个人作用肤浅的谈论，再也不能以无条件的、抽象的方式来谈论科学技术的所谓绝对的进步性和革命性了，而应该结合人类的总体生存环境所面临的危机，把问题的核心转移到对其作用界限的关切上。

人学视角。科学技术不仅具有破坏生态的危险力量，而且还会带来对人的存在意义的影响。科学技术对于人的生存不仅具有肯定性关系，同时还具有否定性关系。因此，对科学技术批判还需要人学视角。概括地说，科学技术对人的生存的否定性关系主要表现在物化、单向度和交往困境。这些基本表现，本书已经在不同的章节进行过阐述，在此不再赘言。共同性的问题是，科学技术所关注的是事实，而不关注人类的命运和生活的意义。所以胡塞尔指出："早在伽利略那里，一个以数学的方式构成的理念的世界已经取代了这个惟一现实的、通过知觉现实地被给予的、被经验到并可能被经验到的世界——我们的日常生活世界，这是值得重视的最重要的世界。"[①] 科学技术不仅不关注生活的意义，还会掩盖真实的生活世界。而只有当人们穿破自然科学的中立化的、客观化的和理念化的外衣，深入地探索被掩蔽的生活世界的真理时，人类存在的意义才会向他们敞开。对此，海德格尔的省思则更加深刻，他不仅仅认为科学技术特别是技术对于人的生活世界、生活意义的不关注、掩盖，而且还认为"现代技术的本质居于座架之中"[②]，它强迫人类以现代技术的方式去揭示作为持存物的现实。在海德格尔看来，座架包含不仅是人对自然的支配和强制，还包括人对人的支配和强制。现代技术已经把人连根拔起，人类生存已经面临深渊，哪里被座架所支配，哪里就存在着最高意义上的危险。马克思对此也给予类似的表达，他认为在资本主义大工业生产中，工人容易成为附庸："变得空虚了的单个机器工人的局部技巧，在科学面前，在巨大的自然力面前，在社会的群众性劳动面前，作为微不足道的附属品而消失了；科学、巨大的自然力社会的群众性劳动都体现在机器体系中，并同机器体系一道构成'主人'的权力。"[③] 也就是说在资本主义生产方式中，科学技术完全有可能蜕变为一种支配和压抑劳动者的统治形式。事实上，晚年马克思对资本主义社会的异化现象和物化现象的批判也始终包含着这一重要的维度，即对蕴含在现代科学技术中的各种负面因素的高度警惕。

---

① 转引自俞吾金《从科学技术的双重功能看历史唯物主义叙述方式的改变》，《中国社会科学》2004 年第 1 期，第 136 页。

② ［德］海德格尔：《海德格尔选集》，孙周兴选编，上海三联书店 1996 年版，第 942—943 页。

③ 《马克思恩格斯全集》第 23 卷，人民出版社 1972 年版，第 464 页。

意识形态视角。科学技术的发展不仅改变了生态环境和生活世界，也从根本上改变了社会结构和运行机制，政治统治已经具有了技术的性质。即科学技术不仅是物质财富的源泉，而且也是一种统治形式，它使政治统治合法化。不仅如此，它还改变了政治统治的基本形式，使现代社会在行使统治职能时较少运用暴力和强权手段，从而使人心甘情愿地，而不是被迫地被纳入现存社会的体系之中。正如马尔库塞所指出的那样，"我们社会的突出之处是，在压倒一切的效率和日益提高的生活水准这双重基础上，利用技术而不是恐怖去压服那些离心的社会力量"①。所以他断言，技术理性这个概念"本身就是意识形态的"。对此，哈贝马斯则给出了更进一步的解释。作为实践形态的技术和科学已经成了生产力中最重要的因素，另一方面，技术和科学本身也成了意识形态，也就是说，作为观念或理论形态的技术和科学成了意识形态的基本的甚至是核心的组成部分。在《作为"意识形态"的技术与科学》一书中，哈贝马斯着重分析了现代科学技术的意识形态功能，他指出："在我看来，更为重要的是，技术统治论的命题作为隐形意识形态，甚至可以渗透到非政治化的广大居民的意识中，并且可以使合法的力量得到发展。这种意识形态的独特成就就是，它能使社会的自我理解同交往活动的坐标体系以及同以符号为中介的相互作用的概念相分离，并且能够被科学的模式代替。"② 技术统治的意识虽然摆脱了"虚假意识"的某些成分，但它依旧具有传统意识形态的共同点，即为现状辩护，论证现存统治的合法性。而且它的涉及范围更加广泛，更加难以抗拒。

通过三层视角的审视，可见科学技术不仅能改造自然，也能破坏自然；不仅能解放人，也能成为解放的桎梏；不仅可以改变自然界，也在改变着人类社会，成为新型的意识形态。

再看超越。通过现代性批判和科学技术批判我们可以看出，引

① ［美］马尔库塞：《单向度的人——发达工业社会意识形态研究》，刘继译，上海译文出版社 2006 年版，第 2 页。

② ［德］哈贝马斯：《作为"意识形态"的技术与科学》，李黎等译，学林出版社 1999 年版，第 63 页。

致风险社会中的人的发展困境的不是启蒙理性和科学技术本身，而是理性失衡和科学技术的无限制发展。现代社会人的发展还必须借助理性和科学技术，但不是工业社会的理性和科学技术观念，而是均衡发展的理性和有限发展的科学技术。从这个方面讲，超越并不是否定和抛弃理性和科学技术，而是克服工具理性在文化其他领域的僭越，为技术理性在文化中和工具理性在价值理性中划定适当的界限，调整它们之间的比例和结构，构建均衡、和谐的理性系统和有限制的科学技术发展实践。对于个体来讲，其实就是超越工具理性单一、过快发展现状，实现与工具理性和价值理性的协调和均衡发展。具体来说就是要超越物质至上、“婢为夫人”的现状，协调好物质与精神、手段与目的关系，实现全面、和谐和均衡发展。

这一问题早在1920年所开启的“科玄论战”中已经被“意义的追求”的中国知识分子所警觉。如张君劢就指出，生命的全部领域可区分为官能体和精神体。因而，世界可分为两个真实的领域：一是自然的领域，一是人事的领域。科学提供前者的知识之钥，然而在后者的研究上却无甚价值；关于人事领域，根本的了解是个人的、直接的、同情的理解方式，亦即是直觉的了解。[①] 可见，人的生命仅有官能体的发展而精神体萎缩，则不是健全的生命体。当代实践越来越说明，人们在无尽的物质追求下，因丧失精神而深感痛苦、悲哀、孤独与失落。人们怀着深深的精神饥渴，越来越趋向于从各种善念、善行中，从各种理想、信仰中，乃至从宗教、神坛中寻找摆脱物质的枷锁的力量，找回失去的精神。[②] 因而人的发展还需要提升善的、道德的思想和品质，给人以生存和发展的意义和终极目标，使人们在一切生产、生活的活动中，有可能按照道德的人和人性的要求进行价值的定向，用道德的价值合理性去限制和批判工具合理性，使人们不仅按照物的尺度认识世界和发展自我，而且能按照人自身的尺度和美的尺度去改善世界和发展自我。在人的发展中，物质与精神，“现世取向”和“对超越界的开放”[③] 两者要

① 转引自张灏《幽暗意识与民主传统》，新星出版社2006年版，第102页。

② 鲁洁：《道德教育的当代论域》，人民出版社2005年版，第48页。

③ 转引自张灏《幽暗意识与民主传统》，新星出版社2006年版，第110页。

结合起来，自然的、科学的、知识的、艺术的、精神的、道德的等都需要取得合法性地位，而不是相互的主宰与僭越。

相对来说，现代性对于个体发展的弊端、超越的实质、超越的内容的分疏是比较容易达成共识的，但怎么实现超越人的现代性发展的弊端而达到全面、和谐和均衡发展，却是个十分复杂、庞大而又极其困境的课题。基本上有两条思路：一是在现代性内部寻找，用现代性手段解决现代性问题；二是寻求传统借鉴。前者相信可以从现代性内部生成解决的办法，如吉登斯认为，现代性社会实践总是不断地受到关于这些实践本身的新认识的检验和改造，从而在结构上不断改变着自己的特征，这就是理性的自我循环。理性本身蕴含着内有的“反思”机制，通过理性的自我循环，不断解决现代性的“先天不足”，如风险社会作为反思的结果，正在开启人们的超越之路。

作为有着丰富的传统资源的中国，借鉴传统寻求超越应是不能绕过的思路。传统与现代化作为百年的老问题，其本身包含的绝对不是传统批判这一维度。现代化的成就固然有目共睹，但现代化的弊端也在逐渐显露，因此，不仅要以现代化为基点去批判传统，同时也需要借助传统去检讨现代化，给现代化“定性”和“定位”，寻找现代性超越之路。借鉴传统不一定直接导向问题的解决，但至少可以间接引导出一些不同的观点，开展出一些不同的视野，寻找到一些智慧，达到对现代性的补偏救弊。当然这种借鉴是繁复的，限于篇幅和研究的重点，在此只能略引端绪。其一，儒家思想的“社群意识”所强调的人与人之间的内心关切、“天下一家”、“民胞物与”对于今日个人功利主义的泛滥、重人与物之间的客观联系的现实绝对不是玄谈与幻想。其二，儒家传统强调和谐与平衡，天人合一，反对把人与世界完全视为一种对立与冲突的关系，也不把自然视为征服与宰治的对象，这对当今世界工业成长过度，生态环境失调的现状足以引发深省。其三，儒家思想以“修身”作为“经世”的前提与基础，用“心灵秩序”和终极价值去规范“经世”实践，以“价值理性”而非“功效理性”为其中心思想，这也能为现代社会工具理性的盛行提供审视视角。

三　风险调适能力：生存焦虑的排解

风险社会不仅是现代性的结果，同时也是每个人的“心理体验”，自我常常经受着一系列的心理张力和磨难。因而需要洞幽烛微式的分析，深入个人心理结构的最深处，排解风险社会在个人心理深处的投照点所带来的生存焦虑。

我们知道，安全的需要是人的基本生存需要，尤其是本体性安全①，则是更为重要的安全形式。本体性安全通过习惯的渗透作用与常规密切相连，所以，人们在心理上常希望能预料到日常生活中那些微不足道和周而复始的东西。“如果这种惯常性的东西没有了——不管是因为什么原因——焦虑就会扑面而来，即使已经牢固地建立起来的个性，也有可能丧失或改变。”② 可见，确定性是个体获取本体性安全的重要基础，所以对确定性的追求也就成为人类的梦想和持续追求的对象。从社会心理向度看，启蒙运动本质上是人类追求确定性的体现。它以人本主义和理性主义为基础，旨在以一种人为设计的方式建立起确定性的生存环境。吉登斯指出：“风险是能够控制的，因而也是能够保险的，这一思想，即人为设计的安全概念的崛起，完全来源于启蒙运动。”③ 在这种目标导引下，启蒙运动产生了两大理论成果：科学与民主。科学使人类从与环境的偎依中提升出来，以一种主体的姿态去审视、支配和掠夺自然；民主则表明社会关系中自我与他者关系的转变，在民主精神的推动下，一切传统的关系都不再是合法的了，个体成为公民，民主赋予他主体性地位。科学与民主成了人类获取确定性的两大武器。如果翻开

---

① 在吉登斯看来，本体性安全是自我心理组织系统的基础，是大多数人对其自我认同之连续性以及对他们行动的社会与物质环境之间恒常所具有的信心，其功能在于控制或排解焦虑，使个体获得安全和可靠的感觉。实践意识和话语意识是维护本体性安全的两种途径。此外，本体性安全的获得还取决于自我所处的生存环境，包括自然环境和社会环境。详见吉登斯《社会的构成》和《现代性与自我认同》。

② ［英］安东尼·吉登斯：《现代性的后果》，田禾译，译林出版社2000年版，第86页。

③ ［英］克里斯托弗·皮尔森、安东尼·吉登斯：《现代性——吉登斯访谈录》，尹宏毅译，新华出版社2001年版，第79页。

我国“五四”运动时期的历史，也能寻找到类似的社会心理。19世纪末叶以来，西方思想的大量输入，传统宇宙观解体，两种价值系统冲突所带来的价值混乱等，使得人们尤其是知识分子急需一套世界观作为他们的价值指标和行为准绳，来帮助克服因传统宇宙观解体后对世界所感到的茫然，在动荡中维持心理的稳定。从西方输入的科学和民主此时迎合了需要，不仅成了救亡图存的良药，也成了个人生命所赖以指点迷津、维持重心的世界观。科学成了科学主义，民主成了“乌托邦式的期望”。

但遗憾的是，虽然借助科学等理性，人类获得了改造和重组世界的巨大物质力量，按自己的方式建立起与此前迥然相异的世界，自然也不再“自然”，而成为“人造空间”；借助民主，自由、平等等原则已成为现代社会关系的基本准则，人类社会进入“后传统社会”（吉登斯语），然而人类并没有真正生活在一个绝对安全的环境之中，不仅传统的外在不确定性没有消除，而且还出现了一种后果更为严重的不确定性，即“人为不确定性”。

据此，自我本体安全的基础已发生了根本性转型，现代性一方面通过其“时空伸延”能力影响全球每一个人的生活，另一方面又通过其“渗透能力”影响到自我生活中哪怕最为细微的方面，所以在“人为的不确定性”中的现代人常常缺乏安全感。而本体安全的功能在于控制或排解焦虑，使个体获得安全和可靠的感觉，“只有依据基本的安全体系即本体安全感的源泉，个体才会拥有通过基本信任从认识上组织起来的与个人和客体的世界相关的自我经验”①。本体性安全的缺乏必然会引致焦虑。在20世纪八九十年代，当把烦、畏、恶心、荒谬等作为人在世的基本状态的存在主义在中国掀起热潮时，多少有些“少年不识愁滋味，为赋新词强说愁”的感觉，而今天，“烦躁”、“郁闷”已经成为很多人的口头禅和真切体验。一方面是现代人因抑郁、狂躁导致的心理疾病乃至自杀的现象急剧增加，另一方面是人们对娱乐、休闲、快餐式的快乐、放松、

① ［英］安东尼·吉登斯：《现代性与自我认同》，赵旭东等译，生活·读书·新知三联书店1998年版，第50页。

放纵的极度诉求，这些都不过表明：现代人普遍地经历着生存焦虑。现代性的生存焦虑有两个特点：一是日益普遍化、机制化，二是弥散性，自由飘浮的，缺乏特定对象，源于个体对某种本体安全和存在性的不确认。

所谓焦虑是一种担忧的期待，即人们面对将要发生的、与己密切相关的事情时产生的一种焦躁（fretful）、不安（anxious discomfort）、忧虑（worried）、抑郁（depressed）等感受交织成的复杂情绪状态。[①] 焦虑的背后实际上是自我认同危机、风险忧虑、生存意义的迷失、判断与选择疲劳、关系焦虑、“守护者”缺失后的不确定感等，“焦虑打击到我们自己的内在‘核心’：它是我们自身的存在受到威胁时所感受的那种东西”[②]，每一个方面都会对个体的发展产生阻碍。

第一，自我认同危机。从词源上讲，“认同”（identity）一词起源于拉丁的 idem（即相同）。在哲学和逻辑学中，identity 就译成“同一性”，它既表示两者之间的相同或同一，表示同一事物在时空跨度中所体现出来的一致性、连贯性。人的同一性问题决不仅仅体现为外在形态在不同时空中的一致性，同时还要表现为人之内在的统一性，即心理、意识、情感、价值等的内在同一性。而风险社会是一个连续而深刻的变迁开放的过程，生活在风险社会中的个体无法保证自己的日常生活不受较大的社会系统与组织的影响，因而也无法保证日常生活的惯性化的有序性和层次性。这些既为个体带来了生活机遇，也为个体设置了风险与危机。生活于其中的个体常会暴露在众多的危机场景中，而这些危机的情景会威胁到自我认同的核心，其中最主要会影响到个体经历连续性一致的感受。个人的经历不断为不可预料的外在事件的冲击所吞没、粉碎和颠覆，而且是如此之频繁和即时，时空经验的断裂最终使得自己无法获得自身经历连续性的感受。散乱、没有焦点、快速变换的时空感觉摧毁了自

① 沈湘平：《现代人的生存焦虑》，《山东科技大学学报》2005 年第 3 期，第 15 页。

② ［美］罗洛·梅：《人寻找自己》，冯川等译，贵州人民出版社 1991 年版，第 25 页。

我的多角色转换机制，感到原本为整体的自我被割裂和碎片化，人因之痛苦煎熬。

第二，风险忧虑。当代社会的严重的人为风险不仅远离个人的能力，而且也远离更大的团体甚至国家的控制，更有甚者，这些危险对千百万乃至整个人类来说都可能是高强度的和威胁生命的。因此，现代人又多了灾祸临近的感觉，而且，许多人早就注意到了，这种感觉已经成为当代时代的一大特征。越来越多的灾难类的影视作品和文学作品的出现便是明证。对于处于转型期的个体来讲，焦虑还常来自对竞争风险的担忧。转型前的固定的角色地位所建立起来的稳定的职业心理给打破了，转型后尽管机会与选择还在，但持续性挑战与竞争会把人甩到被淘汰的边缘，生存的危机感像一片时隐时现的雾气弥漫在社会心理中。这些情况的出现一起使自我形成“无力感”和“剥夺感”，被吞噬在各种后果严重的风险之中，常对自己、集体行动后果的不确定性产生担忧。“全球化关联的出现以及高后果的风险所代表的社会生活参量的出现，对于身处情境中的个体而言，是无法控制的。……它不仅进入到日常生活的领域中去，而且还进入到自我的核心中去”①。

第三，生存意义的迷失。按照德裔美国基督教神学家和哲学家蒂里希的说法，从历史上看，焦虑大致有三种类型，对命运和死亡的焦虑、对空虚和丧失意义的焦虑、对罪过与谴责的焦虑。而现代社会占统治地位的，是对空虚和无意义的焦虑。现代化是一个“祛魅”的过程，科学技术的无往而不胜使得其自己成为一种统治的意识形态，而人文关怀也随着信仰、形而上学的撤退而一度凋零。所以尼采的“上帝已死”宣告了人的存在的意义之源的枯竭，因为它意味着“没有一个永恒的给世界以意义的上帝”②。这样一来，生活世界的生存意义的设定只能是现实的世界中的人自身的理性的任

① ［英］安东尼·吉登斯：《现代性与自我认同》，赵旭东等译，生活·读书·新知三联书店1998年版，第226页。

② ［美］宾克莱：《理想的冲突》，马元德等译，商务印书馆1983年版，第200页。“上帝死了”所带来的危机其实并非普遍必然的生活困境，而只是属于西方特有的意识形态危机。但从隐喻上讲，东方也面临着类似的危机。

务，没有任何超越的绝对存在可以为人的世界提供意义的支撑。因而“对无意义的焦虑是对丧失最终牵挂之物的焦虑，是对丧失那个意义之源的焦虑，此焦虑由精神中心的丧失所引起，由对存在的意义这一问题的回答（无论此回答是多么象征的、间接的）所引起”①。

第四，欲求焦虑。人的生存根本上还是意义和价值生存，物质天堂的诺言根本无法消灭生命的痛苦。其实，焦虑并非只是来自直接的贫困，在现代社会，“幸福”越来越和物的消费符号，如名牌、流行、档次相联系，并以货币的拥有量为标志。这时“幸福”便开始远离平凡、远离信仰世界的平衡，成为一种物化的生活标准，一种不断上升的欲求满足。与物质幸福追求相伴随的欲求焦虑便出现了。

第五，因“纯粹关系”而产生的关系焦虑。风险社会要求一种反思式组织起来的生活规划，而这种规划又是在不确定性及多样选择的情形下完成的，传统的血缘关系和亲密关系已经不再能够充当社会关系的纽带了。“亲密关系”开始转向“纯粹关系”。而“纯粹关系是一种外在标准已被消解的关系，这种关系的存在也仅仅是为了这种关系所能给予的某种奖赏。”② 所以这种关系随时可以中断，只有当这种关系能够为关系各方提供充分的心理回报时，它才能得到维系，而一旦有一方感到不适或需要中止，它就能够随时被打破。在这种关系中，道德情感很难再如传统社会那样成为人们在日常生活中定位的稳定基础，相反它将不可避免地被相对化。所以“纯粹关系”常是脆弱不堪和变幻莫测，难以为自我提供足够稳定的关系纽带，它使自我生活在一种不确定的社会关系结构中。“切断了外在的道德标准之后，在富有命运特征的时刻以及在其他生活转变的时刻，纯粹关系作为安全感的源泉，便有其弱点了。”③ 随着反思性程度的加深，人只能越来越陷入生存的孤立与经验的封存

① ［美］蒂里希：《蒂里希选集》上卷，何光沪选编，上海三联书店1999年版，第184页。

② ［英］安东尼·吉登斯：《现代性与自我认同》，赵旭东等译，生活·读书·新知三联书店1998年版，第6—7页。

③ 同上书，第220页。

之中。

人对确定性的诉求与世界非确定性之间的矛盾是人们生存焦虑的终极根源。但现代社会，人们那种清晰的世界图景、未来远景和自己在世界中的坐标都不再是一劳永逸的了，人们不可能彻底解决生存焦虑的问题，而现实的生活又要求人们不断地对这些做出勘定，寻找回家的路。从某种程度上说，人无法选择自己生活的大环境，但可以依靠调整自己的心理和行为来适应社会。因而，在风险社会中，个体还需要具备应对风险的自我调适能力，以排解生存焦虑获取发展。

第一，提高反思性选择能力。在由全球化所推动的风险社会中，自我认同感的获得只能通过个体反思性活动来塑造。在这一过程中，个体必须以一种合理而连贯的方式把对未来的设想与过去的经验联结起来以便把全球性信息与当地性生活整合起来。其中反思性选择是在这个世界上“继续”的一种必然性的手段和我认同过程中的一种机制。如果在零碎不全和相互矛盾的信息中缺乏反思性选择的能力，肯定会被信息淹没而失去自我认同的统一性。所谓反思性选择，首先是学会对可能性进行“过滤”，而不是固着于先前的信仰和熟悉的生活方式或全部吸收各种信息或放弃选择。二是要在“富有命运特征的时刻”（吉登斯语）重新去思考我们的过去、存在和对未来的设想，考虑未来尽量多的可能与风险，动员我们现在拥有的所有的资源去做选择，包括借助专家系统。不仅仅要考虑我们个人的存在意义，还要考虑他人的存在意义。三是认识并且善于确定自己的目标，在明确的目标下才容易做出同一性的选择，成功地控制外部环境，而且能够控制自己的冲动。四是在多种选择与判断中，自我必须在多样化的场景中始终保持其得体的行动方式，“自我的呈现”必须小心谨慎地随时得到调整。

第二，信仰的建构。信仰是人的精神家园，是在不确定性中缓解本体性安全缺失的冲击的有效方式。不论是生存意义迷失的解决和欲求焦虑的排解从根本上都必须建立在信仰的建构上，用非物质旗帜去调适因“祛魅”和物质欲求过度而产生的焦虑。通过信仰可以超越人生的空虚和恐惧，将肉与灵的冲突，有限与无限的矛盾解决，从而使人过上一种心理安全而有意义的生活。当然个体的信仰的建构在风险社会中既有契机，也存有相当大的困境，是一个复杂的系统工程。但新的发展价值观已经在全球范围内孕生出基本的共同理念，信仰的建构可以从发展价值观念的重构开始做一些奠基性的工作。

第三，信任的建立。个人存在于世，但并不是简单地“在”，而是“生活”、“实践”于这个世界上，并与生活世界处于互动之中。因而日常生活的习惯、惯例及其有效性，对于个人行为选择、安全感、期待有着重要意义。个人可以从一种有效的习惯、惯例的存在中获得稳定的心理—情感依存，在心理—情感、习惯、惯例中免却由于面对新境遇而可能形成的紧张不安，泰然处之。一般说来，若心理—情感依托失却，伴随着的将是由于既有生活模式、存在框架的缺失而导致的畏惧、焦虑不安。[①] 在现代风险社会这种心理—情感的获得依赖于一种“他人诚实的假定”，只有在这一假定之下，我们才能设法了解别人，逐渐信任别人，敢于用差异作为发展积极情感、实现情感沟通的手段，反过来又通过这种手段去增强对别人的信任。对他人的积极信任不仅会产生跨时空的团结，而且是个体获得自主和自我认同的条件。因此，信任是人们基于生活经验对社会关系的心理—情感把握，信任关系已不再仅仅是一种简单的原初承诺及其践行关系，而是变为一种内在信念。“信任意味着是对‘承诺’的一种跨越，这是不可化约的‘信念’的一种品质。”[②] 所以，吉登斯认为，信任的对立面并不是“不信任”，而是存在性焦虑或忧虑。在现代风险社会，个体如果缺乏基本的信任，即使是最不经心的与他人的相遇也都有可能引起焦虑。因而信任是抵御焦虑的持续性保护机制。尤其是在“纯粹关系”之中，需要主动构建个人信任，相互开放自我、接纳他者。

① 高兆明：《信任危机的现代性解释》，《学术研究》2002 年第 4 期，第 9 页。

② ［英］安东尼·吉登斯：《现代性与自我认同》，赵旭东等译，生活·读书·新知三联书店 1998 年版，第 20 页。

四　发展伦理观：科学发展精神的生发

当今的全球危机，从表面上看是人与自然的矛盾、紧张和对立，其背后实际是人与人的矛盾、紧张和对立，确切地说，是人的危机——人的发展观出现了问题。“我们唯一最严重的危机主要是工业社会意义上的危机，我们在解决‘如何’一类的问题方面相当成功，但与此同时，我们对‘为什么’这种具有价值含义的问题，越来越变得糊涂起来，越来越多的人意识到谁也不明白什么是值得做的。我们的发展速度越来越快，但我们却迷失了方向。”① 从观念和意识层面讲，危机的核心就在这里：工业社会所关注的，只是“如何发展得更快”，而对于“什么样的发展才是好的发展”和“为了什么而发展”的问题却漠不关心。受这种社会发展观的影响，多数个体发展所关注的也是发展的手段和途径，而对于“什么才是好的发展”和“为了什么而发展”等问题缺乏认识。

为了有效地应对危机和面对风险，对于传统发展观的反思和调整是必需的。调整的关键在于扬弃过去只重视发展手段而缺失发展目标的观念和行为方式，不是把“发展”单纯地理解为技术问题或方法问题，而必须把它当作价值和伦理问题，确立发展伦理观。

20 世纪 50 年代甚至 70 年代以前，发展被当作经济学家的任务。发展与增长两个概念并没有严格区分开来，二者在内涵和外延上都是相同的，传统的经济发展观就是建立在“发展＝增长”这种思维逻辑之上的。“发展的问题实际上被归纳为单纯的经济增长问题。应当说，这是 50 年代前后的一种流行的观点。”②这种发展观是建立在三个基本假设之上的：增长无限论、效率优先论和人万能论。经济增长模式的发展观及其假设不仅理论是错误的，也造成了实践上的危害。最大的危害就来自经济增长的尺度代替了人的尺度，发展背离了人，经济的增长背离了发展的可持续性。

---

① ［美］威利斯·哈曼：《未来启示录》，徐元译，上海译文出版社 1988 年版，第 193 页。

② 陆象淦：《发展——一个受到普遍关注的全球问题》，重庆出版社 1998 年版，第 26—27 页。

古莱把这种背离人的发展表现概括为三个方面：手段绝对化、价值物质化和产生结构决定论。[①] 在传统发展观看来，发展工具是最重要的，为了发展可以牺牲人的代价，甚至人也可以作为工具。在一些人的头脑中，“人际交往是浪费时间，关注自然之美是毫无用处，社群仪式没有作用”[②]。传统的发展模式完全鼓励个人利益的动机，利润、升迁和权力成为个人的最多需求，“做人”就是为了“占有”，这样，社会发展中不可能实行节约，出现的只能是挥霍与虚假的消费，以“值钱”取代“价值”。由于效率成为绝对目的，经济增长成为结构的决定性因素，必然会侵犯自由、责任、公正等价值理念，“世界上可能以阻绝人类的价值选择为代价而消灭了贫困”[③]。这种发展观对手段的迷恋和对价值的遗忘直接导致了“价值危机”。人类探索科学和技术的大脑越来越复杂，而思考价值和伦理的大脑却越来越简单，把无止境地追求对自然界的掠夺和对自然资源的挥霍叫作“文明”、“进步”、“生活水平提高”，而没有看到这正是把人类推向悬崖峭壁的罪恶之手。

当代社会呈现的风险和危机已经宣判了传统经济发展伦理观的死刑，建立在对这种发展观批判的基础上，一种新的伦理发展观应运而生，这就是生态伦理主义或叫生态中心主义。当然生态伦理主义或生态中心主义只是众多以生态平衡论、生态权利论、生态价值论和生态伦理论为伦理价值观的理论流派的统指，它们核心的观点是道德关系可以适应于动物之间、植物之间，整个自然界都有存在的道德关系。因而生态伦理主义或生态中心主义坚决反对“人类中心主义”，反对人以主宰者、征服者的身份自居，认为自然物不是人类的附属物，人类和其他物种一样，都是相互依赖的系统的有机构成要素，每一个有机体都是生命目的的中心。所有的物种都是平等的，都拥有同等的权利和内在价值，应把所有生命都看成是道德

① ［美］德尼·古莱：《发展伦理学》，高铦等译，社会科学文献出版社 2003 年版，第 20 页。

② 同上书，第 21 页。

③ ［美］德尼·古莱：《发展伦理学》，高铦等译，社会科学文献出版社 2003 年版，第 23 页。

客体，它们都有权获得同等的关心和照顾。生态伦理主义或生态中心主义注重生态平衡、尊重自然、敬畏生命、保护环境，开始把发展看作具有伦理和价值的问题，可以说这是发展伦理思想的一次进步和觉醒。这是当前应对人的生存和发展危机所必需的观念和态度。

但它们在克服传统发展伦理观困境的同时却走向了另外一个极端。与一般意义上的环境保护主义不同，生态中心主义由于过分强调尊重自然而贬低了人的主体地位，把人仅仅看作自然界的普通一员，因而人类改造自然界的任何实践都是不应当的。这样就与传统经济发展观殊途同归：都没有认识到发展的价值目标和伦理是为人的。传统的经济发展观是通过对自然的过度开发为代价来增强社会物质财富，看似是为了人，其实不然，而是为发展经济而发展经济，为创造物质财富而创造物质财富，人在对自然的征服中也成为利益的工具和金钱的奴隶；生态发展观更是排斥人、否定人，把人变成“非人”。二者对待自然的态度尽管不同，但都是无人的发展观。其实，二者都忽视了物的价值的二重性：自然生态价值和社会需求价值，只是执其一耳，走向不同的极端则是必然的。

生态伦理主义和生态中心主义无法解决当代人的生存危机和发展危机，应对风险和危机环境中的发展问题需要新的发展伦理观。于是从20世纪80年代开始提出到90年代初期达成共识，可持续发展观开始成为主要的发展伦理观，成为世界性的社会经济发展战略，得到了世界的广泛认同和积极反应。可持续发展的突出特点是“可持续性”，通过关注时序谱表达代际的发展正义观。农业文明看重过去，工业文明注重现实，而通过可持续发展要达到的生态文明关注未来，主要表现为当代人的发展不能以牺牲后代人的发展为代价。可持续发展观不仅关注可持续性，而且还关注“发展”，但这种发展是最优性与可行性妥协的平衡结果的发展观。因此，它既对传统经济增长发展观、发展模式和发展道路进行反思和价值评价，对人类未来的发展实践进行伦理的约束和规范，也避免了生态中心主义忽视“人的发展”的极端。

但可持续性发展观所关注的是代际发展的正义问题，在空间维度上的关注力度不够，或者说是对空域谱上的公正性有所轻视。我们知道，面对风险社会的全球性和复杂性特征，未来社会和个体的发展状况很大程度取决于现代社会的发展观念和模式，代际发展的正义实现需要空间的正义实现做支撑。也就是说，现代社会的发展问题不仅是时序谱公正的实现还包括空域谱公正的实现，而且二者之间必须通过时空耦合，才可能得到全面实现。可见，可持续发展并没穷尽发展的丰富内涵，它侧重于时间序列上的认知，如代际公平和人类未来等等，但对于已经生活在风险社会中的当代人而言，危机不仅存在于将来，而是现在已经呈现，并变得十分棘手。可持续发展在时间维度中的正义性不能替代发展观上对空间维度上公正性的要求，“可持续性”对于不同区域、地域的要求是有所差异的。

为了应对世界性风险社会和世界性的生存、发展危机，必须确立一种包括可持续性发展观在内的更加全面、系统的发展伦理观。科学发展观应运而生。科学发展观的价值维度是全方位的，表现为一种系统发展观，是发展观的卓越境界的追求，其内含着丰富全面、系统的发展伦理。它不仅凸显以人为本，而且还包括可持续性发展和和谐发展两主题，实现了对发展的全方位、动态、系统的察思。科学发展观为社会和个体发展提供了丰富的发展伦理观念，在人的发展出现困境与危机的当下，科学发展观所蕴藏的伦理观念对于社会和个体来说是迫切和必需的。

第一个需要铭记的发展伦理观念：以人为本。以人为本似乎仅是社会发展的基本理念，但深入分析以人为本的发展观就会发现，不论是社会还是个体，都需要确立以人为本的发展理念。因为以人为本的发展观绝对不是一句口号，而是内含着非常复杂的问题群：发展为了什么？发展与人谁是中心？怎么样才算真正为了人？为了什么样的人，人应当是什么？为了人的什么？对于社会而言，上述问题都必须做出回答。而对于个体而言，看似发展肯定是为“自己”的，但有时却背离以人为本的理念，因为有时个体可能不清楚怎么才算为自己而发展，发展为了什么？为了自己的什么而发展？自己应该成为什么样的人？

以人为本的发展观首先要明白发展具有相对性，发展本身构不成发展的最终目标。“取得发展并不是一种自我生效的绝对目标，而是一种相对较好、只是在某种特定生活意义上较为可取的状况。……虽然在某些方面，发展本身是追求目的，但在更深层方面，发展更属于美好生活。”① 也就是说发展应当围绕人的中心，而不是使人围绕发展的中心。对此，人类基本达成了共识。但这并不意味着止于此就可以说以人为本了，这一点从随处可见可闻的“以人为本”口号和现实的、众多的人的虚无、颓废、焦虑、无助反差中足以证明。抽象地谈“发展是为了人”和谈抽象的人不能解决当代提出来的任何问题，关键是为了“什么样的人”，是“为了人的什么”，它是为了个人还是为了人类，是为了穷人还是富人，是为了人的眼前利益还是为了未来人的长远利益，是为了人的健康的可持续的生存还是为了挥霍性享乐，这才是解决当代人类生存困境的关键所在。正如人的全面发展既是社会和个体发展的终极目标也是具体的历史发展进程一样，以人为本也是如此。以人为本最根本的是实现人的全面发展，但同时也是具体的，在不同的时空背景下其要求是不同的，即使是在同一时序下，不同空域对于以人为本的理解也是不能一致的。风险社会开启了一段独特的社会发展阶段，在此背景下理解以人为本，需要根据现状给予其具体的解释。

首先要认识清楚的是以人为本的发展观要发展人的什么。工业社会以降，发展的首要目标就聚集于物质财富的增长和物质生活的提高，由于物质繁荣已被广泛承认为人类可敬的试金石，掌握物质财富和技术力量的人常被归结为有“发展”的人。提高人的物质生活水平从某种意义上讲也是以人为本，因为物质生活水平的提高在工业社会时期则是必需的，即使在现代社会，对于贫穷和落后地域的人来说，它仍然是发展的主要目标。为了改善生活压力，获取尊重，物质生活的富裕是前提和基础。但问题的关键是，美好社会的理想形象和美满幸福的人类生活虽不反对却不是指物质的富足。尤其当人的发展仅局限于“物”的时候，对于整体人类社会和个体的

① ［美］德尼·古莱：《发展伦理学》，高铦等译，社会科学文献出版社 2003 年版，第3 页。

危害也就开始显现了。生态环境的破坏及个体面临着许多困惑与焦虑都与此有关。舍勒曾表达过这样的思想：古典人的理念是"存在本身的唯精神"，这一理念对人的实存来说太狭窄，以致最终会引发本能对精神的造反；但是，现代人理念的唯身体，同样是狭窄的生存规定和诉求。[①] 协调精神与身体的张力，是人的发展持久的任务，在现阶段尤其迫切。对此，舍勒也给出他的解决之道：生命精神化与精神的生命化，即生命与精神的互相渗透。这给以人为本的发展观在现阶段的发展目标提供了重要的借鉴，从全球整体来看，尽管物质发展还是重要的主题，但同时也必须去解决生命与精神的互相渗透问题，否则人的可持续的物质发展难以进行，并会进一步促发更大的精神危机。

在此，树立发展伦理观需要通过"拥有足够"以"改善生存"[②]，实现从享乐意识向生存意识的转变。从生存论看，"拥有"帮助"生存"或者使"生存更充分"，这是不需要认证的命题。问题是，人往往是拥有而足以生存时，却仍然感到如果不拥有更多就会阻碍他们的生存。因而这就需要对于"拥有"做出限制。什么是拥有，多少才是足够？"拥有"在此是指因重大的内在目的而吸收外界物质，不包括知识、品德或健康的获取。而"足够"则是一个相对性词语，尽管如此，我们还是能从其相反性的方面得到其基本意味。"过度"贫困会阻碍人类生活，引致巨大苦难、疾病或冷漠，从这个方面讲，"拥有足够"意味着能充分满足人的基本生物需求以便能够把部分精力用于生存以外的事务。"拥有足够"可以"改善生存"，但并不意味着"拥有更多"可以更好地生存，"拥有"的绝对不足和相对过剩都会使生活质量非人化。其一，"拥有更多"是一个永远得不到满足的无底黑洞，其后果就是人均消耗资源量的无限度增长。在当今世界资源匮乏、环境污染的困境下，这无疑是人类这一物种持续生存的大敌。其二，当自然资源总体有限、技术

① 刘小枫：《现代性社会理论结论——现代性与现代中国》，上海三联书店1998年版，第25页。

② ［美］德尼·古莱：《发展伦理学》，高铦等译，社会科学文献出版社2003年版，第63页。

手段并不能完全消除苦难的现实下，“拥有更多”必然是带来绝对匮乏。实际上这是一个毋庸置疑的事实：一部分人长期贫乏，而有些人则挥霍无度。这种相对剩余与绝对不足的共存，对人类必会产生集体障碍。对此也无须过多阐释，大到从9·11恐怖事件小到屡见不鲜的“仇富”事件足以说明这个问题。因此，“富裕”人群需要从生存论来看待消费问题，进行适度的消费。而相对匮乏的人群同样需要树立生存意识，不能把个人的发展目标定位于享乐，而是“拥有足够”以“改善生存”，把保证人的健康生存所必需的资料的生产作为发展的基本要求。

其次还需要认识清楚怎样才算真正为了人。真正为了人的发展就应当解决人的生存问题，但生存问题的解决在不同的历史阶段其表现是不一样的。在生产力水平低下时期发展人的实践能力，以便从自然界尽可能多地摄取物质财富，是解决生存问题的主要途径。但是当代人类面对的生存问题，却是由于人类对自然界的过度开发而引起的自然危机和由于自然危机引起的人的生存危机。与过去恰恰相反，为了生存现在需要约束和规范人类的发展实践行为，把人对自然界的开发限制在保持自然生态系统稳定平衡的限度以内。可见，以人的生存作为合理性支持的发展，在一定历史时期其本身还包含有“限制发展”的意蕴，也就是说能够做的，并非一定是应当做的。在当代发展中，“有能力做的并非一定是应当做的”就成了一个重要的伦理原则；“能够做”与“应当做”的关系问题就成了发展伦理学的基本问题。[①] 因而，真正为人的发展是选择性发展而不是盲目发展，从“有能力做”的发展实践中区分开哪些是“应当做”的。

为此，个体必须实现从“无限主体”向“有限主体”的转变。不论人的能力如何发展，都无法摆脱这样的现实：人是自然界整体的一部分并只有依赖于自然界整体的存在才能生存。作为自然界整体一部分的人类，自然界对人类的限制是永恒的，因而人始终是一

---

① 刘福林：《论发展伦理学——可持续发展观的伦理支点》，《江海学刊》2002年第6期，第13页。刘福林教授作为我国最早提出“发展伦理学”概念的学者，本章节的许多观点都受到了他的思想的启发，在此表示感谢。

个有限的和有约束的主体，不受限制和约束的绝对主体是虚幻的。不论是个体和群体都应当永远明确自己有限主体的身份，把生存、自尊和自由的获取都建立在自然界整体生态系统稳定平衡的保持基础之上，通过约束和规范的发展实现人的提升。

第二个需要铭记的发展伦理观念：个体发展要具有类意识。人类当前面临的危机已经具有全人类的性质：尽管气候、地形、地貌不同，但对自然生态系统的任何局部破坏，都会对整个自然生态系统产生决定性的影响，威胁着人类的生存；任何个人的生存都必然依赖于“类”的生存，地球是一个“伟大的存在之链”，人在自己的位置上与我们的世人“同侪共舞”①。任何局部的个人、民族和国家都不可能单独解决全局性的问题，困境的解决需要全人类的统一行动。这是每一个个体在发展时所必须认识清楚的。也就是说，我们要超越各种狭隘的“个体中心主义”、“族群中心主义”和“集团中心主义”，从整个人类的利益考虑问题，展开实践活动的价值取向，树立真正的类意识。当然这种类意识不是被生态伦理学当作罪魁祸首的“人类中心主义”——个人、族群、集团的“自我中心主义”。

人类所面临的各种生存危机根源于多极利益主体缺乏类意识，没有把自然作为人类共同的“无机的身体”来使用和保护。工业革命以来，为了无限膨胀的个人欲望的实现，对生态环境造成了毁灭性的破坏，也使自然资源濒临枯竭的边缘，从而毁灭着人类的生存条件，威胁着人类的生存。解决当前人类的生存危机，须把人类的整体利益当成我们的最高利益，人类的生存价值应当成为我们的最高价值的伦理观，对违背类的生存利益的个体行为进行约束和规范。

类意识具有丰富的内涵，其核心是人类关怀的价值观和类责任感。作为类生存，不同的主体依赖于共同性自然资源和自然环境（自然资源与自然环境既是民族的，更是世界的）而生存，因而，

① ［加］查尔斯·泰勒：《现代性之隐忧》，程炼译，中央编译出版社2001年版，第3页。

任何主体破坏自然环境、浪费自然资源的行为，都将直接损害其他主体生存与发展的权益，并从而危及人类可持续生存和发展。尤其是资源利用的强势群体要尊重弱势群体的权益，不应该剥夺弱势群体享有充足阳光、清洁水源和清新空气的权利。其实不仅是自然资源，包括人的发展所诉求的许多东西，如技术、信息、权力、财富也都会通过影响社会和人类而影响到他人。正如古莱所言，如果人类不能根据世界平等而根据谁先占有或谁有更大政治影响来分配资源、取得信息和决策权，那么技术的联合效能最终将证明具有灾难性。技术的分裂作用大于其联合作用，除非它运行在社会自我发展繁荣昌盛的条件之下。①

第二节　风险社会中人的发展的主题延伸

人的自由全面发展不是抽象的、标签式的某一结局或指标，如同一个无穷集中的最大数是不能实现的存在，而无穷集这一概念却是明显存在着的。所以人的自由全面发展具有过程性的意义和价值内涵，它比某种结局具有无限大的容纳空间。“个人的全面性不是想象的或设想的全面性，而是他的现实关系和观念关系的全面性”②，自由全面发展最本质的关切点在于对现实人的生活与生命的深切关怀。而不断提升现实人的生活质量和生命价值在不同历史时期有着不同的现实规定和要求，怀着对人的生活与生命的关切这一原则，风险社会中人的发展的主题需要实践化，从中生发出符合现代社会性质的发展主题，真正地为现时代的人的生活和生命提供关怀，也为人的自由全面发展的最终实现做出阶段性的建设。基于本书对风险社会、人的发展样态、人的发展内涵拓展的分析，人的发展的主题需要延伸到和谐发展和有限发展两个方面。

① ［美］德尼·古莱：《发展伦理学》，高铦等译，社会科学文献出版社 2003 年版，第 78—79 页。

② 《马克思恩格斯全集》第 46 卷下，人民出版社 1980 年版，第 36 页。

一 人的和谐发展

人的发展的历时态大概有四种类型：谋生性发展、增长性发展、可持续性发展与和谐发展，而这四种类型同时也是共时态的存在，在当前社会都有其基本形式。谋生性发展是为了解决基本生存的发展类型，由于发展直接借助于自然资源，人对自然有着直接的感受，因而对自然有着相当程度的认同，对自然资源的利用基本上是保护性利用。而增长性发展则是一种只是关注经济与物质增长的发展形式，经济增长与物质财富的增加是发展的根本目标。这种发展方式不仅造成了人与自然的紧张，而且也同时带来了人与人、人与社会性的外在性紧张和身心的内在紧张。正是在这种基础上，全球性的生存危机使得人类社会开始关注未来发展，可持续性发展形态开始出现。本书已经论述到，可持续性发展的视域过于狭窄，不能有效地解决人的发展危机与困境。因此，人的和谐发展开始受到关注，成为人的发展的当代主题。

和谐是指发展的协调性、有序性、平衡性、完整性和合乎规律性的哲学范畴。人的和谐发展包括人类的和谐发展和个体的和谐发展，人类的和谐发展与社会的和谐发展（和谐社会）具有某种同构性，用系统的视角看，是人与自然、人与社会、人与人以及人自身的协调性、有序性、平衡性、完整性和合乎规律性的发展。由于本书所关注的是个体发展，而人类的和谐发展也已经产生了许多理论成果，故在此不多赘言。在风险社会的视域中，个体的和谐发展主要是个体的协调性、平衡性发展，在发展中不断调和发展力，使不同的发展力在发展系统中保持力量的平衡与协调，进而产生和谐发展力，促进人的发展。具体来讲，是要调和三对发展力：①科技力与人文力；②物质力与精神力；③外在认识力和自我认识力。而这三对发展力在个体的发展实践中严重失调，前者处于主宰地位，而后者明显不足，无法实现对前者的有效制衡。当代社会的生态环境恶化、人的“物化”困境与意义迷失都能在此寻找到个体因素。当然，人的发展力根本上来自社会发展的失衡，人的和谐发展依赖于和谐社会的形成，但和谐社会的形成也离不开人的和谐发展，二者互为原因与表现，也互为推动力。

（一）科技力与人文力的调和

承上所述，科学技术在现代社会已经构成了一种意识形态，形成了对人的生活世界的全面入侵。自然，科学技术也成了人的发展的主要手段，为了寻求发展，个体“痴迷”于科学技术知识和技能的掌握，科技力也成为个体发展的主要力量，在个体内部，也似乎形成了意识形态式的“霸权”。这一点，从现代社会科学技术的“化身”——信息——身上明显地显示出来。对此，吉登斯有着形象的表述：“随着文明社会和公共领域不断叠置于信息和交流结构之上，被排除这些结构之外即是被排除在公民权之外，实际上也就是从政治上和文化上被排除在文明社会之外。在自反性现代性中，生活机遇——谁将成为自反性胜利者及谁将成为自反性失败者——取决于‘信息模式’（mode of information）中的位置。自反性现代性中的生活机遇并不是掌握生产性资本或生产结构的问题，而是能否掌握新的信息和交流结构并在其中谋得一席之地的问题”[①]。科技力的获取对于个体发展相当重要，但问题是①应当获取什么样的科技力？②仅有科技力就能取得发展吗？对于前一个问题本文将会在下一章中具体展开，而对于第二个问题的回答不得不让人回想起“卢刚事件”[②]。卢刚事件绝对不是偶然性事例，从更多的悲剧事件中总能发现共同性的因素。马尔库塞30年前断言的“单向度的人”或“单面人”，今天已经扩展到全世界：道德滑坡、犯罪剧增、精神空虚、毒品泛滥、环境污染和生态危机、核武器的超常发展和不断扩散。卢刚事件仅是这些风险景象的缩影。仅有科技力的发展，不仅不会必然带来发展，反而会增加生存的风险。卡西尔在《人论》中指出，人与众不同的标志是人的劳作（work）（与马克思的

① ［德］乌尔里希·贝克、［英］安东尼·吉登斯、［英］斯科特·拉什：《自反性现代化——现代社会秩序中的政治、传统与美学》，赵文书译，商务印书馆，2001年第166页。

② 卢刚是留美博士，因为情感失衡而在短短几分钟内造成五死一伤，最后自己引弹自杀。此事件在当时引起了学界关于科技与情感的探讨。详见http：//202.116.65.193/jinpinkc/sxddxy。

“实践”概念异曲同工)，它规定和划定了“人性”的圆周。而“语言、艺术、神话、宗教、艺术、科学、历史，都是这个圆的组成部分和各个扇面。因此，一种‘人的哲学’一定是这样的一种哲学：它能使我们洞见这些人类活动劳作的基本结构，同时又能使我们把这些活动理解为一个有机整体”①。人既然是有机整体，那么科学技术的单向度获取所形成的发展必定是失衡的。而凸显科技力的失衡机体不但会使发展缺乏动力，而且也会失去生存意义。正如弗洛姆所说：“人创造了种种新的、更好的方法征服自然，但却陷于这些方法的网罗中，并最终失去了赋予这些方法以意义的人自己。人征服了自然，却成了自己所创造的机器的奴隶。”② 因为科技力的意义在于它能够用来实现其他价值，如果只是用来实现自身，就把科技力自身荒谬化了。

现实境况需要个体不断调整失衡状态，调和科技力的增长。科学和人文是个体发展的双轨，人的和谐发展，不仅需要科技力提供工具支撑，同时也需要人文力提供动力机制和意义指引，并有效地制衡科技力发展的负面影响。在此，人文力是指人的理性觉识、理论阐释和实践规范能力。怎么实现人文力与科技力的调和呢？近代儒学大师牟宗三的思想也许在此方面可以提供有益的启示。他指出，面对“道德价值和文化理想丧失，而虚无主义和技术主义泛滥成灾，西方的人文主义精神已失落殆尽”③ 的状态，应以知性主体综摄与消融科学，使人文主义不与科学对立，但又让人的心思不为科学所限，而陷溺于科学一层论、理智一元论，以接上科学传统。这一思想包含两层面向，其一发展人文力，其二是融合科技力。

用人文力调和科技力，首先，需要汲取足够的人文精神，积极吸收和借鉴中国传统文化和西方人文主义的精华，加强与世界一切优秀文化的沟通，从中汲取理论和方法养料，以达到自身的不断充

① ［德］恩斯特·卡西尔：《人论》，甘阳译，上海译文出版社 2003 年版，第 107 页。

② ［德］弗罗姆：《为自己的人》，孙依依译，生活·读书·新知三联书店 1988 年版，第 25 页。

③ 牟宗三：《道德的理想主义》，台湾：学生书局 1978 年版，第 185 页。

实和完善。不论是中国还是西方，都存在丰富的人文资源，为我们创建和构造新的人文精神奠定了良好的基础。在此基础上需要立足于新的社会实践状况，对人文资源进行科学的批判继承、勇敢的发展超越、创造性的转型，保证人文精神保持随着时代不断发展和前进的勃勃生机。人文精神的足够获取是人文力产生的主要途径，也是调和科技力的前提条件。

其次，要实现人文力与科技力的融合，用人文力去催生科技力内含的人文精神。虽然科学与人文作为人类两种不同的认知活动和文化领域有着明显的区别，但不等于二者必然处于分离的状态。其实人的发展所呈现的困境问题恰恰在于这种非此即彼的无奈选择之中：提倡科学精神，往往导致人文主义意义的失落和价值的危机；弘扬人文精神，极易陷入神秘主义和信仰主义的泥潭。马克思就曾指出："自然科学往后将包括关于人的科学，正象关于人的科学包括自然科学一样：这将是一门科学。"① 作为人的发展的两种力量，科技力与人文力是紧密相连地统一于人的实践活动中的，人的发展恰恰是这两种力共同推动的结果。因而两种力应该相互渗透、相互补充、相互促进。科技力本身就蕴含着深刻的人文精神，只是在失衡状态下它很难显现，通过人文力可以激发科技力中追求真理、崇尚理性、爱美审美的思想情操等人文精神。因此，需要用人文力去唤醒科技力内在的人性觉悟，重视科学活动成果对人的利弊功害，把科技力推向为了个体幸福和美好生活的发展方向。因而，只有渗透着人文力的科技力才能真正使人获得整体幸福，使人走向更高的境界。

（二）物质力与精神力的调和

人的发展也是一个不停地追问效果的过程，相对于漫长的身心休养和精神提升而言，在现代社会物质力的获取有更多的路径和方法，也更能有效地满足即时的快乐需要。再加上物质性效果更容易量化，易于比较，可以更为直观地体现价值，物质力成为现代人的普遍发展力。人们赚钱的能力在不断提高，消费的范围和水平也在

① 《马克思恩格斯全集》第42卷，人民出版社1979年版，第128页。

不断提高。物质是人发展的根本基础，人的发展依赖于物质的增长，这毋庸讳言。但物质财富的增长并不是人发展的全部或目的，物质财富的单一增长或物质力的单一发展，对个体发展而言并不是有益而无害，反而会因为物质力的过度发展而导致人成了物质的奴隶，由人变成“物”和工具，人发展的意义全部丧失，走向了发展的反面。人的“物化”或单向度的人等理论共同反思的就是这样的问题。

其实人的发展十分复杂，所欲求的东西很多，什么都想要，不仅要生存，而且要生活；不仅要利益，更要幸福。所以马克思说：“正像人的本质规定和活动是多种多样的一样，人的现实性也是多种多样的。”① 这就有两个问题需要理论分疏：①个体发展最重要的欲求是什么？获取方式又是什么？②物质力的单方面发展为什么会引致人的发展困境？怎么解决之？

第一个问题。“幸福”作为最高善是个体发展最重要的欲求，这已经是定论，没有人不愿意获取幸福。而对此，外在纷争比较稀少的古人似乎看得更为清晰与深刻。2000 多年前的古希腊哲学家亚里士多德就曾指出，“我们把那些始终因其自身而从不因它物而值得欲求的东西称为最完善的。与所有其他事物相比，幸福似乎最会被视为这样的一种事物”。又说，“我们还认为幸福是所有善事物中最值得欲求的、不可与其他善事物并列的东西”②。所以从根本上说人的发展与“幸福”相关，个体物质力的发展根本上要从属于“幸福生活”。物质只是在有的情况下有用而在有的情况下则无用，物质对于人的发展而言，是有条件的、偶然的、不确定的企求，它只能保证良好的生存状态却不足以使生活具有意义或者带来幸福。这也就是为什么在物质生活提高的今天幸福感却普遍下降的原因。虽然“幸福”作为最高善没有分歧，但幸福是什么却述说各异。幸福是一种感觉，本不可言说，只能在生活经验中体验。但通向幸福的方式却是可以言说的。获取幸福的方式是什么呢？“幸福生活只能

① 《马克思恩格斯全集》第 42 卷，人民出版社 1979 年版，第 124 页。

② ［古希腊］亚里士多德：《尼各马可伦理学》，廖申白译，商务印书馆 2003 年版，第 18、19 页。

是一个由人所创造的具有永恒意义的生活，所有幸福都来自创造性生活，重复性活动只是生存，而生存只是一个自然过程”，幸福“以纯粹意义性的方式存在，所以永恒，所以不能被消费掉”①。幸福只能在创造性和意义性的活动中获取。

显然单一的物质力无法担当此任务，虽然物质是创造幸福的条件和资源，但幸福的条件不等于幸福，幸福终究是“劳作所得”（有意义的创造性活动，不限于生产行为）。而精神是不同于物质的存在，人有了精神，就同外部物质世界发生对象性关系，成了认识主体和行为主体。人既能认识世界，又能改造、创造世界。有了精神，人就具有了一个自我世界——精神世界。可见，人的精神力不仅是物质力得以实施的前提，也是创造和感知满足的力量来源。相对于人文力而言，精神力更是内化于个体心灵中的力量，是人文精神沉淀于个体身上形成智慧与道德所产生的力量，如对真善美的追求、理想信念等精神性的力量。人的精神力包括智慧力与道德力两部分，具有创造性和意义性两大特性。也就是说，幸福的获取必须通过精神力，以获取创造性的生活并在其中感知永恒。幸福是属于人就决定了人必须要有精神，个体的发展需要精神力的推动。所以舍勒认为，人是普遍非理性宇宙过程中的一个点，精神和本能在这个点上进行着斗争，由此表现自己的生命价值。“对整个人的精神涌动的探讨，历来就是对人的探讨。”②

第二个问题。物质力的单方面发展可能引致“以金钱确定人的价值”，马克思对此曾给予形象的表述：“我是丑的，但是我能给我买到最美的女人。可见，我并不丑，因为丑的作用，丑的吓人的力量，被货币化为乌有了。我——就我的个人特点而言——是个跛子，可是货币使我获得了二十四只脚；可见，我并不是跛子。我是一个邪恶的、不诚实的、没有良心的、没有头脑的人，可是货币是受尊敬的，所以，它的持有者也受尊敬。货币是最高的善，所以，它的

① 赵汀阳：《论可能生活》，中国人民大学出版社2004年版，第23页。

② ［德］马克斯·舍勒：《价值的颠覆》，罗悌伦等译，生活·读书·新知三联书店1997年版，第316页。

持有者也是善的。”[①] 以物质确定价值则必会使得个体与人类精神文化之间成一种走马观花的浅表性接触，人们逐渐失去了对高尚精神境界的敬重与仰慕，此时也意味着人的尊严的丧失、价值世界的沦落、对外界的盲目扩张，人的精神世界退化为纯粹的动物本能，而“吃、喝、性行为等等，固然也是真正的人的机能。但是，如果使这些机能脱离了人的其他活动，并使它们成为最后的和唯一的终极目的。那么，在这种抽象中，它们就是动物的机能”[②]。所以加里夫·贝克指出：“在物质世界极大丰富的同时，我们经常陷入沮丧、困惑和失落的海洋。我认为造成这一结果的一个主要原因是我们缺乏对价值的重视。我们没能花足够多的时间去搞明白什么才是生活中真正重要的和怎样去得到它。”[③]

可见，为了解决人的“物化”困境，需要用精神力调解物质力，使二者达到平衡。因为“价值”是属于精神的范畴，需要用精神力发展和体现。不仅要用精神力去平衡和协调物质力的发展，还要用精神力成果去指导物质力发展所产生的结果，即物质的享用与评价问题。而这首先依赖于精神力的增强，通过人文力的增加树立生活目标和追求；拥有信念，有所尊奉，有所敬畏；能够参与分享精神财富；能够自由地从事创造性的活动；能够享受到友谊、亲情和家；能够感受到自我存在的意义、价值和尊严。另外，精神力可以通过对自己所从事的发展活动及其发展结果的自我观照、自我欣赏，从中体验到人的自由发展的能力，产生出对自身发展才能和发展力量的积极、肯定的情感，以此平衡、协调物质力。

德性是精神力中最为深刻的因素，所以精神力的增强核心在于德性的养成。管子认为：“德者，道之舍。物得以生生，知得以职道之精。故德者，得也。得也者，其谓所得以然也矣。”[④] 德性作为

① 《马克思恩格斯全集》第42卷，人民出版社1979年版，第152—153页。

② 同上书，第94页。

③ ［加］加里夫·贝克：《学会过美好生活》，中央编译出版社1997年版，第19—20页。

④ 《管子·心术上》，《四库全书精华·子部》第1卷，中国文史出版社1998年版，第310页。

人类美好本质的表达，包含各种不同种类的德性，现实个人的生活的物质性的丰富与精神性的降低恰恰要求相互间的关联性。所以要给予理想的德性以充分的重视。德行需要德性的自觉，这就是德性的智慧性和精神生活的健康性。因而德性教育对于人的物质力与精神力和谐、人的和谐发展非常重要，它既可以实现人与自己生存必需的物品的内在联结，也可以通过教育使被给予者精神上自足。

（三）外在认识力与自我认识力的调和

“有两种东西，我对它们的思考越是深沉和持久，它们在我心灵中唤起的惊奇和敬畏就会日新月异，不断增长，这就是我头上的星空和心中的道德律。”康德这一句气势磅礴的名言，道出了理性追求的两大目标：外在的浩瀚宇宙世界和内在的同样浩瀚的心灵世界。但投射到当代现实的个体身上，已与康德的理想设想相去甚远。认识机械、电脑、自然、宇宙的能力迅猛发展，但自我认识能力、对人生、人的价值和意义的认识能力日渐萎缩。科技力与物质力的强大都是个体外在认识力强大的表现，而人文力和精神力的弱化同样是自我认识力弱小的表现。

自从弗兰西斯·培根提出“知识就是力量”这一脍炙人口的口号以来，人类社会便进入了一个理性高扬、知识迅速增长的新时代，人的外在认识能力也空前增长。这种增长势力使得个体产生了“幻觉”：只有外在认识能力的提高才能进步和发展。科学知识的传承和技术工具的更新的确是个体重要的发展力，但是这种力量的不断扩张和渗透，并没有解决人的生存与发展的所有问题，人常会陷入“发展的意义”和“知识的意义”的迷惘之中，仍然摆脱不了法国思想家卢梭当年提出的担忧：“我们越积累新的知识，便越失掉获得最重要的知识的途径。这样，在某种意义上说，正因为我们努力研究人类，反而变得更不能认识人类了。”① 问题产生的关键在于人的外在认识力与自我认识力的失衡。

实际上，人的认识是一个广阔的领域，不仅需要认识科学技

① ［法］卢梭：《论人类不平等的起源和基础》，李常山译，商务印书馆 1982 年版，第 120 页。

术、自然与宇宙，同时也需要认识人自身，不同的认识类型、认识范围和认识能力各有其特殊意义，有的求真、有的求善、有的求美。单纯的外在认识只是求真，而求真只是“知道”，而不知道“为什么要知道”和人“还需要什么样的知道”。生活中类似的例子很多，如获取了大量信息却不知道需要什么样的信息；购买了大量商品却不知道自己适合什么。宏观而言，人类社会的信仰危机与生态危机无不与此有关。由于缺乏对自身的了解，包括对自身需求、价值与意义的了解，个体借助科学知识对自然的征服过程，大多不是出于对自身价值的追求，相反，价值日益被转化为一种实用的技术旨趣。“科学和技术不再帮助人再深一层去寻获世界和自我内心的向度。科学和技术用人自己的构造和发明来阻挡人，以至于现代人只能从理性的构思和实用性的观点来看待自然。”① 因此，外在认识力提高的个体同时还需要增强对自我的认识，通过自我认识的增强推动发展。

自我认识力的增强，当然首先需要个体把关注点转向自身，转向心灵深处。认真了解自己的需求的多面与层次、细微品味自己的生活体验、寻找心灵焦虑的根源，明白适合自己的发展方向。同时把自然科学知识的学习与社会科学知识、人文科学知识结合起来，避免厚此薄彼。

但自我认识力的增强更为关键的还在于正确地认识自我。纵观人类思想史，自从有了自我意识的人出现以后，在“认识你自己”和“自我致思”的过程中，人的问题便成为思想家们智慧的指向。从苏格拉底开始，哲学的目标就不再停留于对外部自然世界的冥思苦想，而转向对社会与人生的关注、思索与引领，认识自我、精神世界的自我肯定与提升，对人生的意义、人的价值、人的幸福等问题进行颇具启发性的探索是传统西方哲学的理论旨趣，提供一种对于人类生存境界的终极性的理解与阐释是传统西方哲学的根本目的。西方学界公认的20世纪最重要的哲学家之一的恩斯特·卡西

① 孙德文：《现代人的焦虑与希望》，生活·读书·新知三联书店1994年版，第68页。

尔在其《人论》开篇就说："认识自我乃是哲学探究的最高目标——这看来是公认的。在各种不同的哲学流派之间的一切争论中，这个目标始终未被改变和动摇过：它已被证明是阿基米德点，是一切思潮的牢固而不可动摇的中心。即使连最极端的怀疑论思想家也不否认认识自我的可能性和必要性。"① 但哲学的历史告诉我们：哲学以人的自我理解为目标，并不意味着它总是能找到通向活生生的现实的道路，在哲学史上，满怀实现人的自我理解的雄心壮志，却以人的失落为结局的事实屡见不鲜。也就是说不仅要主动认识自我，还需要科学认识自我。而在这方面，马克思人学给自我认识提供了理论指南。

长期以来人们一直习惯于把马克思哲学当作"辩证唯物主义和历史唯物主义"，而忽视了马克思哲学的一个重要组成部分：马克思人学。实际上，马克思结合社会现实及其条件变化，在对传统人学理论批判性反思的基础上，对人学问题进行了较系统的研究，开创了一个崭新的人学景象。在马克思的理论中，"人"不是抽象、孤立和形而上的形象，而是一种多样性和实践丰富性的存在。以此为研究的基点，马克思审度了人的本质及其历史形成，并在综合性的社会历史的视野中整体把握人的发展，开拓性地确立了自己的人学思想。马克思对人的解读具有丰富的内涵，他以科学的实践观为基础，怀着对个体生存与命运的深度关切，对人自身一系列重要问题都进行了研究和阐述，在人的本质、人的需要、人的权利、人的解放和人的全面发展等问题上都做出了比较系统而深刻的回答。当代，"人是什么"和"人应该怎样做"两大问题深刻影响着人自身的行为方式，因而，人的本质、存在与发展问题格外突出，人的自我觉醒、自我追问、自我反思和自我理解问题非常迫切，这些问题都可以在马克思人学中得到解答。

二　人的有限发展

现代风险的产生，在很多方面都源自人在获取发展的时候仅关

---

① ［德］恩斯特·卡西尔：《人论》，甘阳译，上海译文出版社 2003 年版，第3 页。

注人的发展的纵向一维，忽视自身与横向事物的关联，引致自然生态和生活生态的破坏。人的发展似乎仅是一个趋向无限自由、丰富的状态、从有限性走向无限性的问题。这多少有些类似于黑格尔的“真无限”的形成过程。历时态的一维运作思路内蕴着使人的发展变成“观念”的危险，容易压制现实有限的东西，脱离现实和人生，把人的发展变得苍白、枯燥和贫乏，而失去对人的生命的真正关怀，无法提供对人的现实状态的“超越”。在普遍性的风险与危机面前，现实需要人的发展向横向维度延伸，给予人的发展“在场的有限者”理解。但这不是目的，目的在于通过“有限的在场者”实现对其背后隐藏的无穷无尽的、千差万别的、强弱不等然而同样现实地关联着的“不在场者”的发现、关注、综合，把在场者与不在场者融合为“共时性”的整体，从而消解因人的发展对其他相关者的破坏的危险。从这个意义上讲，人的有限发展并不是限制人的发展，而是为了关注人的现实生活世界中具体有限的东西，关注人的横向发展问题，把人的发展从抽象的无限性中拯救出来，让人的发展理论充满现实感和生气。关注人的有限发展并不是不思超越和反对无限，而是反对在“思维”和“概念”中的抽象超越，通过重新界定无限和对有限性的意识和体悟，看到存在出现方式的多元化和多样性而丰富人生，实现超越。

对人的有限发展的述说还需要从“无限性”说起。西方哲学从柏拉图开始就具有“无限性”的喜好，认为平常人只知道有限的东西，如同戴上镣铐的囚徒，因而要克服有限性的反思，达到理念的无限领域，止于至善。超越也成了他们的主要使命，但旧形而上学性的超越是指克服有限，超越到绝对的、无条件的领域即不受任何限制的无限中去。尽管康德等人否定此超越性，但并没有放弃走绝对的无条件的无限性概念之路，最终也成为“柏拉图的注脚”。即使是努力把无限和有限结合起来以克服以前的传统形而上学无限观的黑格尔最后也走向了“绝对精神”，仍旧陷入了旧形而上学的窠臼。

无限有两种类型，一种是1外有2，2外有3，以至无穷式的无限，一种则是黑格尔的“绝对精神”式的类型，任何一个某物都以别物为自己内在的构成因素，从某物过渡到别物不是过渡到自己以外的东西，而是和它自身在一起，是在别物中返回到某物自身。前者黑格尔称之为“坏无限”，正像黑格尔认为的那样，这种无限是对有限者的简单否定、简单抛弃，有限事物的有限性并没有真正被否定，而是重复发生，这种不断变换从来没有离开有限性的范围而达到无限，无限被置于不可企及的彼岸。而后者黑格尔称之为“真无限”，这种无限是由一系列大大小小的、由低级到高级的主客对立统一构成。“真无限”不是像“坏无限”那样把无限推到有限者之外，而是在有限者之内实现无限。“坏无限”好像一条永无止境的直线，“真无限”则是一个完满的圆圈。“坏无限”总有外在的有限物限制自己，是不自由；“真无限”则没有外在的东西限制自己，它是自由的原则。①

黑格尔“绝对精神”式的无限的实现“不依赖于他物”，“除了在思维之外，在任何别的东西中精神都达不到这种自由。譬如在直观里，在感觉里，我发现我自己是决定的而不是自由的。……只有在思维中，一切异己性都透明了，消失了，精神在这里是绝对自由的”②。这种无限性是在有限者的纯思维、纯概念中实现和达到的，它是一种回到自身的圆满性。但问题是，无限性的本质意义是这样的理解，还是永远没有完结的无穷进展？无限性能在现实的有限者中实现吗？通过纯思维的实现是真实的实现吗？追问黑格尔式的“真无限”，也是在追问人的自由全面理论的类似性阐释。当我们在不断地建构人的自由全面发展的圆满愿景时，如何说明当人的自由全面发展完成后人的发展目标是什么？人又如何实现由不自由不全面到自由全面的“惊人一跃”的呢？这种纯思维式的理论建构对人的自由全面发展的关怀是现实的还是抽象的？

而问题的关键还不止于此。黑格尔作为西方古典哲学的主客关系式之集大成者，“真无限”最大的问题在于他把无限设置为一系

① 张世英：《自我实现的历程——解读黑格尔〈精神现象学〉》，山东人民出版社2001年版，第213页。有关有限与无限的关系辩证，张世英先生此书中的许多思想给予了众多启示。

② ［德］黑格尔：《哲学史讲演录》，贺麟等译，商务印书馆1978年版，第28页。

列的由低到高的认识桥梁，以主体吞食客体的方式达到主客观统一。这种“真无限”并不是真无限，它仍然保留了人与万物的限隔，并没有把人物融为一体。从这个方面讲他是“在场形而上学”(Metaphysics of presence)，只是关注作为在场者的人，而忽视了人的背后的与其有千丝万缕的联系的不在场者。用海德格尔的话讲，就是把存在者当作存在本身了。如果说黑格尔也关注不在场者，但也是以在场者为本、为先，不在场的东西最终要返回在场的东西。也就是说，它重在从变动不居的在场者通过理性认识达到恒常不变的在场者，而不考虑隐蔽在事物背后的无穷无尽的现实性的关联是在场的东西的根源。众多的人的全面发展理论阐释者们似乎也正进行这样的努力，人的发展的当代状况亦是如此。容易量化和直接感受的、作为发展目标的充足丰裕的物质生活、作为发展手段的科学技术等作为在场者总是容易被重视，而发展背后的生态资源、他人的生存与发展、精神提升等似乎都可以作为不在场者而忽略。但人在某一历史时刻中的发展总是个别的、有限的，受到系统的综合影响，不论是有形的还是无形的，在场的还是不在场的，其构成的平面系统任何因素都有可能制约着人的正常发展。现代社会的风险危机恰恰与对在场的过分关注和对不在场的忽视的“真无限”观念密切关联。黑格尔的灵魂仍然在现代社会游荡。

故此，人的发展主题要向人的有限发展延伸。之所以有限发展，就在于表明在它之外尚有非有，没有这个非有，它就不能成其为有，不能成其为有限的东西。张世英先生一段话可以为人的发展主题的延伸提供深刻说明：“任何一个当前在场的有限的东西背后都隐藏着无穷无尽的不在场的东西，二者结合（统一）为一个动态的、流变的整体，所以我们也可以说，这个整体亦即大写的无(Nothingness)是一个无穷无尽的‘无底深渊’，它为一切有限的东西(being)敞开其出场的场所。这样来看有限之物，则有限之物亦是一个包括无穷尽的非有整体。一就是一切，一切就是一。因此，一不是封闭的，而是动态的、流变的。”① 人的有限发展不是对人的

① 张世英：《崇尚有限与超越有限》，《社会科学战线》2003 年第 5 期，第 20 页。

束缚，而是对人的发展相关领域的扩展。

建立在这样理解基础上人的有限发展，有两个基本特性：①现实性；②差异性。在海德格尔看来，旧形而上学的偏见在于崇奉无时间性的永恒观念，这种观念使人们看不到存在出场的时间上的有限性，看不到存在与时间、与人、与历史的联系。“时间性使生存、实际性与沉沦能够统一，从而奠定了操心的整体性”，“此在的意义是时间性”①，而时间性就是有限性。人的有限发展所追求的不是脱离有限的无限、脱离时间的永恒、脱离具体事物的抽象王国，而是遵循时间的优先性及存在与时间的关系，通过体悟时间的有限、人生的短促、资源的有限、他者的存在而面向影响人的现实发展的所有因素，以未来为祈求而寻求所有当下发展的和谐共生。如同海德格尔后期所思考的那样：不仅重视在场，还重视非在场，不仅关注“本己”，还关注使“本己”得以可能的“自缘构”。可以说风险社会让我们比以往任何时候更加深刻地体味到有限性，也只有在有限性面前我们才能急迫呼喊沙翁那句呐喊：“生存还是毁灭！”（to be or not to be）人的有限性发展不仅关注现实，也关注差异。“真无限”所寻求的是克服有限、消除有限，从而把自己归结为一元论。而人的有限发展则寻求有限的东西有各自多元性和差异性，保有各自的多姿多彩的生命力。在此，发展就成为打破自己的边缘进入别的有限之物的边缘之内，但不是把所有别的有限之物归结为一元式的发展。差异不仅体现在人与人之间，也体现在人与物之间。人与物虽不相同，但可以相通，通过“一体之仁”（王阳明语）达到天地万物的融通。其实，贬抑有限和崇奉有限的区分实际上也就是贬抑差异性和崇奉差异性的区分。从巴门尼德开始，西方传统的形而上学一直奉同一性为至尊，总是倾向于以某种单一性的、确定性的乃至终极性的东西来解释和规范复杂性的、多样性的、模糊性的、暂时性的存在，即总是倾向于以某种超历史的、非历史的东西去解释和规范一切历史的存在，以至于用某种“普遍性”的“标准”压

① 陈嘉映：《存在与时间读本》，生活·读书·新知三联书店 1999 年版，第 204、206 页。

抑和垄断任何“多样性”的“选择”，差异性受到压制。人的现代发展状况还有许多西方传统形而上学的痕迹，虽然人的发展表现形式上似乎有了更多的个性，但不同的个性背后却有着相同性的发展模式：外在扩张。诸如主体性的膨胀，对自然、物质的占有和对科技的严重依赖。不仅如此，其他事物也都失去了其原有的独特个性，沦落为人所用的、所享受的、在相同模具中加工的东西。缺乏差异性也是当代风险社会的重要影响因素，从而也是人的有限发展主题所必须延伸的理由。

前面提到，人的有限发展也需要超越，但不是向“真无限”的超越，最后达成一种抽象的概念，而是向“坏无限”的超越，超越个体走向他者和人类、超越人类而走向万物，超越在场而走向整体。而超越的方式不是通过黑格尔式的纯思维来完成，而是通过“想象”来完成。“这里所说的想像不是西方自柏拉图到黑格尔的传统形而上学所讲的‘原本—影像’公式意义下的想像，而是由康德提出经胡塞尔等人发展了的意义下的想像，这种想像就是把不在场的东西与在场的东西综合为一的能力，它仍然保留了不在场的东西不在场的性质，却与在场的东西结合为一个‘共时性’的整体。”①自柏拉图以来，传统哲学的认识论一直沿袭着感性认识和理性认识的二分法，遵循着“想象”、“信念”、“理智”、“理性”这一认识路径顺序。在此，“想象”被当作一种低级的认识能力，而最为推崇的只是理性认识，只是思维。在柏拉图看来，哲学的最高任务就是认识理念，也就是从感性中直接出场的东西（作为理念之影像的感性事物以及感性事物的影像）追溯到它们的原本，这原来就是永恒在场的东西，也就是“理念”②。由此，西方传统形而上学对事物的认识基本上都建筑在“影像—原本”的公式之上，这一公式的背后又反映了西方传统形而上学对在场和永恒在场领域的崇尚和对现实事物间的结合与融通的忽视。世界万物存在于一个相互关联的网中，但某一事物的发展却不可能让所有事物同时出场，不出场的事

① 张世英：《无限：有限者的追寻》，《社会科学战线》2000年第2期，第58页。
② 张世英：《新哲学讲演录》，广西师范大学出版社2004年版，第85页。

物却又与此关联，受此影响。这就需要通过无限性整体的想象，超越在场的东西，超越直接感觉中的东西，而高扬不在场的东西，显现不在场的东西，力图把事物背后的、隐蔽的方面综合到自己的视域之内，把在场与不在场合为一体。张世英先生的想象多少有些海德格尔“思”的影子，后者则更为彻底地指出：“不顾存在者而思存在的企图是必要的，因为否则，在我看来，就不再能合乎本己地把今天那些围绕地球而存在的东西的存在带进我们的视域，更不用说充分规定人与那种一直被叫作‘存在’的东西的关系了。”①

① ［德］海德格尔：《面向思的事情》，陈小文、孙小周译，商务印书馆 2002 年版，第2页。

第四章

风险社会中人的发展的条件转向

生产力和生产关系构成了人的发展的基本物质条件和社会条件。生产力水平的提高提供了人的发展的物质前提，而高度发达的生产关系提供了人的发展的社会前提。由此，科学化与“解放政治”成为人的发展的两个更加具体的条件。但是，其一，一方面随着科学技术日益显现其破坏力，笼统地谈科学化对人的发展是无效的，需要思考什么样的科学化才能带来发展；另一方面，在风险社会中，随着风险危机的普遍化，人们反思能力的增强，科学的固有性质也在悄然发生变化。这两方面都要求深入讨论风险社会中科学技术的实然和应然变化。其二，具有解放性质的生产关系的变革固然是获取发展的根本社会条件，但是在全球风险和全球市场时代，不同类型的生产关系长期并存，且都面临相同的风险危机，在此情况下，解放政治无法现实的构成人的发展所依赖的全部，与获取自由发展的机会相比，“如何生活”的问题显得更为迫切。因此，风险社会中人的发展的依赖条件需要实现转向：从初级的科学化转向反思性科学化，从单一的解放政治转向解放政治与生活政治的结合。

第一节　从初级科学化转向反思性科学化

长久以来，客观的科学知识作为公认模型，作为一种标准模式为道德、价值、规律所广泛采纳。所以人们容易用科学来标榜一切，总以为用科学的方法能够解决一切问题，并渐渐养成了以科学的思维方式来思考一切的习惯。贝克认为，在科学被应用于一个“既定”的自然、人和社会的世界之后，“对知识和启蒙的科学理性吁求仍旧排除了对科学自身应用科学怀疑论”，因而这一阶段是“一种被截削的科学化”，是初级科学化。在初级阶段，科学就像手电筒，批判反思的矛头从来都没有指向自身，一些科学领域成为政治和伦理批判范围之外的独立王国。初级的科学化不适应风险社会的需要，必须将科学的批判和理性精神贯彻到底，发展为反思性科学。可见，贝克并不是从单纯的科学外部批判，而是基于社会现实的分析，从科学内部寻找问题和解决的办法。他认为在初级科学化之后，科学不仅是处理问题的源泉，而且是造成问题的原因，科学开始走向其反思阶段。在反思阶段，科学面临着它们自己的产物、过失和二次问题，它“将科学怀疑论扩展到科学自身固有基础和外在结果上”①，因而这一阶段是完全的科学化，是反思性科学化。科学真正成为促进人的发展的条件必须结合社会现实，直面科学本身，梳理科学的内部问题，从初级科学化走向反思性科学化。

实际上，科学在不断扩张其力量，垄断社会地位的同时也一直遭受着思想批判。卢梭很早就提出了科学与艺术能否增进道德的疑问；尼采认为科学有其自身的界限，它一方面摧毁了传统的最高价值，另一方面它本身却又不能充当或重建新的最高价值；霍克海默和阿多诺则生动地论述了启蒙由摆脱神话、最终建立了自己神话的过程；海德格尔指出这个充满功利和计算的技术社会正在把人连根拔起，人类失去了自己的精神家园和“存在”的家园；库恩的范式理论则认为科学不再是真理性知识天然的生产者，也不再是客观规律必然的转述者，而是建立在一系列信念之上的自洽的理论体系，是在某一共同的科学理论范式支配下互相支撑的各种学说的总和；卡尔·波普尔则认为科学理论或者说科学知识成了一种有待于证伪的东西；伽达默尔则提出需要“第三次启蒙”，而且认为“又是科学预告了启蒙”，近代以来的科学发展已经清楚地表明：“我们生活

---

① ［德］乌尔里希·贝克：《风险社会》，何博闻译，译林出版社2004年版，第190页。

于其中的世界所具备的可能性是有限的，如果世界按现状继续发展，这个世界就会完蛋。"[①] 科学的后现代批判则更为猛烈，利奥塔认为科学的决定论原则只是一种局部决定论，并由此宣布了普遍决定论和绝对真理的终结，代之的则是科学的相对性和不可通约性。福科认为，近代知识技术发展的一个显著特征是与权力的结合，进而自身称为一种权力的体系。科学"作为一般领域，作为知识的纪律警察，同时接替了哲学和 mathesis"[②]。

但长久以来，对科学的批判主要是在科学外部展开的，是"哲学的沉思"。尽管批判声不绝于耳，但科学技术却以迅猛的力度不断扩充，并"化约"着社会的其他方面。从初级科学化向反思性科学的转变仅在外部批判是不够的，还需要用从风险来源的事实，在科学内部展开反思，这样才能真正改变初级科学化的弊端。

一　科学的自我批判

只要科学本质上还可以在科学内部成功对付错误、过失和对它们的实践的批判，科学理性要求的可靠性的丧失就很难实现。尽管科学的哲学批判揭发了众多科学技术的缺陷，但科学本身却可以把缺陷追溯到科学支持体系发展程度的不足，产生的所有负面影响被认为与科学无关，仅仅是不当使用所致，或者是必须付出的代价而已。结果是引发新规划与科学技术发展的浪潮，从而进入一种对理性之科学垄断的加强。从这一角度看，在初级科学阶段，风险可能会转化为科技扩张的机会。但随着风险的普遍化和日益严重，人的生存受到严峻挑战，当代科学往往不能解决风险问题，只能带来风险的循环链条的出现：化学—污染—疾病—化学药剂治疗，治理的费用不断高涨。因此，自然与社会之间的人为对立必须要取消，自然不能放在社会之外孤立地去考虑。自然科学和工程科学已经成为在数字掩饰下的政治学、伦理学、商业和司法实践的分支，尽管处在它们所有的表面客观性的保护下。由此，科学技术在扩张的同

① ［德］伽达默尔：《赞美理论——伽达默选集》，夏镇平译，上海三联书店 1988 年版，第 96 页。

② ［法］福科：《必须保卫社会》，钱翰译，上海人民出版社 1999 年版，第 170 页。

时，也开始以一种跨学科的方式指导着对科学的关注，即科学化被当作一个问题来进行科学研究，把批判的矛头指向自身，科学面临着它们自身的客观化。这样，风险变成发展机会的学科内部转化模式也开始被摇动。科学自身的客观化并不主要是来自外部批判的原因，而是科学有效性要求的胜利和分化的后果，在风险社会中科学开始把怀疑论的方法论力量扩展到自身基础和实践结果上。

科学的内部批判揭示了科学总有某些错误的东西，科学知识并不能够被证明为真。“我们都知道，科学假说从来不能被看作可以一次了结地被证实或被推翻。它们永远必须通过观察和推理尝试性地加以证实，因为新的证据不断地显示，常见的科学思维方法总有前人看不到的局限。”① 这是对科学化核心的触及，只有如此，才能真正有效地开启对科学的反思。客观性、合理性是科学的立身之本，正是在这两大理念的支持下，即在人类追求“真”的旗帜下，科学对自然随意支配、干涉，可以以各种不合乎道德的形式探索自然包括人类的隐私。而这也正是科学危机的根源、人借助现代科技发展所引致困境与危机的根源，是我们今天反思人的发展的基本条件的关键之处。反思性科学化的建构首先需要打破科学的这种绝对的客观性、合理性。

而对于客观性的质疑基本上依赖于科学本身的内部批判。量子理论放弃了观察者与被观察者之间的可分性，强调观察中的主体的作用；现代宇宙学的人择原理则直接揭示了由于人类出现和人类的活动，宇宙变成我们所看到的现有模样；全息理论表明在由人和自然构成的整个世界中，人和自然相互给对方打上自己的烙印等等。自然科学的发展说明人和自然都不能绝对对立起来，绝对客观的科学是不存在的。这些科学理论和科学史一直在侵蚀着从 20 世纪初开始不断取得胜利的科学客观性、合理性的自我教条化的基础。

科学的客观性与合理性破除，是开启新的科学化的基础。只有在这一基础上因科学而起的风险和后果展现出来，科学是“一种造

① ［美］桑德拉·哈丁：《科学的文化多元性——后殖民主义、女性主义和认识论》，夏侯炳、谭兆民译，江西教育出版社 2002 年版，第 229 页。

成问题的原因”才能真正被大众接受，也才能使得个体辩证认识科学技术对于发展的双面影响，从而改变对科学的盲目诉求和科学技术的盲目运用。正如贝克所言，“反思科学化的机会似乎与风险所开列的现代化缺陷成正比例增长，而和对科技文明进步的颠扑不破的信念成反比例增长。……风险破坏了在内部处理错误的可能性，而迫使我们在科学、科学实践和公共领域的关系间进行新的劳动分工”①。

科学的自我批判把反思性引入了科学内部。“对科学的认识必然包含着一个反思的方面。这个反思的方面不必再诉诸哲学，……它应该来自科学世界的内部”②“元科学”讨论的兴起就是这一反思的基本表现。也就是说科学内部也开始思考这样的问题：我们可以得到哪些科学？我们能够或者应当要哪些科学？这是对科学本源性问题的思考，它以更加丰富、更加广阔的元观点考察科学本身。

二　科学的民主化

科学具有内在扩张的物质，因而容易形成垄断局面。许久以来，对科学的批判大都集中在对其垄断性质向度。科学垄断地位的形成，大致存在着这样一个脉络：方法—世界观—意识形态。作为近代哲学创立者的笛卡尔开创了一种哲学研究的新方式，即在主观性中寻求最终根据的哲学研究，其发展的逻辑结果是把真理界定为表象的确定性。“弥漫于十七世纪一切伟大的形而上学体系之中的主题和普遍话题。……数学理性是人与宇宙之间的纽带，……数学理性是真正理解宇宙秩序和道德秩序的钥匙”③。在各种形式的确定性寻求中，物理学或是数学的基本方法逐渐成为普遍性的东西，也即遵循实证的逻辑。对此，海德格尔指出，方法作为科学的一个基本成分其实规定着什么能够成为对象以及它如何成为对象。也许科

① ［德］乌尔里希·贝克：《风险社会》，何博闻译，译林出版社 2004 年版，第 196 页。

② ［法］埃德加·莫兰：《复杂思想：自觉的科学》，陈一壮译，北京大学出版社 2001 年版，第 91 页。

③ ［德］恩斯特·卡西尔：《人论》，甘阳译，上海译文出版社 2003 年版，第 27 页。

学并不满足作为方法的地位，其内在的扩张力使其演变为一种世界观，一种“看”世界的方式。正是在此意义上，舍勒指出：“当今，我们在此称之为‘科学’的一切，本身只是一种世界观的产物，即西方世界观的产物。或者更确切地说：科学只是在这种世界观的统治下才成为可能。”①所以，卡西尔把哥白尼的科学革命看作人的思想发展和价值体系的一场革命，是西方人价值观转变的一部分。科学成为了挽救世界的关键性力量，并具有了形而上学的性质。对此，巴恩斯的一段话表达得更为直接和清晰。“自然科学被认为是真实的和无曲解的知识整体；它们的方法被认为是公正的，它们的研究模型被认为是无偏见的。因此，科学可以成为一个典型，可以告诉我们怎样才能不带心理偏见和社会成见来决定自己对待世界的态度。这就是西方文化一直对科学所具有的热情，以至有关科学真理的命题几乎像是一些同语反复；人们允许用科学来界定我们认为是真实的有关世界的认识，任何认识论如果暗示科学信念有偏见或者有错误是一种普遍现象，那么，这种认识论就会夭折。”② 进入发达工业社会，科学以先验的方式弥漫于一切制度、组织形式和精神文化中，已经实现了一种未公开承认的政治统治的特殊形式，科学带有明显的工具性和奴役性，具有了“统治的功能”和“辩护的功能”，开始统治人和奴役人。对于科学的意识形态性质本书已经有过讨论，在此不再赘言。

在持续与普遍的风险面前，人们安全感的缺失、科学的内部批判等首先要求科学的民主化问题，因为科学的垄断是风险得以生成的因素之一。科学虽然仍然不可或缺，但同时缺乏了原来的有效性要求，不能再享受理性的护佑，应当取消自身垄断事物全理性的权力。

科学的民主化有两个基本方面：科学判定的监督和科学研究对象的制约。美国科学哲学家费耶阿本德通过科学霸权的社会学批判

① ［德］马克斯·舍勒：《舍勒选集》下卷，刘小枫选编，上海三联书店 1999 年版，第 1044 页。

② ［英］巴恩斯·巴里：《科学知识与社会学理论》，鲁旭东译，东方出版社 2001 年版，第 7 页。

对科学的民主化的第一问题给予许多有益的探究。他认为，既然科学也无法避免错误，那就必须对其进行纠正和监督。接受科学家和医生的判定而不做进一步考察不仅是愚蠢的，而且是完全不负责任的。事实上，不论是个体还是社会，一些风险危机就来自对科学的绝对信赖。所以正如费耶阿本德列举的例子，“外行”有必要反思进化论是否真的像生物学家要我们相信的那样充分确立，在他们的意义上确立是否解决了问题；在每一个具体情况下考察核反应堆的安全性，必须给他们获得一切有关资料的权利；他们必须考察科学的医学（即中国所说的西医）是否配得上今天享有的理论权威的独特地位、获得基金的权利和切割身体的特权，非（西方）科学的医治方法是否经常没有优越性。

不仅如此，对科学结果的监督必须具体到科学专家身上，科学家、教育家、医生参加公众事务时，必须受到监督。例如医生可能做出错误的诊断、开出有害的药、施行有害的手术和放射线治疗使最轻微的患处致残。实际上，误诊的丑闻如此之多，以致医生本人现在建议自己的病人不要满足于一次诊断，而要多方求医并监督他们的治疗。甚至也需要对管道工、木工、电工保持警惕。所以他忠告：“利用专家，但永远不要信任他们，当然，永远也不要完全依赖他们。”①

最后，费耶阿本德给出了对科学判定监督的四点理由。第一，专家在他们自己的天地里有既得利益，所以他们自然会论证自己存在的必要性。第二，科学有时也会压制异教思想，并以他们自己的“开明”哲学取而代之。第三，如果对专家的使用只限于专门的领域，这种使用就是完全正确的。第四，科学可以对他们来说是模糊概念的观点加以谴责。例如，对针灸的谴责并不是因为什么人检验过它，而只是因为它的某种模糊观念不符合医学科学的一般意识形态。所以费耶阿本德用极端的语词指出，“社会应由它的公民予以塑造，而不应由拼命想揽权的知识分子来塑造”②。可见费耶阿本德

① ［美］保罗·费耶阿本德：《自由社会中的科学》，兰征译，上海译文出版社1990年版，第104页。

② 同上书，第206页。

是从科学研究中的非理性因素出发阐释科学的民主化问题的，正是因为社会条件、知识背景、心理因素、科学家的情感、爱好倾向等在科学发现和进步中都起着作用，所以科学事实的研究同科学家的见解、信念和文化背景相联系，因而需要对科学和专家进行监督。

贝克则对科学的民主化的后一个方面比较关注。他指出，科学活动的结果、标准和危险的问题，只是在事后才必须接受社会公众的批判性探究。例如，克隆技术应用于高等动物生命的无性繁殖，相关研究是完全独立于社会公众的民主政治讨论的。只是这一技术研发成功后，它所引发的关于人的生命是否克隆问题，牵涉异常复杂的社会伦理问题时，社会公众才得以参加讨论、立法等等。所以“技术能够构建一种既成事实的政策，这种政策不仅把政治家和公众置于作出反应永恒的压力之下，而且把他们置于工程师们为评价和避免危险所作判断的慈悲之中”①。因此，科学研究与外部争议和控制之间，长期保持着一种彻底的不平衡性，公众以及政治领域总是无奈地、被动地跟在发展状况的后面，根据变化所带来的道德和社会后果进行思考，科学进步则享有一种无须曲折复杂程序就能实施的直接性。所以贝克指出，如果用传统政治的三权分立来类比的话，科学拥有立法和行政的力量，毫无分权的制约，也无须民主授权，所产生的影响事后才被受影响的群体所知晓，并且是没有选择地被迫认可。所以，风险社会中的困境在于，公众却无法通过相关的活动对科学的决策表达自己的意愿和施加影响。因此，科学活动是高度自主、独立的领域，不受公众影响的观念现在必须改变。“所有与关于技术发展、制度选择、不同意见的声音、持不同意见的专家和一种跨越领域有关的核心社会问题和委员会将不得不被联合起来。……为民主化打开空间”②。

事实上，在风险环境中，专家和普遍人之间的合理性梯度的冲突性平等化趋势在增加，这点从越来越多的医疗事故诉讼中可以得到反映。同时，“通常反映权力梯度的概念失效了，比如现代性和

① ［德］乌尔里希·贝克：《世界风险社会》，吴英姿、孙淑敏译，南京大学出版社2004年版，第81页。

② 同上。

传统、专家和普通人，或是成果的生产和使用”[①]。这是可喜的变化。科学必须在此转变。

三 科学应用的自主化

随着科学发现的超复杂性、知识来源的多样化和对科学方法论的质疑，科学内部之间出现了争论，且日益公开化，“如果三个科学家坐在一起，就会有十五个念头在打架”[②]。这样就开启了“消费者”在专家群体内对专家进行挑选的机会，“科学，包括自然科学，变成了资金丰厚且需求论证的消费者的自助商店”[③]。我们现在经常能够听到科学内部的不同声音，尤其是在安全方面诸如食品安全、日常保健品的安全、包括疾病危及生命的程度等各方面都越来越显现出不同的看法。学科内部与学科之间相互的争斗，使得一般性个体和政治家都可以在不同的专家群体中进行挑选，科学运用的自主性增加了。例如在环境污染方面，针对专家制定的污染的可接受水平往往受到质疑，环境污染的后果往往是许多因素共同作用的结果，如果只考虑其中的某一个因素，对它确定一个可接受水平，而不考虑许多污染物质之间的协同作用，那么这个确定的可接受水平就会变得毫无意义。科学的自主运用是科学高度发展的分化、超复杂性、自我批判和反思的产物，从某种意义上，这是科学的进步。通过专家的论战，人们可以学到不受欢迎的后果是如何被以专业方式加以掩盖的，从而给实践方面的辩护性批判增加可能性以降低风险。从这个方面讲，科学没有真理也照样行得通，甚至更好些，更诚实一点，有着更多的适用性。

科学应用的自主性的重要表现之一就是处置文明风险的方式有了改变的可能。长久以来，科学技术处置风险主要是采用应对症状的方式，而对风险的自我起源则淹没在选择性的考虑和对症状的治疗中，而被保持在隐晦状态。例如，一些诸如糖尿病、癌症、心脏

---

① ［德］乌尔里希·贝克：《风险社会》，何博闻译，译林出版社 2004 年版，第 203 页。

② 同上书，第 206 页。

③ 同上书，第 214 页。

病等现代疾病的治疗，一般都会选择医疗和化学的“解决方案”，而不会从起源上进行抵抗：通过减轻精神压力或者环境污染，通过提倡健康的生活方式和营养配餐等。也就是说，过去科学倾向于提供解决风险的替代性方案，这一点在针对风险的循环链条中明显地显现：化学—污染—疾病—化学药剂治疗。

但随着专家论战和反思程度的提高，危机解决的方案也日益多元化。其中科学也开始转向利用测量工具、方法和理论知识去认识空气、水和食物的毒性物质，并把矛头指向自身，而不是重视科学在它们的起源中所扮演的角色，而不是把责任全部推向“市场化”。科学在众多的应对症状的方式中开始出现消除原因的探索，悄然改变发生了，由一贯的“价值中立”开始转向“量化的、理论的和因果的隐含道德形式”。

虽然科学是不能把握自身本质的，物理学的所有陈述都是以物理学的方式进行的，它因而不能就物理学本身做出任何陈述。但是，在内外压力下，科学也开始追思自身，敢于把自身所预设的真理和自身所追求的目标成为最值得追问的事情。虽然这种追问不是哲学式的，并不彻底，但毕竟开始引向自身，引向原因，而不是简单寻求替代者方案。例如在土地耕作方面，科学开始重视研究有关耕作周期的研究以增长土地的有效性，代替过去用化学药品增强土地有效性。

科学自身的追思的重要表现就是从认知专业化到链条连接的转变。科学研究的专业化程度越高，科技活动的风险产品的范围、数量和不可计算性就越大。“过分专业化的科学变成一种问题和对其症状的代价高昂的处置的‘转轨场’”[①]。化学工业产生的有毒废料的倾倒成为地下水的问题，需要用“净化剂”来处理，含有净化剂的饮用水影响了人们的健康，需要用药品和精心的医疗看护体系来截止或推迟。很长时间以来，这种因专业分工而产生的风险后果被看作不可避免的现实，但实际上可以缩短次级问题的链条。这就是

① ［德］乌尔里希·贝克：《风险社会》，何博闻译，译林出版社2004年版，第221页。

增强专业之间的链条连接，将工业、科研、政治和法律的领域连接起来，限制和评估各专业可能产生的风险，并寻求一种综合的治理方式，而不同专业的竞争与争论开启了链条连接的可能性。

但是，内部联合似乎比专业与分工外在联合方式更有效。这也许是比较高的要求，但在风险社会中，它却是必需的。这就是打破越来越精密的专业化趋势，专家不能成为“专业”之外的文盲。不仅要求的是自然科学和人文社会科学的融合，还要求自然科学内部各学科的交叉和融合。顺便提及，作为人的发展条件的科学技术不应所指单一专业知识或技能，而应是多种学科和专业的“通识”。

四　实践科学观

正如在本节开始时指出的那样，对科学完全信仰的格局，作为工业社会现代化的基本特征，让人类付出了巨大的认识论代价和政治代价，它使我们生活在这样一个世界中，“这个世界看上去降低了曾经外在于我们的知识范围的不可计算的危险，但是却使得我们对这类风险的焦虑更加明显——这些风险内在于我们受知识引导的行动中”①。对科学完全信仰格局的形成与对科学地位与形象的初级认识密切相关。在传统的经验主义认识论中，坚持一种主客二分的思维方式，将一切的一切对象化，因此，主客体之间的任何关系都是表象。科学作为“被大量书写的常识性知识”，是我们用来描述世界的手段，科学家进行科学研究的目标就是用不断积累的经验事实来弥合认识与世界表象的差距。因此，表象主义把科学看作客观的、中立的、无偏见的。这是科学不断扩张的文化秘密。但是，表象科学观下的科学如果作为人的发展的条件和存在图式，所带来的极有可能是成为“冷冰冰的追寻客观”的人，不断寻找外在扩张的人，不断制造替代性方案的人，在对结果的追求中不仅忽视了意义的存在，同时也在制造着风险，威胁着自身的生存。在风险社会时代，这个越发突出和紧迫。科学唯有回到实践，回归生活世界，才

---

① R. G. A. Dolby, *Uncertain Knowledge: An Image of Science for a Changing World*, Cambridge: Cambridge University Press, 1996.

能真正返回主体，成为人的发展的条件，与人的解放过程相一致。正是如此，通过科学的内外部批判，作为表象科学关于理论的逻辑结构、证实以及意义问题被关于概念形成、科学发现的本质以及形而上学和直观推断的作用等问题所补充。“作为实践的科学”的态度逐渐深入人心，开始与“作为表象的科学”相与争锋。

科学观的发展大体可以划分为三个阶段：以科学实在论为代表的传统科学观、由SSK（科学知识社会学）真正肇始，以社会建构论为主流的部分科学观、超越实在论和建构论，具有存在论意蕴的实践科学观。科学观是元科学的研究课题，在古典工业社会时代，以传统科学观为主要内容的元科学很少受到质疑，但随着科学发展和复杂的风险社会展现，元科学的革命显得尤为迫切。“现在，科学家、科学使用者和科学观察者都比以往更需要‘科学究竟是如何运作的’以及‘科学究竟能干什么’的一个清晰画面。”[①] 正是在此背景下，以社会建构论为主流的元科学观日益兴起。二者的区别，“简而言之，我们可以按照相反的概念群表述它们——例如，实在论/理性主义/客观主义与相对主义/建构论/主观主义”[②]。其中，传统的科学研究强调前一组概念群，而新科学研究则强调后者。

受社会建构论的影响，对知识的经验和社会研究开始向科学概念推进。如果说，早期的SSK仍然局限于“作为知识的科学”，那么，“作为实践的科学”则越来越受关注。其中诸如法国人Latour受到SSK的启发，出版了《实验室生活》这部经典著作，揭示了科学事实在实验室中的微观构造，以及事实生产的局域性、情境性、偶然性和不确定性，它把关注点引向了科学实践本身；20世纪80年代中期，拉图尔与同事卡龙合作倡导“行动者网络理论”，突破SSK对科学的社会解释，考察社会本身在科学活动中的构造，这些都反映了科学研究的新动向。“这是一个转向科学实践，即科学家的实际活动之研究的运动，以及与之相关，转向对科学文化——实

① ［英］齐曼：《真科学——它是什么，它指什么》，曾国屏等译，上海科技教育出版社2002年版，前言。

② Jay A. Labinger and Harry Collins, *The One Culture?: A Conversation about Science*, Chicago and London: The University of Chicago Press, 2001.

践运作于其中和其上的资源场域——之研究的运动。”[①]

“作为实践的科学”的科学观转向实际上就是用实践的观点看待科学和知识。早在黑格尔与马克思那里，认识论就不再被视为独立于本体论，而是与本体论相一致，“实践”是联结认识论与本体论的纽带。“人的思维是否具有客观的真理性，这不是一个理论问题，而是一个实践问题。人应该在实践中证明自己思维的真理性，即自己思维的现实性和力量，自己思维的此岸性。关于离开实践的思维的现实性或非现实性的争论，是一个纯粹经院哲学的问题。”[②]因此，认识与改造是同时进行的，认识就是改造。这就改变了实证主义将本体论与认识论割裂开来，从而在认识主体与对象间建起了一条无法逾越的鸿沟的局面。实践之所以具有这种能力，在于实践范畴具备总体性的特点，它包容了人的存在的一切可能的维度，诸如理性—非理性、主观—客观、主体—客体等等一系列矛盾和分裂，具有不可还原性和不可拆解性特征。作为人类所特有的存在方式，实践超越了自在世界的预成性和封闭性，以其生成性和敞开性标志着自身的特质。用实践看科学，科学是一种介入性的实践活动而不是对世界的表象，就把科学的客观性与相对性对立统一起来了。

作为介入性的实践活动，科学实践不可避免地要同其他社会文化实践联结在一起，构成一幅开放、动态的图景。从这个方面讲，科学具有“与境”[③]的特性，即它不是别的，而是其本身。事物是什么，如何存在，这些都是通过我们对周围事物的处理而揭示出来的。参与世界的行为本身就是对世界会成为什么，以及事物在世界中如何存在的解释。从这点讲科学就是一种“在世”（being-in-the-world，海德尔语）的方式。对科学“与境性”的理解，也就意味着正如怀特海所言，“我们应该从实体思维转向事件思维”[④]。而有

① A. Picking (eds.), *Science as Practice and Culture*, Chicago and London: Chicago University Press, 1992.

② 《马克思恩格斯选集》第1卷，人民出版社1995年版，第58—59页。

③ “与境”英文为context，指的是事物的一种前后联系和内在关联。

④ ［美］理查德·罗蒂：《后形而上学希望》，张国清译，上海译文出版社2003年版，第26页。

些事件是不能进一步分解，怀特海称之为“现实际遇”，“现实际遇”是各种关系的综合，而且不能脱离这些关系而存在，而且每一种“现实际遇”都有自在价值和自为价值。用事件思维看待科学，科学活动就是各种关系发生作用的综合，而不是单一的实证分析和实验。不仅如此，在更广泛的意义上也就意味着：其一，科学不是简单的主客对立活动，而是主体与万物的密切联系；其二，科学活动并不是单个个体和团体的实证研究，而是与社会密切联系的产物；其三，每一种“现实际遇”都有价值，科学不应把非人类实体当作可以随意征服的对象。

同时，科学既然具有“与境性”，而情境是不断变迁和重构的。它并不是已经完成的（completed）行为，而是正在进行中的（ongoing）。因而科学的实践活动也不是一次完成的，而是不断对自身进行反思与批判，同时也包含对自身的辩护。科学知识就不存在确凿无误的意义，意义也始终处在重构和不断形成的过程之中。[①] 从这种意义上讲，实践的科学观是一种具有反思性的科学观。把科学置于实践的视角之内，科学就不仅是对象性的活动。它在生产科学产品的同时，也在反思这些行为的合理性，并进而实现自我调整、自我校正以及自我完善和发展。反思性不仅是纯粹的形而上学思辨，作为实践的科学也并不是单纯的研究对象，或与认识相割裂的本体。它是本体论与认识论的统一，因而本身就具有反思性。承如上面所述，元科学的革新就是科学自我反思的表现。

“与境性”的认识也是把科学放入历史视界之内认识。“因而，任何标准都不可能具有先验绝对性，任何结论都不可能一劳永逸地获得。”[②] 所有的实践探索都“在途中”，因而所有的科学活动也是“在途中”。对于处于风险社会中的当代个体而言，科学作为获取发展的条件，并不是“想当然”的事情。也许海德格尔的想法仍然是我们必须要记住的，那就是保持自己是一个科学观领域的“异乡人”，既在其中又在其外；既需要掌握科学技术，投身于科学研究

① 邱慧：《实践的科学观》，《自然辩证法研究》2002 年第 2 期，第 22 页。

② 江怡：《维特根斯坦：一种后哲学的文化》，社会科学文献出版社 2002 年版，第 5 页。

和实践中，又要对科学保持怀疑的态度；既利用科学，却不划定界限，在科学的自我批判和反思中获得发展。

通过科学的内部批判，科学的民主化、科学的自主运用到实践科学观的树立，构成了反思性科学化的基本内容。相对于初级的科学化而言，反思性的科学化是科学在现实中的自我推动。当然正如风险社会是虚拟的现实一样，反思性的科学化既有实然的成分，也有应然的建构。应然建构意义上的科学化并不是对科学的"拒绝"，因为科学是现时代一条决定性的道路，所有存在着的东西都必须在科学这条道路上向我们展示其自身，都无法逃避被科学所对象化的命运。正如海德格尔揭示的那样，科学作为此在的一种存在方式，是无法抛弃的。尤其是对于正在步入现代化的我国个体而言，对传统科学观的解构需要提高警惕，胡适先生的话仍然是需要铭记的，"欧洲的科学已经到了根深蒂固的地位，不怕玄学鬼来攻击了。几个反动的哲学家，平素饱餍了科学的滋味，偶尔对科学发几句牢骚话，就像富贵人吃厌了鱼肉……一到中国，便不同了。中国此时还不曾享受科学的赐福，更谈不上科学带来的'灾难'。我们试睁眼看看，这遍地的仙方鬼照相，这样不发达的交通，这样不发达的实业——我们哪里配排斥科学?"①

但正如现代中国既需要现代化，又要批判与超越西方现代化一样，对科学也有双重的任务，科学的启蒙与科学的批判需要叠加进行。科学的风险是全人类的，中国一方面刚刚享受科学的赐福，同时也在遭受着科学引致的风险。对于个体而言，以什么样的科学作为发展条件现在绝对是个需要讨论的问题，也只有建立这样的讨论中，科学才能真正成为个体发展的现实力量。我们不能只看到一幅线性的、和谐的、完美的科学画卷，而忽视对科学理论、科学思想、科学发展历程的复杂与多元、和谐与冲突、真与假、美与丑的认识。在中国的科学已经有了很大发展，科学的世界观已经成为国内的主流文化的基础上，揭示科学的世俗性、非理性的特性，对于

① 胡适：《科学与人生观序》，载《科学与人生观》，亚东图书馆1923年版，第1页。

个体正确认识科学、正确对待科学与其他学科甚至伪科学的关系，都具有重要的启发意义。①

第二节　解放政治与生活政治的结合

“一切思想皆为行动而存在。我们试图理解自己以及我们的世界，其目的只是我们能够学会如何生活。”② 柯林伍德的这句话现在听起来仍然是引人深思的。当通过对我们现在所处的这个世界的了解——置身于风险社会之中——我们越发感觉到“如何生活”的重要性。也许，在风险社会的语境中，人的发展其实就是“如何生活”。既然“如何生活”如此之重要，就不能把生活仅仅理解为个体的日常事务，而需要提升到政治的层面，正如桑多·罗扎克（Theodore Roszak）所言：“我们生活在这样的一个时代，个人认同的找寻及个人命运定向的私人体验本身，都变成一种主要的颠覆性政治力量。”③

这是社会政治领域发生的重要变化，在传统语境中，生活和政治分属于两个各不相干的领域，生活层面的问题再怎么大，也是小问题。但在风险社会中，生活的事情却越来越凸显，生活层面的东西已经而且必须纳入政治的视野，获得政治的话语权，成为“生与死的政治”（贝克语）。

---

① 正在此部分的研究中，中央电视台《新闻调查》播出了《地贫患儿死亡悬疑》节目，九名地中海贫血患儿父母怀着对科学的信任，在广东珠江医院93%治愈率的保证下，任凭主治医师朱为国随意使用被称为进口药品的假药，导致了患者的相继死亡。而朱为国医生却对治愈率做出了匪夷所思的解释。市场化下科学的世俗化、非理性、科学与伪科学的界限模糊在此案例中暴露无遗。从此案例中也许能透射出反思性科学化的必要性。

② ［英］柯林伍德：《精神镜像——或知识地图》，赵志义等译，广西师范大学出版社2006年版，第1页。

③ 转引自［英］安东尼·吉登斯《现代性与自我认同》，赵旭东等译，生活·读书·新知三联书店1998年版，第246页。

一　“生活政治”是一种什么政治

吉登斯在相对于“解放政治”的意义上提出了“生活政治”的概念，因此，了解“生活政治”需要首先知道什么是解放政治。在吉登斯看来，政治领域不论是激进主义、自由主义和保守主义，都受解放政治的支配，政治目标要么是力图打破过去的枷锁，要么力图克服某些个人或群体支配另一些个体或群体的非合法性统治，总的来说，都是要把无特权群体从他们不幸的状况中摆脱出去，或者是要消除他们之间相对的差别。“解放政治”“是激进地卷入到从不平等和奴役状态下解放出来的过程”①，因而，解放政治是凭借一种权力的等级概念来运作的，它所关心的是减少或是消灭剥削、不平等或压迫，是权力与资源的差异性分配，“正义”、“平等”、“自由”也就构成了解放政治的主题词。

作为人的发展根本社会条件的生产关系主要通过“解放政治”表现或完成的，解放政治仍然是当代政治的核心，对人的发展产生着巨大的作用。这点在我国尤为明显，所有制关系、分配关系的调整，都发挥了解放人与发展人的作用。但又“不能把不断改变生产关系当作拜物教”②，在风险社会背景下出现了许多“解放政治”所解决不了的新问题，如同西美尔认为的那样，社会正义的理想无法超越一切冲突。诸如生态危机、环境污染、人口问题、克隆技术危机、性别歧视等，而对于这些冲突，需要新的政治思路和政治方略。解放政治是一种生活机遇的政治，因而它关注的是从传统的僵化中以及从等级统治的状况中解放出来，以上问题则不在其中。上述问题是通过生态运动、和平运动、女权运动③等社会团体运动所

---

① ［英］安东尼·吉登斯：《现代性的后果》，田禾译，译林出版社 2000 年版，第 137 页。

② 张闻天：《张闻天社会主义论稿》，中共党史出版社 1995 年版，第 147—148 页。

③ 虽然解放政治对于女性解放是根本性的，但在解放了的女性仍然面临着一个自我认同的问题。走出等级统治和家庭的妇女所能的获得的认同仍是由男人所提供的，现代文化并没有满足她们基本的发展和充实她们作为人的潜能的需要，因此还面临着“我要成为谁”的问题。在此，解放了的妇女面临着生活方式的决策等问题，而妇女运动实现自我认同的过程中也在影响着整个社会。女性生活由此与政治联系到了一起。

展开，而这些社会团体运动所显示的显然不是“等级解放”，而是一种生活方式决策。它们所表达的是要某一种生活方式或是不要某一种生活方式。从这个角度看，它们属于生活方式的政治活动，已经超过了解放政治的界线。

其实政治并不等同于国家或政治体系，而是解决人类事务的事件。比如环境问题、生物圈等问题，这些问题都应该属于政治问题，现在这些问题在世界政治格局中的地位愈来愈重要。若是从这个角度去理解政治的含义，那么把生活与政治连在一起，说生活政治、性政治或身份政治，似也无不可。现实的西方情形是，那些关注生活政治的社会团体，在现代社会生活中发挥着愈来愈重要的作用，因而也获得了相应的政治地位。① 虽然我们国家类似的社会团体并不突出，但也日渐端倪，诸如分散于各个学校的社团和社会中日益增多的民间社团组织，当然更不能忽视在网络社会发起的社会活动（前不久在互联网上就发起了一场追查虐猫凶手的活动，产生了不小的影响）。同时西方国家的社会运动作为一种思潮也在不断地输入我国，影响着我国青年，成为影响人的发展的新方式。

吉登斯认为，“生活政治是一种生活方式的政治、生活决策的政治、自我实现的政治。生活政治关涉的是来自于后传统背景下，在自我实现过程所引发的政治问题，在那里全球化的影响深深地侵入到自我的反思性投射中，反过来自我实现的过程又会影响到全球化的策略”②。吉登斯以敏锐的观察力看到，在全球化、风险社会或后匮乏经济时代，在达到一定的富裕程度之后，人们开始由关心经济问题转向关心生活质量问题，而个体的生活决策和生活方式对社会产生着重要的影响，并凝聚成为政治问题。在此，“政治”不仅是政府的决策过程，也是指用以解决价值观争论和冲突的任何决策方式。

也许通过与解放政治的对比，更易理解什么是生活政治，对

① 红苇：《“生活政治”是一种什么政治》，《读书》2002年第6期，第100—101页。

② ［英］安东尼·吉登斯：《现代性与自我认同》，赵旭东等译，生活·读书·新知三联书店1998年版，第252页。

此，吉登斯给出了一个简表①。

解放政治	生活政治
把社会生活从传统和习俗的僵化生活中解脱出来	从选择的自由和产生式权力（作为转换性能力的权力）中得来的政治决策
减轻或消灭剥削、不平等或压迫。所关心的是权力与资源的差异性分配	在全球化背景下创造能够促进自我实现的道德上无可厚非的生活方式
服从于由正义、平等与参与的伦理所具有的独断	在一种后传统秩序中提出有关“我们应该怎样生活?”这样的问题伦理，并抗拒存在性问题的背景

如果说解放政治的理念是公正与平等的追求，那么生活政治则是“个人的伦理”的追求；如果说解放政治主要囿于民族国家的范围之内，那么生活政治则是全球性的联系；如果说解放政治是“他人”的政治，那么生活政治则没有什么“他人”存在；如果说解放政治是传统社会或匮乏型体系的主要事务，那么生活政治则是超越匮乏型体系的主要事务。从解放政治与生活政治的对比中可以略见“生活政治”的基本内涵。

二　生活政治与全球风险社会的同谋关系

风险社会的重大特征之一就是风险的全球化。而风险的全球化所对应的另一极并不是人们习惯认为的民族国家，而是个人化。吉登斯认为，现代性实际上从不同的向度形成两极，当现代性从传统中抽离出来而逐步形成，获得与传统明显不同的规定性之后，继续以人这个主体为基点，在“人之外”和“人自身”两个向度上不断发展，构成了现代性的两极。它们不仅是外在的转型，现代性完全改变了日常社会生活的实质，影响到了我们的经历中最为个人化的

① ［英］安东尼·吉登斯：《现代性与自我认同》，赵旭东等译，生活·读书·新知三联书店 1998 年版，第 252 页。

那些方面。我们必须从制度层面上来理解现代性，由于现代制度的导入所引起的日常社会生活的嬗变，从而与个体生活进而也与自我以一种直接的方式交织在一起。事实上，风险社会具有外延性（extensionality）和意向性（intentionality）两‘极’之间不断增长的交互关联：一极是全球化，另一极是个人的改变。也就是说，个人现在正在遭遇全球化，“虽然每一个个人都过着当地式的生活，但是大部分现象世界还是表现出真正的全球化”[①]。同样，也在遭受全球性的风险影响。而全球性风险影响和塑造自我的同时，个人对风险社会也在产生反作用。个体在全球性风险语境中也成为一个不可小觑的力量，随着民族国家的权力被大大削弱，个体与社群具有了一个相对宽松的发展空间。全球化的支持者更多的是个体和社群，包括各种民间组织及单一问题组织。我们作为个人所做出的种种决定，其后果又往往是全球性的。诸如个人的饮食习惯的改变，很可能对世界的另一端的食品供应地带来风险。

生活政治的兴起既与世界性风险社会对个人的影响有关，也与个人对全球风险社会产生的反作用相关。就前者而言，全球风险社会既影响着个体生活方式的选择，也影响着个体的自我认同。在全球风险面前，对生活方式的选择成为一种现实的必要，诸如我们对于全球变暖的假说到底应当做何反应？我们是否应当赞成使用原子能？工作到底应当在何种程度上保留核心的生活价值？这些问题同实实在在的生活密切相关，并深入个体的私密处。空气污染、水污染和食品污染不断增强个体心理上过敏，许多人处于五花八门的防卫战中，“在生态文化中，最普遍和最本质的事物在私人生活的深处不可避免地直接联系”，“从个人生活行为的最幽深之处，自我、身份和存在等问题犹如一个由化学公式组成的遥远的世界，以绝对严肃的态度喷发出来，不容忽视”[②]。而生活方式的选择绝对不是个

---

① ［英］安东尼·吉登斯：《现代性与自我认同》，赵旭东等译，生活·读书·新知三联书店1998年版，第220页。

② ［德］乌尔里希·贝克、［英］安东尼·吉登斯、［英］斯科特·拉什：《自反性现代化——现代社会秩序中的政治、传统与美学》，赵文书译，商务印书馆2001年版，第58页。

体性事件，背后蕴藏着不同的价值观冲突，也会影响着社会政策的制定，从这种意义讲，政治依偎在生活方式的中心，构成了全球风险社会中的政治单位，包含着世界社会。

正如前一章指出的那样，风险社会中由于现代性反思带来了更多的不确定性，曾经是大多数人行动所遵守的确定方向以及人们依据的行动模式、伦理规范和准则，现在也失去了以往的效力，风险社会无法为个人明确地确立起自己的生活模式提供多少有效的保证。“我们正从一个前设的（preallocated）‘参考群体’（reference groups）时代走向一个‘普遍关照’（universal comparison）的时代。”[①] 再加上风险社会工具理性的盛行，个体日益被困于人工环境之中，与日常的经验相分离，个体的活动也主要集中在私化的“生存策略”上，退缩到对心理与身体的自我改造等纯粹的个人关切之中。个人的自主性不断降低，个人的自我认同只能通过消费来表达。个体追求自己的生活风格和自我实现在商品化条件下才得以实现，商品化通过广告等方法促成的标准化商品消费模式的确立会影响到个人的生活风格和生活方式的建立。按照大卫·理斯曼在《孤独的人群》一书中的说法，消费社会的到来，标志着社会开始进入他人导向阶段，即个体生活的塑造和性格的形成主要受电视、广告等媒体影响的阶段。[②] 正是在这种情况下，“我是谁?”“我应该成为谁?”“我应该怎么样生活?”类似的问题被不断追问。这是个体自我反思的结果，同时也表明自我认同的问题已经成为时代的重要问题。而这些问题，不是解放政治所能解决的，它属于生活政治的问题。

---

① ［英］齐格蒙特·鲍曼：《流动的现代性》，欧阳景根译，上海三联书店 2002 年版，第 11 页。“参考群体”指个人乐于成为其成员而往往以难以加入的群体，个人的态度形成受此群体的规范支配。在这个时代，人们的目标和态度依据的是特定群体的准则。与此相反，“普遍观照”是指个人目标的制定依据的是周围的个人或人群的状况和处境，人们在制定目标时，首先观照他人的情况。周围人的处境和状况是变动不居的，因此，在这个时代，人们的目标也会经历很多大的变化。

② 大卫·理斯曼认为不同阶段对青年生活的塑造和性格的形成分为三种类型：传统导向型、内在导向型和他人导向型。参见［美］大卫·理斯曼《孤独的人群》，王昆等译，南京大学出版社 2002 年版。

生活政治的兴起也与个体对全球风险社会的反作用相关。风险社会在影响和塑造个体自我认同的同时，个体也在不断影响着全球风险社会。吉登斯认为个体影响全球性风险社会是通过“反思”达成的。一般说来，自我层面的反思肇始于学者和专家系统。基于职业的敏感和思考的深刻性，学者和专家系统要比一般民众更先于对时代问题做出审慎的理解和批判，这种反思借助现代媒介的超时空的信息传递，逐渐成为大众经验的一部分，被日常生活中的人们所注意、理解和接受。如生态环境恶化、食品安全等危机经由学者和专家系统的呼吁而渐渐被个体所重视，成为日常生活的主题之一，通过个体或群体的推动而被政府所认识，构成了政治生活的关键议题。个体的反思也是逐渐提升的过程，随着反思程度的提高，诸如“人类对自然的责任是什么?”“科技发明及其应用的限度是什么?人类使用暴力的限度是什么?”“个体对他/她身体的权利是什么?”等更深层次更为根本的问题被提出，并不断带入实践之中，小到个人自觉地杜绝产生环境污染的行为，大到女权运动、绿色和平运动等。正是这些反思和实践活动加深了个体对风险社会的感受，使风险社会的特性越发澄明。由此，身体政治、身份政治、生殖政治、认同政治、生态政治、对话民主等成为政治生活的基本形式。

可见，生活政治与全球风险社会具有同谋关系，关注风险社会，需要走向生活政治，研究这一新政治形式对于当代社会的必要性、价值与意义，特别是对于当代个体生存与发展的价值与意义。

三　生活政治与人的发展

生活政治主要回答风险社会中的个人应该怎样生活的问题、关心在全球风险社会背景下如何创造能够促进自我实现的生活方式、关心个体进行生活决策和做出选择的自主性，因而它是一种自我实现的政治。显而易见，生活政治与人的发展直接关联。尽管消灭贫穷、实现富裕，维护社会的公平和正义仍是包括我国在内的世界上很多国家所追求的主导性价值标准，而这些对人的发展的推动仍然是重要的、必需的条件。但是我们绝对不能忽视这样的现象正在日益显现：经济增长不再是唯一的追求目标，人们的生活价值取向正在发生变化；当代社会正在呈现日益涉及更多人的全球性风险；物质丰裕所带来的问题不可能通过更加的物质丰裕所解决等等新的社会背景。虽然生活政治的兴起并不意味着解放政治的终结，但当代社会越发呈现出解放政治无法触及的领域，生活政治为解放政治领域增添了新的活力和新的视野，让人们切实感到了政治的生活意义和价值，从而也为人的发展提供了全面的社会观照，成为全面有效的社会条件。

生活政治构成了人的发展新的实践场域。在匮乏型体系中，物质与技术是人的发展的重要手段，解放政治成为人的发展的主要社会条件。但随着社会变迁，生产日渐式微，风险不断与财富增长交织在一起，不同于物质与技术等方面的问题日益成为影响人的发展的中心，诸如自我认同、生态态度、新的政治参与等。而这些都是生活政治场域的主要对象，生活政治构成了人的发展新的实践场域和社会条件。或者说，个体正是在类似的生活方式的选择中不断成长。

前面指出，自我认同构成了生活政治的主题之一。但不仅如此，生活政治还是解决个体自我认同困境的方案。风险社会对自我认同的消解虽然具有某种不可抗拒的因素，但并不意味着“无言的结局”，个体的反思力依然寄寓着人类的希望。事实上，人类对于自我认同的途径一直在积极寻找，从马尔库塞、弗洛姆的“爱欲文明”、哈贝马斯的“交往理论”到吉登斯生活政治的提出。不同的是，“生活政治”是更为现实、更具建设性的方案。生活政治承认人类现在所面临的风险，强调用现实主义的态度来诊断和分析目前社会存在的问题，同时又不能只忙于眼前的难题，流于实用，而应该在内心中保持乌托邦式的理想和对于道德的追求，只有这样才能清楚地勾画出未来美好社会的轮廓。同时，生活政治直面“我们应该怎样生活”，通过个体反思达到对现代生活的基本制度的持久反抗，并与其他一些新形式的社会运动相结合，卓有成效地对风险社会的一些基本命题和组织原则予以挑战。通过个体的反思和行动，选择恰当的生活方式，修复已经松弛甚至断裂的人与世界、人与自身的关系，达到自我认同，完成自我实现。

风险社会催生着新文化模式的呈现，并强迫人们在其中做出取舍，同时在风险话语中，参与者以及作为观察者、评估者和评判者的公众通过相互竞争或冲突的感情、概念和行为模式把它们表现出来。新文化模式选择可能会影响到个体的发展方式、发展过程和发展结果。例如在对待自然的态度上，古典工业社会时期基本上是机械模式，把自然当作具有功利主义意义的无限资源，认为它是我们可以用道德中立的方式获得，从而客观地、不受惩罚地加以控制和开发利用的对象。那些积极倡导自然的反思性文化模式的人坚决反对这种做法，而是提倡人与自然应该和谐共处，且这部分人在公民社会和公众中逐渐占据着重要的分量。因而，在风险社会中，新社会运动和更普遍的风险话语的最新发展，在改变着机械模式的内容，从而给机械模式带来压力，使机械模式向反思性模式转变。风险社会中的新社会运动不断改变着民众的文化模式，同时也必然在改变着个体的发展方式和发展过程。

“解放政治”往往具有宏大、崇高的意蕴，容易导致抽象的“主义之争”，赞成政治生活与日常生活的割裂。这也是现代人远离“传统政治”，疏于政治参与的主要原因。但由于生活政治以自我发展、自我实现为表现形态，如自我设计与生活规划、妇女解放与女性的自我认同、生态保护与经济发展等等，这些都与个体的自我利益密切相关，所以很容易参与进来。尤其是借助于现代传媒技术手段，个体政治参与的热情更为高涨，参与生活政治之中成为一些个体的生活内容。生活政治参与作为一项实践活动必定对参与者的发展产生影响，在扩大视野、批判思维养成、确立公民意识、塑造独立人格、培养责任意识等方面都有可能产生作用。诸如 2003 年在我国发生的 SARS 灾难，作为一起的典型的生活政治事件，它使几乎每个人都卷入其中，并影响着许多人的生活方式和生活态度。许多人也开始自觉地改变自己的卫生习惯、进餐形式、饮食结构、休闲方式，分餐、素食、户外运动开始盛行起来。对于很多人来说，SARS 事件已经侵入个体自我认同的核心，直接影响到个体的本体性安全，相当一部分人处于精神焦虑状态。更为重要的是，这场生活政治事件也在拷问着公共意识、信任关系等问题，使个体更加真实地感受到这些东西的严重缺场和重要作用。

生活政治的责任品性切中了人的发展的当前主题。生活政治所关切的是生活方式的选择与决策，但它不是任意生活方式的选择，而是能够促进自我实现的道德上无可厚非的生活方式。生活政治内在的具有道德的诉求，这种内在的道德诉求主要是责任的诉求。贝克强调，风险和责任是内在的联系在一起的，而全球风险社会则是生活政治兴起的时代背景，生活政治的责任诉求也是必然的。这一点不论是从生活政治的表现形式——和平运动、生态运动等——所要求的积极的政治参与的责任，还是从生活政治的内容——合道德的生活方式决策上都可以表现出来。因此，相对于解放政治关注个体的自由和自主行为的能力和权利，而生活政治所要解决的问题则是人们的责任与义务，个体间的相互依存和团结。所以生活政治特别强调个人的责任的重要性，提出了“没有责任就没有权利”这一著名论断。

在古典工业社会时期，个体发展更多地与发展权的扩充联系在一起，发展从某种意义上具有摆脱束缚，获取自由自主的意味。但到了当代社会，在强大的风险面前，面对“失控的世界”，特别是由于知识进入环境、科技制造环境、影响人们生活机会的制度化风险环境的发展所引致的风险性失控，对于人的发展所提出的就不仅是权力的问题，而是转向了责任。当代社会人的发展需要围绕道德义务的规范性理念而展开，而且人的发展的责任感的要求不仅是个体性的，而且还是集体性，是集体责任的要求。一些关心新社会运动的社会学家比如梅鲁奇（Melucci）和海基杜斯（Hegedus）等提出了责任的当代概念，并且发展了这个思想，在贝克的思想中，责任是一个核心的概念，吉登斯也提到这个概念，而其他研究者则已经开始更系统地看待这个概念了。

可见，生活政治的责任品性切中了当代人发展的主题，这一点也许从公共精神日益成为人的发展的品质诉求能够更为直观地体现。生活政治从某种意义上讲，也是一种公共生活的政治。生活政治不仅仅是个人选择生活方式的问题，它在很大程度上试图解决的是集体面临的风险挑战，因而需要普遍共识、合作精神、对话愿望和公共价值观。而这些都需要建立在周遭世界关怀的责任感的基础之上的。近些年来，对于公共精神的探讨成为理论热点，而这与越来越多的风险图景不无关系。风险社会既要求个体私密生活合道德性，也需要个体公共生活合规范性。责任是合规范性的公共生活的重要要求，作为公共生活文化形态的公共精神之所以成为个体发展重要的品质诉求，与公共精神中含有责任感有着密切的关系。责任把生活政治与人的发展内在的连接到了一起，生活政治成为人的发展的实践舞台，责任感是贯穿于其中的精神主线。

生活政治与公民内涵的发展。从政治学的视角看，公民内涵的形成与发展与当代个体发展具有某种同构性。也就是说，个体发展不仅是潜能的发挥、素质的提高、有益的自由时间的增加等，还应表现在公民内涵的发展方面。公民内涵绝对不是法律所能全部涵盖的，它与社会现实的发展密切关联，社会发展不断推动着公民身份内涵的演进。生活政治的兴起对公民概念提出了更为丰富的内涵，把公民由政治、文化、法律、社会内涵推向生态、科技、和平、全球等方面。

在传统公民概念中，权利特别是政治权利一直是其核心的内涵，这也与解放政治相吻合。权利是对人类需求的反应，新需求会产生新的权利概念。生活政治的兴起使得公民权利的指向不断扩展，现代社会公民权利越来越远离政治权利而指向生活权利，包括生态权利、科技权利、身份与性别权利等，当代西方社会运动大都聚集在此领域。新的权利要求与传统政治权利要求有着明显的不同，一是这些权利要求基本指向日常生活领域，二是这些权利要求更多地表现为对政府、团体或公民责任的诉求，在此，权利诉求也是责任要求，呼吁政府、团体、专家系统和公民都要对风险社会担当“共同责任”。

当前，自我再生、健康与再生产等生态需求引出了环境权利或生态权利的概念。哈贝马斯曾提到，无论从技术上还是从生态上，都要捍卫这些权利，因为如果公民想有平等的机会使用其公民权，在当前的环境下，必须捍卫这些权利。所以，得到一个清洁、安全和平衡的环境的权利就不仅仅是对现存的公民、政治和社会权利体系的延伸，而实际上也是公民权本身的内涵所在。以前权利的确立主要集中在民族、国家层面，而现在权利将转移到全球生态系统层面。在此，公民生态权是与可持续性以及集体责任或共同责任联系在一起的。因为对生态的强调，所以公民权也包括了对后代、其他物种和生态系统的权利主张，从而应该为它们的命运负责。[①] 公民生态权已经成为西方国家公民非常重视的权利要求，因而也构成了生活政治的主题之一，许多社会运动大都集中在生态环境权利的要求上面。对于我国来讲，环境权或生态权的诉求才初具萌芽，但公民的生态权利意识却生长极快，特别是对一些严重影响身体健康的生态环境破坏活动相对以前有了更为激烈的反应，这种反应通过不同于西方社会运动的形式被表达了出来。

随着风险社会中对科学技术的反思越来越充分，科学技术并不能无限可能带来好处的认识逐渐达成了共识。因而，更多的人开始关注科学技术的开发和研制，并提出不能由政府或专家垄断决定科学技术开发、研制或运用的权利，公民也应参与到此类决定之中，这就是要取得技术公民权。一个知道自己容易受到高科技的侵害甚至欺骗以及需要对技术进行更民主的治理的政治共同体正在出现，这就是贝克所说的“后国家风险共同体”，它随着世界风险社会中的风险社会化而出现。当然，技术公民权诉求主要集中在西方国家，如反对克隆技术的社会运动。我国公民技术权利的要求虽不明显，但也已经有所体现，如对疾病治疗知情权的要求。

生活政治的兴起，不仅引致公民权利内涵的拓展和延伸，而且还拓展了公民概念的空间，提出了“世界公民”的要求。在全球化语境中，不同于解放政治基本上用于解决民族国家内部事务，生活政治则着眼于全球的范围内解决人类共同事务。如美国学者莱斯利·辛克莱所说：“身份政治学的全球化包括如下内容：在国际、国家和本土权威控制之外，为具有相同身份及利益的人们建立全球网络。”[②]实际上，在全球化浪潮中许多超越民族国家地理疆域的国

① ［英］派特·斯崔德姆：《风险社会的认同与冲突》，丁开杰编译，《马克思主义与现实》2004 年第 4 期，第 81 页。

② 梁展选编：《全球化话语》，上海三联书店 2002 年版，第 47 页。

际层面的公共事务领域的重要性日益凸显，而已有政府组织及政府间组织均不能凭借现存力量有效解决全球公共问题，“国家不仅变得太小以至于无法解决大问题，而且也变得太大以至于无法解决小问题”①。这样一来，全球治理的主要重担，就必然要全球公民社会组织来担承，依赖于“世界公民”去完成。

生态公民权与技术公民权虽然以权力的方式表达，实际上它的真正指向是责任，“世界公民”更是全球共同治理的责任提出的要求。由此可以看出，当代公民概念的发展与生活政治的品性是契合的。公民概念的当代发展概括地说其实是以责任为核心的德性公民的提出。“公民”除了政治和法律意义外，还应是一个伦理和道德的概念。这本来并不是一个新鲜的东西，在古希腊时期，由于德性在城邦生活中不可或缺的作用，因而做一个好人与做一个好公民是紧密相连的。但在主体权利日益膨胀中，这个东西却有些被遗忘了。现代社会的发展现状又不得不提出了公民自觉地追求德性，能够在生活中规范自我和追求生活的善的问题。

在此麦金太尔的话再次放射出了光芒，“德性必定被理解为这样的品质：将不仅维持实践，使我们获得实践的内在利益，而且也将使我们能够克服我们所遭遇的伤害、危险、诱惑和涣散，从而在对相关类型的善的追求中支持我们，并且还将把不断增长的自我认识和对善的认识充实我们”②。

生活政治与公民概念的关联从某一角度反映的是生活政治与人的发展的关系，它既构成了人的发展现实舞台，也为人的发展提出了要求。由于中国目前是在现代性、反思现代性和全球化复杂交织的情境下发展现代化，肩负着建构、反思和超越的多重使命，这就使得中国公民社会的发展必然既是渐进的，又是建构的。一些公民内涵在我国并不凸显，但这并不意味着它离我们还很遥远或并不是我们急切地关注，在全球风险社会面前，中国人也同样需要担当时

① ［英］安东尼·吉登斯：《失控的世界》，周红云译，江西人民出版社 2001 年版，第9页。

② ［美］麦金太尔：《德性之后》，龚群等译，中国社会科学出版社 1995 年版，第 277 页。

代所赋予的责任。

在对生活政治的众多论述之后，还需回到生活政治与解放政治的结合这一主题上来。生活政治的出现虽然在一定程度上反映了个人生活领域的文明和进步，但是仍需再次强调，以关注社会的剥削、压迫和不平等问题为核心的解放政治仍是极其重要的，这些问题没有得到解决，生活政治也不可能真正实现。着眼于人的发展，当代社会需要解放政治与生活政治的结合。在解放政治问题上马克思提供了深刻的见解，指出资产阶级民主革命从中世纪的基督教国家中解放出来，但是“政治解放”的人并没有从财产中解放出来，还是存在着剥削和压迫，因此必须进行人类解放。在全球化成为本质特征的现时代，贫富分化非常严重，剥削和压迫问题还无法得到合理的、有效的解决，因而，马克思主义经典作家的观点依然有其现实意义。

第五章

风险社会中人的“自由”、“全面”发展

尽管本书一直尽力回避生存与发展、人的发展与人的自由全面发展的界限切割，以求扩展发展概念的范围，但为了更加凸显风险社会中人的发展所引发的新观念，有必要在此单独论述风险社会中人的“自由”、“全面”发展。尽管已经有着深刻的经典作家的阐述，也有着丰富的现代研究，但作为社会和人的发展终极目标的自由和全面发展的内涵，仍然不断需要丰富和发展。理由很简单，因为社会发展在不断地呈现出新的特性，再伟大的思想家也不能预先穷尽这些新的特性对人的发展的要求和影响。因而，马克思等经典作家提出人的自由全面发展思想既给后人构造了“灯塔”，也给后人置留了“任务”。从这个层面上讲，人的自由全面发展既是终极目标也是现实发展过程的现代新解，意义明显。作为终极目标的自由全面发展需要作为现实发展过程的自由全面发展不断给予其新解释、不断更新固有认识。把人的自由全面发展放置于风险社会的视界中，会提出什么新的解释、扩充新的内涵呢？这正是本章所要展开的探讨。

第一节　风险社会中人的“自由发展”

自由是个亘古常新的概念，它永远同整个人类的存在有关，又永远同每个特定时代人们的命运与脉搏相连。作为人类自由和解放真正关怀者的马克思，自然也是人类自由的崇尚者、探究者和追索者，对人的自由问题的关注，贯穿于马克思主义形成和发展的全过

程，人自由的发展与人全面的发展一起构成了未来社会新纪元的基本思想。但高举自由发展的理想旗帜而误判自由发展的确切所指，不仅不会促进人的自由发展，反而会使人的发展陷入“不自由”之中。风险社会中人的生存与发展困境、危机提出了对人的“自由发展”再次审慎理解的要求。

根据英国当代政治哲学家、自由理论专家柏林（Isaiah Berlin）的统计，学术界对自由的定义有200余种。因此，有必要首先划分人的自由发展中“自由”的基本维度，这对于有效地探讨人的自由发展问题是十分必要的。高清海教授曾指出：“长期以来，我国缺乏对自由问题的研究，习惯于在政治、道德和日常生活的意义上使用‘自由’的概念，其被当作思想和政治上的危险词语。”① 尽管自由有众多的定义，但对之的探索基本上在三个维度上展开：一是人学本体论意义上的自由论，在哲学领域围绕自由和实践、必然等范畴的关系，探讨人的主体能力；二是在社会政治领域围绕自由和权利及权力的关系，探究政权合法性与权力的合理使用；三是在经济领域围绕自由和市场的关系，探索国民财富增长、资源配置的最优化和生产利润的最大化。马克思关于人的自由发展中的自由是第一种维度意义上的自由，本章有关人的自由发展的探讨也主要集中在这一领域展开。

一　“自由”是一个生存论本体论概念

“自由”虽然是个耳熟能详的概念，但“熟知未必是真知”，无论在马克思主义哲学教科书中，还是在人们的日常言谈中，“自由”都经常被误解。这样的事情常常现实地发生：以理解自由为开端，却陷入不自由的境地。诸如苏联哲学家罗森塔尔和尤金主编的《简明哲学辞典》是这样定义自由的：“自由并不在于想象中的脱离自然规律，而在于认识这些规律，并能够把它们用到实践活动中去……自然界的必然性、规律性是第一性的，而人的意志和意识是第二性的。在人没有认识必然性以前他是盲目地、不自觉地行动

① 高清海等：《人的类生命与类哲学》，吉林人民出版社1998年版，第440页。

的。一旦人认识到必然性，他就能学会掌握它，利用它为社会谋福利。因此，只有在认识必然性的基础上才能有自由的活动。自由是被认识了的必然性。”[①] 在此，自由是认识论或知识论概念，自由是与必然性联系在一起的。按照对自由的如此解释，人们认识的规律越多，掌握的知识越多，人们就会越自由。这样理解自由其实还是没有把马克思哲学与西方古典哲学根本区分开来，仍然陷入西方古典哲学的认识论之中。

西方古典哲学家大多看重认识论，把认识相同性也就是同一性看作是哲学的根本任务，同一性高于差异性。从柏拉图的“理念”到黑格尔的“绝对精神”都是同一性。为什么古典哲学家这么如此青睐“同一性”呢？因为这样的“思考方式肯定有其轻松和便利之处”[②]。通过思维，按照同一律，从不同中抽象出相同，才容易掌握科学规律，支配客体，形成对世界的把握。因此，作为认识论概念的自由也就与同一性、必然性的认识和掌握相关了，进而也就把自由与征服自然、支配客体、发展科技联系在一起了。从这个方面讲，“自由”带有启蒙理性和工业社会的气息。但如果我们把这种自由观放置于风险社会之中，“在现实生活中必定会受到严峻的挑战。第一，如果自由可以被还原为单纯的认识论问题，那么拥有丰富专业知识的自然科学家、工程师、社会学家、医生、心理学家等必定是世界上最自由的人。第二，如果作为必然性的自然界发展的规律与社会存在发展的规律之间不存在根本性的差异，那么自然与社会的根本区别又从什么地方表现出来呢？第三，如果人类文化越发展越自由的话，那么又如何理解当代人在科学技术高度发展的情况下所陷入的异化困境呢？”[③]

本书的第一章已经详细地阐释了风险社会的认识论根源，现实的追问表明，自由的获取并不必然地与知识的拥有、自然规律的找

① 罗森塔尔、尤金编：《简明哲学辞典》，生活·读书·新知三联书店 1973 年版，第 171—172 页。

② ［英］马尔科姆·卢瑟福：《经济学中的制度——老制度主义与新制度主义》，陈建波等译，中国社会科学出版社 1999 年版，第 6 页。

③ 俞吾金：《自由概念两题议》，《开放时代》2000 年第 7 期，第 49 页。

寻、科学技术的发达正相关。这是在风险社会中谈论人的自由发展所应牢记的基本理念。如果把自由发展分成外在的自由发展和内在的自由发展，即外化的自我实现和内化的自我实现两部分，传统的自由发展所依赖的方式不仅不一定带来外在的自由发展，更无助于内在的自由发展的实现。甚至自由会陷入自我悖论："自由"杀死了自己，"自由"恰恰导致"不自由"。

先来看人的外在自由。许久以来，人们认为外化的自我实现主要体现在对外部客观规律的探求与掌握上，通过获取知识寻求自我解放，是人类获得自由的真实经验之一，自由即对必然的认识。这是自柏拉图以来，经由斯宾诺莎、黑格尔等众多理性主义者的自由信条。一旦必然性为我们所掌握，它就不再是人类自由的阻碍，而成为我们自由运用的能力之一。而各种各样的必然性就是所谓的分门别类的知识，因此，自由就是知识，是人类掌握知识、运用知识的自我实现。这种自由观更为18世纪以来的科学决定论所强化。但是，知识日益丰富、科技日益发达的风险社会中，自由并没有像先哲们预期的那样如期而至。伴随着人类在太空领域、产品制造、财富积累、迁徙等领域越来越多的自由的是"吸引新鲜空气"、"吃上安全食品"等自由的丧失。

再来看人的内在自由。在此内在自由主要是精神上、心理上的自由。人的内在自由发展与现代文明发展之间的正相关更不明显。弗洛姆在谈到现代人自由的两个方面时，对此给予了深度的阐明。他指出："人摆脱中世纪社会传统纽带的束缚，获得自由，尽管个人会有一种新的独立感，但同时他又会感到孤独，会充满焦虑和怀疑，并被迫臣服于新的权威，从事强迫性的非理性活动。"① 例如，现代人在很大程度上丧失了信仰的内在动力，他们只相信由自然科学方法证实了的东西；个人臣服于经济目的，成为实现它的一种手段，成为自己所造机械的仆人；虽然人对自然的主宰到了相当高的程度，但社会并未控制它所创造的力量，人类幻想自己是世界的中

① ［美］埃里希·弗罗姆：《逃避自由》，刘林海译，国际文化出版公司2002年版，第75页。

心，然而却深陷入一种强烈的微不足道感和无能为力感之中。弗洛姆从社会心理学的分析视角看到了现代人内在的诸多不自由，更为深刻地指出财富、声望、权力甚至家庭、民族感的自由追求实际上恰恰是内在不自由的反映，通过依赖前者“支撑着没有安全感的个人自我”①。现代性的“自由产生痛苦。拒绝自由，就可以减轻痛苦”②。在这种现实中，许多人通过臣服于新式权威形成机械趋同，“逃避自由”。

其实人的内在自由的实现依赖于人的外在自由的实现方式。这点韦伯、霍克海默和阿多诺等人早就给予阐释。韦伯的合理化理论表明，现代社会理性化水平的不断提高，必然导致的局面是一个日益陷入铁笼中的社会，即越来越必然化的王国，而不是自由王国。霍克海默和阿多诺则指出，如果自由更多地被理解为对客体事物的认识、把握、改造、控制、统治、管理，这势必会陷入自悖谬的境地。因为“随着支配自然的力量一步步增长，制度支配人的权力也在同步增长”③。另外，主体性中内在地蕴含着一种屈从性或者反过来说就是统治性，“主体性在这里有双重含义：首先是那些被我们所经验和意指的对象通过我们不同种类的意向体验和活动而具有的局限性和‘屈从性’（Unterworfenheit）。尔后是指这些不同种类的意向体验和活动本身”④。屈从性不但是自然对人这个主体的屈从，更是某些人对另一些人的屈从。在自然屈从于人的美妙梦想背后存在着相互之间绝不平等的一些人对另一些人的屈从和支配。莱斯对此一针见血地指出：“只有他人才是控制的对象。如果控制自然的观念有任何意义的话，那就是通过这些手段，及通过具有优越的技术能力——一些人企图统治和控制他人。人类共同控制自然的概念

① ［美］埃里希·弗罗姆：《逃避自由》，刘林海译，国际文化出版公司2002年版，第87页。

② ［俄］尼古拉·别尔嘉耶夫：《论人的奴役与自由——人格主义哲学体验》，张百春译，中国城市出版社2002年版，第28页。

③ ［德］霍克海默、阿多诺：《启蒙辩证法》，渠敬东等译，上海人民出版社2003年版，第96页。

④ ［瑞］耿宁：《什么是对意识的反思》，载《中国学术》第15辑，商务印书馆2004年版，第15页。

是无意义的。”[①]

马克思所提出的自由发展并不是“对必然的认识”意义上的发展。要理解自由的真谛，关键是要给予自由以生存论本体论的理解。马克思曾指出，人“是什么样的，这同他们的生产是一致的——既和他们生产什么一致，又和他们怎样生产一致”[②]。人能够通过实践活动自己创造自己的生活并在此过程中创造其自身，这才是自由的真谛。可见，马克思的自由观是建立在人的独特的生存本性之中的，因而它是个生存论概念，而不是知识论概念。另外，康德认为，“自由即是理性在任何时候都不为感觉世界的原因所决定”[③]。如果人们一定要在自然必然性的基础上来谈自由，那么这种自由“也就是一个旋转的烤肉叉式的自由，一旦人们给它上紧了发条，它就会自动地完成自己的运动”[④]。马克思继承了康德的思想，认为人们首先是作为具有自由意志的行动者生存在世界上，然后才根据其生存意向去认识什么的。正是在此意义上马克思指出：“一个种的全部特性、种的类特性就在于生命活动的性质，而人的类特性恰恰就是自由的有意识的活动。”[⑤] 共产主义社会是“每个人的自由发展是一切人自由发展的条件”[⑥] 的联合体。这就表明，马克思不是以抽象认识论的方式而是在本体论意义上谈论自由概念的。人类的认识活动不过是其生存在世的一种方式，马克思的自由观不具有认识论的独立外观。

作为生存论本体论的自由有什么根本意蕴呢？本书非常赞同贺来教授的观点，他认为，从生存论本体论理解自由，自由意味着“人的生命的自性、自信、自足和自我确认”，“不是人的知识构成

① ［加］莱斯：《自然的控制》，岳长龄、李建华译，重庆出版社 1993 年版，第 109 页。

② 《马克思恩格斯选集》第 1 卷，人民出版社 1995 年版，第 68 页。

③ ［德］康德：《道德形而上学原理》，苗力田译，上海人民出版社 1986 年版，第 107 页。

④ 转引自俞吾金《物、价值、时间和自由——马克思哲学体系核心概念探析》，《哲学研究》2004 年第 11 期，第 9 页。

⑤ 《马克思恩格斯选集》第 1 卷，人民出版社 1995 年版，第 46 页。

⑥ 同上书，第 294 页。

了自由的根据，恰恰相反，知识论意义上的‘自由’只有奠基于人的生存论本体论意义的‘自由’之上，才真正成为可能”①。自性、自信、自足和自我确认都是在表明人是一个通过自己的生存实践活动创造自己生活的存在者，人不受任何先验尺度的限制反而能处处运用自己的尺度去创造自己的生活。这一点马克思曾凝练地概括道：“人是类存在物，不仅因为人在实践上和理论上都把类——自身的类以及其他物的类——当作自己的对象；而且因为——这只是同一件事情的另一种说法——人把自身当作现有的、有生命的类来对待，当作普遍的因而也是自由的存在物来对待。”② 在此，自由是作为人的本性而存在的。这样一来，一方面人与其他物就区别开来，物种固有的单一的尺度先天地规定了它的全部存在，在此意义物是彻底的必然性存在，而人的尺度不是现成性的，而是自我构成的，自由性而非必然性是人的生命的基本物质。另一方面，人的自由不是建立在逻辑推理基础上的抽象空疏的自由，人的自由的根据不在于他是一个理性的主体，而在于他通过生存实践活动创造自己的生活。

自由意味着“人的生命的自性、自信、自足和自我确认”这一理解方式与别尔嘉耶夫对“个性”的理解是一致的，而“个性的生存以自由为前提。自由的秘密就是个性的秘密”③。“个性”在别尔嘉耶夫这里其实就是指人的自由本性，马克思的“自由发展”与“丰富个性”实际上也是同一所指。别尔嘉耶夫认为，“个性是绝对的生存中心。个性从内部，在一切客观性之外决定自己，只有从内部的被决定性，从自由出发的被决定性才是个性”。因此，“个性不是现成的给定，它是任务，是人的理想”，“个性不依赖于自然界的，不依赖于社会和国家”④。

---

① 贺来：《辩证法的生存论基础——马克思辩证法的当代阐释》，中国人民大学出版社2004年版，第217—218页。

② 《马克思恩格斯选集》第1卷，人民出版社1995年版，第45页。

③ ［俄］尼古拉·别尔嘉耶夫：《论人的奴役与自由——人格主义哲学体验》，张百春译，中国城市出版社2002年版，第27页。

④ 同上书，第26—27、22、26页。

生存论本体论上的“自由”理解对风险社会中人的发展能提供什么价值呢？如果抛开“自由是对必然的认识”的认识论理解，“自由”就会呈现更为广阔的意蕴，获取“自由发展”也就不是科技对外扩张“这一条小路”。别尔嘉耶夫有关个性的经常性超越的两条路径的区分对此有着洞察的说明：

> 人是克服和超越自己的存在物，在人身上实现个性就是这个经常性的超越。人企图超出封闭的主观性，这一点总是在两个不同的，甚至是对立的路径上进行。一条路是，通过客体化超出主观性。这个出路通向社会及其人人都应遵守的形式，这是人人都应该遵守的科学之路。在这条路上发生的是人的本质的异化，人的本质被抛向客体世界，个性找不到自己。另外一条路是，通过超越走出主观性。超越是向超主体世界的过渡，但不是向客体世界的过渡。这条路在人的生存的深处，在这条路上发生的是与上帝，与他者，与世界的内在生存的相遇，这不是客观沟通的道路，而是生存交往之路。只有在这条路上，个性才能完全实现自己。①

不能否认，按照同一律，掌握科学规律，才能支配客体，为人类所用，这是科学所需要的，是人类的生活所需要的，为人类自由的获取开辟了道路。（顺便插一句，对于对科学技术非常渴求的当代中国而言，主客二分的思维方式仍然是需要的，我们不能简单地回到传统时代的“天人合一”，需要二者的融合交会，实现“天人合一”为前提的主客二分，做“无为的有为”。）但是，其一，外在规律的探索、科学技术的发展是无尽头的活动；其二，科学研究对象是有限的范围，而不是无限的整体，它只管事实世界，不能满足人的内心追求；其三，风险社会的景象已经昭示，科学技术是把双刃剑，拓展自由领域的同时也在限制自由。这三点足以表明，以

① ［俄］尼古拉·别尔嘉耶夫：《论人的奴役与自由——人格主义哲学体验》，张百春译，中国城市出版社2002年版，第29—30页。

“必然性”作为对应项的“自由”虽然有其价值，但对于人的本性而言，这种“自由”是需要超越的。

维特根斯坦说：“神秘的不是世界是怎样的，而是它是这样的。”[①] 把“是怎样的”作为研究任务的科学，无论其研究对象如何广阔，而总是有限的。庄子的“吾生也有涯，而知也无涯。以有涯随无涯，殆已”[②] 的思想也正是同一所指。可见，通过外在认识而达到“自由发展”既是不可能的，也是有害的，并不是人的“自由”本性所指，因而需要超越。超越不是摒弃外在知识，而是“大人能与天地万物为一体”[③]，或是伽达默尔所指的“参与”到历史的过去中。“在更高的基础上回复到不分主客、人与世界融合为一的整体，也就是从宇宙整体的内部体验到一种物我两忘、人和己两忘的境界。”[④] 也许对“自由”的如此理解，能为风险社会人的发展开启一扇“豁然开朗”的大门，解决现代社会的“自由”悖论。这种自由观看似是人类精神的“返祖”，回到“道法自然”，其实已经有所不同。这种不同并不主要体现在结果上，而在于路径的不同。张世英教授提出，古代万物一体主要通过“心斋”、“坐忘”而达成，有种主虚静的思想，而现代社会“物我两忘、人和己两忘”自由境界的达成，在于“想象”，它具有无穷进展性或流变性，可以激发人的无穷向往与追求，激发人在无穷尽性中追寻。[⑤]“想象”并没有放弃认识论的基础，而是不止于此，是在思维之上，在规律探索之上寻找人与人、人与物的更为全面的联系。因而，它既是外在自我实现或自由的达成，也解决了人内在自由的问题，在生存交往的道路上消除孤独感、焦虑感和无力感。

其实，张世英教授的“想象”只是众多大门中的一扇，科学、艺术、宗教和哲学都是人类心智的伟大创造，它们各自以其独特的视角——或是以理智的直观，或是以诗性的体验，或是以心灵的领

---

① ［奥］维特根斯坦：《逻辑哲学论》，郭英译，商务印书馆1985年版，第96页。

② 《庄子·内篇·养生主第三》。

③ 王阳明：《大学问》。

④ 张世英：《新哲学讲演录》，广西师范大学出版社2004年版，第78页。

⑤ 同上书，第100页。

悟，或是以理性的反思——审视并叙述着我们生存于其中这个世界，成为人类把握世界的基本方式和确证人的自由本质的活动方式。站在风险社会的视界中看人的自由发展，所要批判的是借助科学技术手段"自由发展"一维式的思想，表明"自由发展"的多种可能性，提倡外向型"自由发展"与内向型"自由发展"的统一。

二　和谐作为自由的存在形式

换个角度来看，如果把自由划分为意志自由、价值自由、意义自由三个层次，那么认识论理解下的自由是一种价值自由，它更多地表达的是执掌了实践精神的主体评判和断定人对客体的创造以及人在控制客体的作用（这种客体包括了人本身客体）以及客体对主体的属性的满足，表明人作为主体改造与建造的程度和状态。但价值自由内含着一个致命的前提假设："地球是无限的。"地球上的资源是无限的，自然的净化能力是无限的，地球上存在着一个可以满足所有人的欲望的无限空间。近代以来的自然科学、经济学以及哲学和伦理学大多都是建立在这一假设的基础之上的。按照价值自由的这种假设，自然界可以置于市场的外部、他人可以置于自我的外部、客体可以置于主体的外部、义务或责任可以置于权利的外部、资源可以置于发展的外部。

但是，《增长的极限》一书指出：地球能够维持人类和经济发展的资源是有限的，在这样一个有限的封闭系统中，如果任人口和经济自由发展的话，那么总会有一天地球的资源会耗尽，人口和经济因此陷入衰退状态。[①] 地球是有限的不仅包含着资源枯竭的问题，还包含着环境污染的问题，这两者构成了当今社会的主要风险景象。价值自由所需要的是一个开放的无限空间，地球却是一个封闭的有限的球体，二者存在着内在的矛盾，风险社会所表现出来的有限性特征，则更是凸显了这一矛盾的尖锐性。黑格尔曾说过，当思维与现实发生冲突的时候，出毛病的总是思维这一方。风险社会的

① ［美］丹尼尔·米都斯等：《增长的极限——罗马俱乐部关于人类困境的报告》，李宝恒译，吉林人民出版社1997年版，第17页。

现实需要传统自由观的扬弃，人的自由发展同样也需要赋予其更为丰富的内涵。

伯林将自由区分为消极自由（Negative Liberty）即“免予……的自由”（be free from...）和积极自由（Positive Liberty）即“从事……的自由”（be free to do...）。尽管从学理上说，消极自由和积极自由都是思考自由问题时必须考虑在内的同等重要的因素，但积极自由非常容易被专制政府所利用，因此声誉很差，以至于人们不好意思鼓吹积极自由。这不能不影响人们对自由的理解，而更多地给予自由以消极自由的理解。“自由是对必然的认识”即把自由与必然进行对应性理解基本上也是消极自由意义上的理解范式。必然作为一种限制性、强制性的概念，自由就意味着强制的阙如。从辩证法的视角看，在地球无限性的前提假设下，价值自由热衷于强调矛盾的对立，把自由理解为矛盾对立一方对另一方的“解决”，科技、知识、体制无不看成“解决”矛盾的手段。但地球的有限性已经根本地决定了根本性矛盾的存在，这一矛盾在当前呈现出根本性、全球性的危机，外在手段似乎还看不出具有根本解决问题的能力，反而不断带来更大的危机。这种自由也越来越显现其片面性、抽象性、不可能性，缺乏生命力。这一点本文前面已经给予了说明。

在这种情况下，需要扬弃传统自由观中“对立面”、“矛盾”的强调，把自由纳入和谐的价值内涵之中来，把和谐作为自由的存在形式和追求的境界。和谐则是对立统一的高层境界，它强调的是矛盾双方的“和而不同”，强调双方之间差异的相容性。可以说，和谐概念本身就兼顾了矛盾的双方，体现了更博大的胸襟。和谐本身所指向的不仅是物质性的，同时也包括精神性的，但价值自由更多地是物质性的指向。所以，主张和谐并不意味着对自由的抛弃，而是价值自由内涵的丰富与提升。真正的、完美的自由本身就包含着和谐，或者说它就是一种确立了人的主体性的和谐。同时，和谐既是人的感性需要，又是人的理性需要。准确地说，马克思主义的自由概念本身就包含着个人自由与社会和谐两个方面，是两者的有机结合。和谐与自由的一致，既表现在和谐为自由划定了界限，也表现在自由是和谐的内在本质要求，两者统一于社会历史性中。①

事实上，只有把自由纳入和谐的价值内涵之中，马克思所设想的人的自由之境才可能真正实现，价值自由才可能得以提升，达到"诗意地生存"，进入意义自由之境。意义自由是当今人类所获得的对自由的认识和理解的最高境界，意义的自由是非功利性的精神意境，是理解性的自由、释义性的自由，达到了对意义的掌握控制的游刃有余和出神入化的程度，同时也是人类精神追求的永恒性的指向和持存，是人类精神世界建构的基本理念及其崇高境界。显然只借助于外在手段，通过对客体的征服永远无法达到意义自由之境。"对必然的认识"的自由存在是交织在欲望与功利的泥淖中的，必然包含着利益性的驱动。交织与沉浸在这种自由生存之中的人难以归位于"超性体验"的感受，缺乏关于生命存在的深层意蕴和体验，因而也难以追寻生命价值的本真。人只有把创造性活动以及人的创造性能力展示的终极趋向，不是定位于超越对象世界而无限度地张扬自己，而是在生态和谐关系中才能达到意义自由的生存体验。

三 以生态性生存求自由发展

自由作为一种价值追求，对自由不同的理解决定了不同追求方式，同样也影响不同的生存方式的选择。"必然的认识"式的自由是一种外在扩张性的自由，这种意义上的自由发展必定是外在扩张式的发展，是通过技术性生存而获取的发展。技术是当代人的一种主要存在方式，虽然技术对于人类主体性的发展和建构现代文明起着巨大的促进作用，但在技术性生存中，人所面对的是自己创造的世界，"为我的世界"，自由被看作人的"本质力量的对象化"，自由也就成了人用技术理性征服世界时所取得的片面的、暂时的心理满足。可见，技术性生存并不能确证人存在的自由。进入技术时代人们仍然感到茫然失措，无能为力就是明证。

① 李伟:《论自由与和谐的关系》,《中国特色社会主义研究》2006年第4期，第42页。

而以和谐规定自由，自由发展必定是内在合生式的发展。内在合生式发展不是以对自然的征服而是能动性地融入自然，并在更高的境界中与自然共生、共荣、共存获取发展。当然这种发展方式并不是否定人的自我性、主体性的存在及其意义，而是重新审视自己的绝对主体身份，重新认识人与世界关系的内在价值本位，重新确立人在整个世界关系中的生存维度和内在本质，进而在生态存在领域内有效地形成重新整合人与世界关系的价值尺度及其力量的意义。概括地说，就是通过生态性生存达到自由发展。

马克思指出：“人不仅仅是自然存在物，而且是人的自然存在物，也就是说，是为自身而存在着的存在物，因而是类存在物。他必须既在自己的存在中也在自己的知识中确证并表现自身。”① 在马克思看来，人是自然的存在和自为的存在的集合体，人类的生存活动既是主体性的，同时又是不能超越于自然而独立存在的，应是在与自然的和谐状态中的生态性的存在。生态性生存不是召唤人类返回未被放逐前的精神家园，不是消除人与自然的差别，也不是让人逃离现实，而是立足于人类生活的现实与世界之中实现人与自然的和谐共生，使人与自然的世界和人与人的世界融为一体。

人类无时不在肯定着自己存在的主动性，以及在不断探索和解决自己被动性存在的方式。人不局限于现实生存，还要将自己的生命活动推向更高层次，并且自觉、积极地去努力追寻生命存在的更高形式，这实质是人类追求、体验自由的过程。但在这一过程之中，人们采用的往往是以人类作为“物种的生命”的存在形态的“种性体验”形式和以“类存在”的社会和精神形态为依归的“类性体验”形式。在这两种形式中人们体验到了欢娱与焦躁，当需要满足时得到欢娱，未能满足时显然就会焦躁。可见，欢娱与焦躁都是人类在对自然的征服与改造过程上欲望满足程度的表征。② 而这时人们还是一种技术性生存状态，把类与自然隔离开来，因而很难体验和感受到精神性的恬适和灵魂的宁静。虽然“种性体验”和

① 《马克思恩格斯全集》第42卷，人民出版社1979年版，第169页。

② 盖光：《论人的生态性生存》，《理论学刊》2005年第3期，第68页。

"类体验"都具有现实性和客观性，但真正自由的体验需要超越这两种现实的生命形式，追求更高意义的、自由存在的生命形式，即"超性体验"。"超性体验"需要人超越技术性生存，走向生态性生存。

生态性生存并不是彻底否定技术的存在，而是超越单纯的技术性生存，矫正技术理性的偏失，纠正理性畸形发展所造成的人性失衡，使人和自然从垂死的、惯例的、工具化的常规形式里恢复生命活力。通过人与自然和谐共生的生态性生存，一方面自然会向"囚禁"于"技术理性""孤岛"上的人敞开胸襟，有力地呼唤主体的感性情愫，另一方面人把自然从对象性领域和形而上学领域中拯救出来。通过人与自然的相互拯救，使人与自然都处于一种本然的存在状态，万物浑然一体，相辅相成，并处于一种生机勃勃的涌动之中。这样，人与自然都返回到自身得以显现的澄明之境。而意义澄明的境界是一种自由的生命氤氲的境界，在这种境界中，人从为技术理性所钳制的世界中解放出来，人的多重自由得以成功地逐一展开，在充满生态化的情思中彰显自由生命的韵律，体验充满生命意义的韵味。人是自由的同时，自然也是自由的，是人与自然共生、共存、共荣性的自由。通过生态性生存，"一个由生命统一起来的世界，一个蕴涵着道德精神的世界，一个洋溢着审美情趣的世界，一个适合于人类生存的世界"① 就会产生，一个充满风险的世界才可能被规避。

第二节 风险社会中人的"全面发展"

相对于人的自由发展而言，人的全面发展的理论探讨在我国更为广泛和深入。但转换到风险社会的视域中，人的全面发展的价值、性质及内涵扩充等几个方面仍然需要"新解"。

① 成复旺：《走向自然生命——中国文化精神的再生》，中国人民大学出版社 2004 年版，第 408 页。

一　人的全面发展是对社会发展的规约

在人的全面发展的研究中，对其价值的探讨是热点之一。人的全面发展被定位于未来理想社会的一种价值目标。作为一种价值目标，它既是对未来社会发展的指引，也是对现实社会发展的规约。学界对于前者的关注更多，由于后者的价值不够“远大”，所以容易被忽略掉。但只要回到马克思人的全面发展思想提出的历史背景和我国人的全面发展理论与实践真正出场的时代背景，就会发现人的全面发展是在对社会发展的反思的基础上提出的，其“最初的”、“现实的”价值是对社会发展的规约。在全球风险的背景中，“人的全面发展是对社会发展的规约”价值定位则更为必要。

首先回到马克思人的全面发展思想提出的历史背景。18 世纪到 19 世纪资本主义取得了超过以往几千年的物质文明成果，社会发展突飞猛进。但是，马克思看到社会文明的繁荣并没有伴以人类个体的高度丰富，而是浪费了个人的发展。其一，由于社会分工，造成人的身体某一部分或某一方面的能力“畸形发展”，“精神空虚的资产者为他自己的资本和利润所奴役；律师为他的僵化的法律观念所奴役，……一切‘有教养的等级’都为各式各样的地方局限性和片面性所奴役，为他们自己的肉体上和精神上的近视所奴役，为他们的由于受专门教育和终生从事一个专业而造成的畸形发展所奴役，……”①。二是社会生产以追求物质财富为目的，因而造成一部分的发展以牺牲另一部分人的发展为代价。“在资本主义体系内部，一切提高社会劳动生产力的方法都是靠牺牲工人个人来实现的；一切发展生产的手段都变成统治和剥削生产者的手段，都使工人畸形发展，”因此，工人“个体本身也被分割开来，成为某种局部劳动的自动的工具”。正是针对这种情况，马克思提出作为未来理想社会形态的共产主义是“以每个人的全面而自由的发展为基本原则的社会形式”②。

① 《马克思恩格斯选集》第 3 卷，人民出版社 1995 年版，第 642—643 页。

② 《马克思恩格斯全集》第 23 卷，人民出版社 1972 年版，第 707—708、399、649 页。

可以说，马克思提出人的全面发展，是针对当时的资本主义社会的“病态”发展而言的，在这样的社会中，人成为了从属于社会的被动手段和工具，没有自身的独立地位和价值。这种社会发展是以“物”为中心，把人视为社会的“物件”和“工具”的发展，它与“以人为本”的社会发展观是正相对立的。因此，改变资本主义社会发展“无人”之状况，根本在于以人为本，促进人的全面发展。或者说通过人的全面发展来规约社会的“病态”发展。任何重大理论的提出都是社会矛盾和危机的产物，虽然马克思把人的全面而自由的发展视为未来社会的基本原则，但人的全面发展理论首先是针对现实社会而提出的，其次它才是未来社会形态的指向。

“人的全面发展是对社会发展的规约”的价值在我国人的全面发展理论与实践出场的时代背景中体现得更为明显。我国自从改革开放以来，生产力快速提高，经济增长迅速。但不可否认的是，在社会发展观上一直存在着发展主义，即认定经济增长是构成社会进步的先决条件，而且经济增长必定会自然衍生出更多美好价值的实现。实际上，百年来的中国一直为这种信念所折服和浸染。所以，长期以来，我们总是把社会发展等同于 GDP 的增长，在社会发展出现了“一手硬、一手软”的现象，只注重经济发展或物质文明建设，忽视人的素质面提高或精神文明建设。但是经济的增长并没有必然带来所有问题的解决，反而导致社会资源系统在生态、环境、资源、和谐、文化传统、秩序等方面遭受损害并面临着越来越大的压力，同时也使个人认同陷入迷失。后来在经济发展、社会发展和科技发展过程中，人们逐渐认识到，单纯追求经济增长的社会发展观是有害的。正是在这样的背景下邓小平从解放思想与共同富裕意义上强调人的价值；江泽民在党的执政本质中突出人民的主体地位，从代表广大人民的根本利益意义上确立人和人民的价值；以胡锦涛为总书记的党中央进一步在发展观的本质中确立以人为本的地位，把以人为本作为科学发展观的本质与核心，为解放人和开发人提供了前提空间。可以这样说，在中国的现实语境中，“人的全面发展”是与 GDP 崇拜相对立而存在的，“人的全面发展”不是抽象的，而是立足于现实缺失的，是对现实的规约。

立足于风险社会的视域，人的全面发展是对社会发展的规约这一价值更为彰显。表明在两个方面：其一，可以纠正社会发展中出现的负面问题；其二，为现代社会发展提供内源性和可持续性的基础。先来看第一个方面。从整体角度看，风险社会可以说是社会发展中的负面景象，是社会遵循传统发展模式所致。不可否认，传统工业社会时期的西方国家和改革开放后的相当一段时期的我国社会发展的价值取向主要是物的取向，突出社会发展中某些外在的、可量化的方面，社会发展意味着知识的增长、征服自然能力的提高、物质财富的积累等，其具体的指标主要确定在如人均国民收入、增长率等物或经济的量化方面，其社会发展措施往往借助的是自然科学的方法和技术的管理措施。但这样的社会发展在促进经济增长的同时也引致了许多社会风险，而且这种风险已经发展到了需要消耗经济增长的成果的程度。显然这样发展的社会是“单向度”的，不是人物两相的发展。而规避由于社会“物化”发展而带来的风险，改变社会单向度的发展模式，根本在于把社会发展的价值目标转向人的全面发展。“以人的全面发展”为目标指引可以促使社会发展既重物也重人，统筹经济和社会的发展，解决诸如失业、教育、医疗、公共卫生以及社会公正和反腐败等社会问题。统筹人与自然和谐发展，改善生态环境，合理开发和利用资源环境，才能走上生产发展、生活富裕、生态良好的文明发展道路。

第二个方面。不择手段、急功近利地谋求物的增长或经济的发展的社会发展实质上是一种资源经济增长式发展，在资源的有限性面前这种社会发展是缺乏合理性的。如今资源经济增长的极限的局限已经充分地显示出来了，它在带给人们福利的同时也带来了灾难。诸如二次世界大战后，世界上许多国家推行以经济、国民生产总值的高速增长为主要目的的发展方针，结果造成资源浪费、环境恶化、生态失衡、人口爆炸、贫富两极分化等多重危机。世界性的资源短缺、严酷的生态恶化现实已经表明资源经济几乎走到了尽头。但是，无论什么社会，对其生存的物质资料的依赖都是永恒的，因而对于自然资源的依赖也就是永恒的。在这种状况下，社会如何取得持续性的发展？知识经济应运而生。而知识经济是人才经济，是人的智力经济，是以发展人来发展经济和整体的社会。可见，“人的全面发展”再次规约了社会发展的基础，使社会发展由资源经济增长式发展转向以人的智力经济发展为基础的内源式发展和可持续性发展。

二　人的全面发展是个人素质的全面提升

“能力”逐渐成为当前学界在人的全面发展问题上的核心概念，韩庆祥教授更是提出人的全面发展中的“能力本位”理论。[①] 相对于“群体能力本位”、“宗法血统本位”、“权力本位”、“金钱本位”、“官本位”而言，站在知识经济时代提出“能力本位”的确有着现实意义。“群体能力本位”和“宗法血统本位”已经成为历史的尘埃，但“权力本位”、“金钱本位”、“官本位”在我国当代社会还相当鲜活。但令人担心的是，在“能力”身上总能让人嗅出一丝丝“权力”、“金钱”和“官”的味道来。其实，“权”、“钱”和“官”的背后都是“物”，都是“以物为本”，从人作为主体来说，“以物为本”其实质就是“以手段为本”、“以工具为本”。在新的社会特性面前（不论是知识经济社会还是风险社会，二者只是视角不同，内涵具有交叠），转换传统的或有害的全面发展的思想或观念，倡导新的全面发展观念并以此为本，应当满足两个基本条件，其一，与传统观念有质的差异；其二，与现代社会特性相适应或是切中现代社会人的发展的主要问题。

但是从第一个条件来看，“能力”并没有显现其“目的”的特性，而是更多表象为“手段”。我们知道，全部的社会手段或社会工具，其中包括人的一切手段和一切工具，最终都是为了人，为了人的自由、全面、协调发展，这已经成为公认的较为先进的价值趋向。但“能力”只是“人”的一部分，而远非“人”的全部，人是物质生活和精神生活在内的人的存在和发展状态。“能力”具有成为为“物”服务之“手段”的危险，若如此，“能力”与“权”、“钱”、“官”并无二异。但更为重要的，也是本书更为关注的是，

---

① 具体内容参见韩庆祥《能力本位》，中国发展出版社 1999 年版。

当代社会人的发展的主要问题在哪里？从问题入手，也即是从风险与危机入手。本书已经多次指出，在风险社会中，从世界范围内看，“国家生活的整个生存，它的政治、技术和经济的状况绝对地、完全地依赖于一个经过特殊训练的组织系统”①。这一组织系统是以效率和功能至上。在这样社会文化环境中，“再也没有什么神秘莫测、无法计算的力量在起作用，人们可以通过计算掌握一切”②，科学技术在自然面前形成了一个统治性的技术构架。人对自然征服与改造的能力、对经济生活精于计算的能力，甚至对于整体生活盘算式规划的能力都在空前增强。如果说能力是我国传统社会的人比较匮乏的东西，那么我们很难断定现代社会人的能力不足，不要说都市里的人，就是生活于乡村的人在市场经济摧枯拉朽式的作用下，精于计算的能力也在快速增强。当代人的生存困境不在于能力的不足，而是精神性的素质没有能够形成对快速增长的工具性的能力的调适。因此，以“能力本位”为人的全面发展的价值核心，并不适应风险社会中人的全面发展，只能会加剧人的发展风险。

虽然马克思这样写道：“全面发展的个人——他们的社会关系作为他们自己的共同的关系，也是服从于他们自己的共同的控制的——不是自然的产物，而是历史的产物。要使这种个性成为可能，能力的发展就要达到一定的程度和全面性，这正是以建立在交换价值基础上的生产为前提的，这种生产才在产生出个人同自己和同别人的普遍异化的同时，也产生出个人关系和个人能力的普遍性和全面性。”③ 但马克思之所以从能力的角度来谈论个人的全面发展，因为他深受德国诗人席勒的《美育书简》的影响。席勒敏锐地发现，在西方社会中，随着分工变得越来越细，个人能力的发展显得越来越片面。马克思的上述理论，在某种意义上，是对席勒的见

---

① ［德］马克斯·韦伯：《新教伦理与资本主义精神》，于晓、陈维刚等译，生活·读书·新知三联书店 1992 年版，第 7 页。

② ［德］马克斯·韦伯：《学术与政治》，冯克利译，生活·读书·新知三联书店 1998 年版，第 29 页。

③ 《马克思恩格斯全集》第 46 卷上册，人民出版社 1979 年版，第 108 页。

解的一个回应。[①] 因此，我们不能在此就断定人的全面发展应以“能力”为本位。如果把人的全面发展化简为人的能力全面发展，很有可能带来的是，本来以陶冶情操、修身养性、提高精神性为主要功能的活动会变成“利益性”的手段。如果把会开汽车，会讲英语，会操作电脑作为能力的话无可厚非，但如果把会弹钢琴，会绘画、创作人文作品等活动纯粹作为“能力”之解，那么这些活动的本身性质就会改变，而丧失其更为根本性的功能。只要认真观察一下当前社会中的一些人，就能看到这样的风险存在。本来文学家、歌唱家、演员这些从事艺术创作活动的人应该成为当代社会的“精神明灯”或“社会良心”，但恰恰相反，娱乐圈内沸沸扬扬的吵闹表明它已经成为“名利场”。从根本上说，这些人把精神性的创造活动单纯作为“谋生的手段”，作为一种类似于“能力”的东西，才会把“精神场”变成“名利场”。可见，“多才多艺”并不一定构成全面发展的充分条件，关键看“艺”是才，是能力，还是人文情怀和精神力量。

对“能力”做批判性阐释，目的是想指出“能力本位”不能构成切中当代社会人的全面发展呈现的问题的“良药”。风险社会中人的全面发展主要不是能力的提高，而是素质的提升。“素质”既具有能力的含义，又是一个在总体精神境界上比能力更高的概念。要言之，素质也就是一个人在世界上安身立命的基本的品质。风险社会中人的发展不仅是改造、认识、计算能力的提高，不仅是获取物质能力的增强，更为重要的是超越品质、人文情怀、道德观念、政治自觉、责任意识、整体意识等的培养。而后者可以规约前者，减轻社会与人发展的风险。所以说，风险社会中人的全面发展是个人的素质的全面提升。

三 人的全面发展是人性提升中的自我限制

发展是一个现代性概念，因而在发展概念中所包含的“价值前

① 俞吾金：《也谈“人的全面发展”问题》，《毛泽东邓小平理论研究》2004 年第 1 期，第 28 页。

提预设”是“现代性的价值前提预设”，发展所追求的价值是现代性价值。但现代性的发展结果出现了许多与人类的发展愿望相反的地方，因而人类也在承受着由于发展悖谬所带来的压力和痛苦。发展成为一种新的前进中的自我“异化”，成为自反性的发展。也可以说，由于发展问题的存在，风险社会随即而至。正是在这样的现实下，30年来人们开始了对“发展”反思，发展观也取得了某些进展。“发展不是扩张，而是一种限度，是人类提升中的自我限制。而现在，我们的任务不是研究如何扩张，而是关注人类怎么自我限制”可以说是反思现代性“发展”取得的最为深刻的成果。但是这些对于“发展”的反思基本上是集中于社会发展身上，限制意义上的社会发展与人的全面发展之间存在着一种什么关系？能否提出人的全面发展不是扩张，而是一种限制？现代社会需不需要提出人的发展的自我限制问题？在上一小节中阐释了人的全面发展是对社会发展的规约的问题，这一判定本身就隐含着这样的假设：社会发展的自我限制是通过促进人的全面发展来进行的。但这样的判断还需要对“人的全面发展”进行进一步的追问，因为社会发展与人的发展在现代社会中纠缠的非常紧密，由于现代个体表现惊人的创造力，很难说是他创造了这个社会，还是这个社会成就了他。在社会发展呈现的悖谬中，总是能发现现代人的影子。

抛开人的全面发展的社会形态描述的性质定位，如何理解个体的全面发展呢？学界基本上形成了两条路向：全面地发展和全面发展，即一条是从“全面”入手，一条是从“发展”入手理解人的全面发展。事实上，从“全面”入手理解人的全面发展在学界是主流，因为这种理解似乎更符合马克思的论述和人们的理解方式的习惯。马克思认为，所谓人的全面发展，是“人以一种全面的方式，也就是说，作为一个完整的人，占有自己的全面本质”①。建立在这样的理论基础上，人们一般把人的全面发展的内容规定为三个方面：人的活动及其能力的全面发展；社会关系的全面丰富；人的个性

① 《马克思恩格斯全集》第42卷，人民出版社1979年版，第123页。

的自由发展。但这样的内容规定毕竟还是过于抽象，在现实生活中极有可能把全面发展看作“什么都要发展”、“各个方面都要发展”。但问题是“各个方面都要发展”是否能够解决所有人的发展的问题，也许单从人的有限性的精力就可得知这有点不太现实。当可怜的小孩子冠以“全面发展”的理由奔波于各种“技能培训”和“素质培养”时，我们都能感受到“生命之累”，这是不是违背了人的全面发展的初衷呢？抛开人的精力的有限性不讲，“全面”如果仅是指越来越多的或越来越丰富的各种能力、素质、社会关系、个性的简单增加，片面性发展的问题是不是就一定能够解决。“全面”发展是西方十字架式的由一个中心点向各个方向的无限延伸，还是中国太极图式的在一个圆内的各个方面的相互制约、和谐相生。这些思考涉及对“全面发展”的性质定位，更涉及如何通过人的全面发展规约风险社会的问题。

因此，也许从“发展”的角度来研究人的全面发展更有说服力。在此，人的全面发展就是指每个人都能得到的平等发展、完整发展、和谐发展和自由发展。人的全面发展概念的重点并不是“人”或“全面”，而是“发展”，“人”和“全面”只是“发展”的修饰语。这样，人的全面发展就不是“量”的发展的问题，而是“质”的发展的问题，人的全面发展就不是“各个方面”的发展，而是发展的平等、完整、和谐与自由的问题。迄今为止人类的所有发展都是源于发展者自身需要而生成发展，是发展者的“发展”。这种发展是必要的，但决不是平等、完整、和谐与自由的。那么怎么样算是平等、完整、和谐与自由呢？这是个相对性的问题，在不同的时代具有不同的规定。对此，我赞同俞吾金教授的观点。他认为在当今时代，人的发展的平等、完整、和谐与自由就是人文精神与科学精神的统一。他认为，“我们如果从现实生活的视角出发来探索个人的全面发展的话，我们仅仅把它理解为人文精神和科学精神的统一就已经足够了。事实上，当今世界的任何个人，要在素质上达到人文精神和科学精神的全面发展已属不易，遑论把更高的理想境界作为现实的目标来追求。也就是说，在现实生活中，我们至多只能把个人的全面发展理解为其人文素质和科学素质的全面发展”①。

可能多数人会认为“人文素质与科学素质的全面发展”的言外之意就是发展人的人文素质使之与科学素质匹配，因为现代人的科学素质在突飞猛进，而人文素质出现了萎缩。但站在风险社会严重危机的即时性面前，也许对“人文素质与科学素质的全面发展”这样解释更为现实与有力：通过限制科学素质，提升人文素质的空间。我们不能否认当代人科学素质提升的社会文化基础中包含着科学之“真”，但更为深层的社会文化基础在于现代社会祛魅般地摧毁了过去的神性原则，而转向了金钱至上的世俗教义，人奔忙于可见的利益，而不再奔忙于来世的幸福。所有人都不可自制地跟着机器的节奏起舞，并被物质产品牢牢宰制。人的科学技术力量发展的动力不全是对“真”的追求，更多的是对“物”的追求。也就是说在人的全面发展问题上，现代最为紧要的不是提升人文素质，而是限制人的盘算式规划和精于计算的理性，改变人们对现实的强调，对技术与手段的着迷，政制对于德性的垄断的现状。人文素质作为一种素质要求，在现实性它不是为了发展而发展，而是为了限制人的科学素质而发展。

这一点在人的全面发展的最初语境中也能得到体现。上面谈到人的全面发展是马克思针对资本主义社会“物化”式发展提出的设想与目标，这当然也是针对当时人的发展现状提出的。当时的社会生产破坏着个体的独立性和完整性，片面地追求物质财富的累积，在寻求物质财富增长的途径时，又将人视为单纯被动的受体，而忽视了人本身。而社会生产中的人必定沦落为实现经济增长的工具，人生的全部意义被淹没于对物的极端追求中，人性的丰富内容被消融在物性的纯粹释放里，人对自我的认识和关怀服从于“逐物”的需要。可见，马克思所批判的西方工业社会时期不是人的“不发展”，而是人的“单向度”发展、片面性发展、“人自身的异化”。

① 俞吾金：《也谈“人的全面发展”问题》，《毛泽东邓小平理论研究》2004年第1期，第29页。

在这样的语境中人的全面发展的所指应该包括远、近两种情况：远的指向是人的“全面地”发展，近的指向是抑制某一方面的过度膨胀。因而这两个方面都是不能忽视的，更为关键的是人的“全面”发展在现实性上是通过“全面”而抑止“片面”。或者换个话语表达，达至“全面”的方式有两种：一种是无限制性通过各个方面的发展获致，另一种就是通过限制发展过快或过度的发展力以保证各个方面均衡、协调发展。显然前者成立的基础是人的精力的无限性，这多少有点乌托邦的感觉。

既然如此，人的全面发展就不能仅仅指向于“上午打猎，下午捕鱼，傍晚从事畜牧，晚饭后从事批判”① 的乌托邦生活，而忽略它的另外一方面。从这个意义上讲，人的全面发展不仅是发展什么，还包含着人的自我限制。自我限制意义上的全面发展就是指形成多方面的发展并相互制约，和谐共处、共同推进人的发展。在这里人的全面发展重点在于相互制约、相互制衡。现代人的发展所呈现的问题不是发展不够造成的，而是发展偏失造成的。概括地说就是科技力过剩而人文力不足；物质力过剩而精神力不足；外在认识力过剩而内在认识力不足。或者说是工具理性过剩而价值理性不足。当然这里的“过剩”是相对意义上的和空间意义上的。因而人的发展所应针对的问题在于校正与均衡，在于限制过剩的发展力，而不是去多发展几种与此无关的“能力”与“素质”。如果不是有意识地通过限制某种发展力以调和发展力形成均衡发展的局面，单纯地为全面而全面，一样不能避免片面发展的问题。

把风险社会中人的全面发展定性为自我限制更为重要的原因来自科技自身的特性。科技内在的具有一种使人丧失原初的本质力量的作用。爱默生说，人有车辆但失去了双足；有精致的钟表但失去了通过太阳准确判断时间的本领。笔记本和图书馆败坏了他的记忆和机智，科学知识腐蚀着他翻译自然之书的能力。他的财富越积越多，却形成了一个只消化食物的胃；他的生活越来越舒适豪华，可是遗忘了本该属于自己的精神的家。科技的发展使得一些珍贵的传

① 《马克思恩格斯选集》第1卷，人民出版社1995年版，第85页。

统价值和人的情感（如珍视自然和生命的价值和神圣性，重视以血缘关系为纽带的亲情关系，重视人的审美感受和诗意想象在艺术和生活中的作用）受到严重冲击和扭曲，改塑了人类的思维、情感和生活的形态，容易使人只见事实不见价值，导致心灵的机械化和人际关系的冷漠。

这容易使人联想到启蒙理性的发展历程。在启蒙思想家最初的完美设计中，工具理性与价值理性本来都囊括于其规划之中，但是在社会发展的实践之中，自然科学兴起的历史机遇改变了启蒙思想家的“梦想”，工具理性以不可控制的劲力迅猛扩张，价值理性几乎被完全吞噬。科学技术与工具理性一样，都具有一种向外扩张、吞噬的本能。从这一点上讲，科学素质与人文素质、工具理性与价值理性的和谐共生不是人文素质、价值理性的提升就能够解决的，这可能需要科学素质与工具理性的自我限制。因而，不是所有方面的发展都必须是充分的，科技力的无限制增长必会阻碍人文力、精神力的增长。正是在这个意义上，对于特定的人而言，有时少拥有一些操作性的“技术”恰恰是获取全面发展的前提。

结束语

当行文结束之际，也许会遗留这样一个问题：既然以本土关怀为旨趣，为什么没有专门篇章谈论处于中国语境中风险社会中人的发展？尽管在本书写作的过程中，观念上并没有刻意所指风险社会的讨论是西方的还是中国的，正如在绪论中提及的那样，全球与本土、西方与中国具有一种不可切割性，尽量避免这种二元切割是本书的技术努力。但也许古今中西之争对于知识分子的印象过于深刻，很难忘记追问中国问题的特殊性。作为工业社会自反结果的风险社会，对于中国这样的正处于现代化特别是工业化追求过程上的国家而言，看上去大谈特谈风险社会似乎为时过早。但工业社会和风险社会都是全球性的社会特征，全球化过程中的中国的风险景象一点也不少，甚至还出现了许多特殊性的风险。也许这个问题更要放大来看，把风险社会置于“现代性”之中，才能表达清晰为什么没有提及“中国语境”。

现代性的进程并不只是一套正面价值的胜利实现，而且同时还伴随着巨大的负面价值。这是本文的理论基点。同时，现代性的正负面价值不是一刀可以切割的，而是具有深刻的内在关联。正如甘阳先生所指出的那样，“自由、民主、法制这些基本的正面价值实际上都只是在商品化社会中才能顺利地建立起来的，但是商品化社会由于瓦解了传统社会而必然造成‘神圣感的消失’，从而几乎必然导致人（尤其是敏感的知识分子）的无根感、无意义感，尤其商品化社会几乎无可避免的‘商品拜物教’和‘物化’现象及其意识以及‘大众文化’的泛滥，更使知识分子强烈地感到在现代社会中精神生活的沉沦、价值基础的崩溃”[①]。如果说以上是西方社会的现象表述，而对于中国不同的只是现代社会的正面价值还远远没有真正落实，现代社会的负面价值却已日益强烈地被人感受到了，而且这种被强烈感受到的现代性的负面价值具有全球的“普遍性”。我们国家所进行的近30年的改革“根本点实际都在于从‘价值理性’转向‘工具理性’，从以‘道德理想’为本转向‘经济增长’为本”[②]，都正在进入韦伯所说的“世界脱魅”的进程之中。我们正在进入“工具理性”统治的现代社会，虽没有完成，却正在品尝现代性所具有的普遍性的滋味：甜蜜的和苦涩的混合滋味。因此，从这一论述出发，风险社会是全球性的，中国也同样具有风险社会的特性，且具有这一特性同样的内核。

尽管如此，由于历史条件、发展机遇、文化境遇等因素的不同，中国虽同处风险社会之中，但风险的景象却有着许多特殊性，这是不可回避的事实。但一般性与特殊性的论说是件巨大的工作，本书只是从一般性的风险社会视角出发探讨人的发展问题，更为艰巨和复杂的研究留待以后完成。更何况当代社会的风险只是处于一个日益展开的过程，风险社会理论是个“方兴”的话题，对于风险社会的认知只是刚刚开始，在这样的背景下，通过风险社会的视域研究人的发展问题；不管怎样，都只能是对这一问题的引论而已，想一下进入一个深刻地、全面地认知程度只能是奢想，更何况人的发展也是一个发展中的问题，对于我国而言还有许多有待深入的地方。但随着人类社会反思程度的提高，风险特性的日益显现，风险社会中人的发展问题一定会引向深处。因而，从这个方面讲，风险社会中人的发展是个刚刚展开的话题。

仅仅引入一个话题，显然是不够的。对风险社会中的人的发展的更为真实的观照还需要向经济、政治、文化、观念、政策、教育等更为具体的领域伸延，向更为具体的群体延伸。哲学式的总体深思之后需要社会学式的具体深入。但是基于专业、知识与思想水平

① 甘阳：《古今中西之争》，生活·读书·新知三联书店2006年版，第108页。
② 同上书，第131页。

的限制，本书无法提供这样的现实关怀，因而本书也没有拿出具体的“办法”和“实践方案”来，也许本书的价值就在于提出问题而已。

照史家说法，“变”有三个级度：一曰十年期的时尚之变；二曰百年期的缓慢渐变；第三种变化并不基于时间维度，通过“激变”或“剧烈脱节”。这种变化实为根本性的摇撼与震动，它动摇乃至颠覆了我们最坚实、最核心的信念和规范，怀疑或告别过去，以无可遏止的创新冲动奔向未来。[①] 风险社会就是这种“激变”的社会。处于“激变”中是件非常痛苦的事情，因为在其中我们不得不承受着颠覆传统信念和规范的选择，对存在于现代性内部的连续性与断裂性之间的矛盾做出一种细致性的权衡。风险社会的这种快速变动和前所未有的复杂性使得其中的人的发展呈现出更多的反思的性质，传统的发展信念、模式、环境、条件与路径都要重新面对，做出细致的分疏，并需要把人的生存与发展的困境抽离、放大。因而，通过风险社会的视域看人的生存与发展，相当沉重。这种沉重的感觉常常使一个刚刚进入其中的探索者喘不过气，半夜里从梦中惊醒。但是，正是人类有了更多的沉重感、严肃感，风险社会才被建构起来，许多东西才能成为反思的对象，而不是像蛛丝一样轻轻抹去。

---

① 周宪、许钧：《现代性研究译丛总序》，参见［德］乌尔里希·贝克、［英］安东尼·吉登斯、［英］斯科特·拉什《自反性现代化——现代社会秩序中的政治、传统与美学》，赵文书译，商务印书馆 2001 年版，序言第 1 页。

参考文献

著作部分

《马克思恩格斯选集》1—4卷，人民出版社1995年版。

《马克思恩格斯全集》第3卷，人民出版社1960年版。

《马克思恩格斯全集》第20卷，人民出版社1982年版。

《马克思恩格斯全集》第23卷，人民出版社1972年版。

《马克思恩格斯全集》第42卷，人民出版社1979年版。

《马克思恩格斯全集》第46卷上，人民出版社1979年版。

《马克思恩格斯全集》第46卷下，人民出版社1980年版。

《张闻天社会主义论稿》，中共党史出版社1995年版。

［德］乌尔里希·贝克、［英］安东尼·吉登斯、［英］斯科特·拉什：《自反性现代化——现代社会秩序中的政治、传统与美学》，赵文书译，商务印书馆2001年版。

［德］乌尔里希·贝克：《风险社会》，何博闻译，译林出版社2004年版。

［德］乌尔里希·贝克：《世界风险社会》，吴英姿等译，南京大学出版社2004年版。

［德］乌尔里希·贝克：《自由与资本主义》，路国林译，浙江人民出版社2001年版。

［英］芭芭拉·亚当、［德］乌尔里希·贝克、［英］约斯特·房·龙：《风险社会及其超越——社会理论的关键议题》，赵延东、马缨等译，北京出版社2005年版。

［英］安东尼·吉登斯：《现代性的后果》，田禾译，译林出版社2000年版。

[英] 安东尼·吉登斯:《失控的世界》, 周红云译, 江西人民出版社 2001 年版。

[英] 克里斯托弗·皮尔森、安东尼·吉登斯:《现代性——吉登斯访谈录》, 尹宏毅译, 新华出版社 2001 年版。

[英] 安东尼·吉登斯:《现代性与自我认同》, 赵旭东等译, 生活·读书·新知三联书店 1998 年版。

[德] 康德:《实践理性批判》, 商务印书馆 2003 年版。

[德] 哈贝马斯:《现代性的哲学话语》, 曹卫东等译, 译林出版社 2004 年版。

[德] 哈贝马斯:《现代性的地平线——哈贝马斯访谈录》, 上海人民出版社 1997 年版。

[德] 哈贝马斯:《后形而上学思想》, 译林出版社 2001 年版。

[德] 哈贝马斯:《作为"意识形态"的技术与科学》, 李黎等译, 学林出版社 1999 年版。

[英] 齐格蒙特·鲍曼:《现代性与矛盾性》, 邵迎生译, 商务印书馆 2003 年版。

[英] 齐格蒙特·鲍曼:《流动的现代性》, 欧阳景根译, 上海三联书店 2002 年版。

[英] 齐格蒙特·鲍曼:《个体化社会》, 范祥涛译, 上海三联书店 2002 年版。

[英] 齐格蒙特·鲍曼:《被围困的社会》, 郇建立译, 江苏人民出版社 2005 年版。

[德] 海德格尔:《海德格尔文集》下卷, 上海译文出版社 1996 年版。

[德] 海德格尔:《存在与时间》, 陈嘉映译, 上海三联书店 1999 年版。

[德] 海德格尔:《海德格尔选集》, 孙周兴选编, 上海三联书店 1996 年版。

[德] 海德格尔:《面向思的事情》, 陈小文、孙小周译, 商务印书馆 2002 年版。

[法] 波德莱尔:《波德莱尔美学论文选》, 人民文学出版社

1987年版。

［美］约瑟夫·熊彼特：《资本主义、社会主义与民主》，吴健良译，商务印书馆1999年版。

［英］休谟：《人性论》上下册，关文运译，商务印书馆2004年版。

［美］贝斯特、［美］科尔纳：《后现代转向》，陈刚译，南京大学出版社2002年版。

［德］恩斯特·卡西尔：《人论》，甘阳译，上海译文出版社2003年版。

［德］尼采：《悲剧的诞生》，周国平译，生活·读书·新知三联书店1986年版。

［美］丹尼尔·贝尔：《资本主义文化矛盾》，赵一凡等译，生活·读书·新知三联书店1989年版。

［美］卡洛琳·麦茜特：《自然之死》，吴国盛等译，吉林人民出版社1999年版。

［英］尼格尔·多德：《社会理论与现代性》，陶传进译，社会科学文献出版社2002年版。

［荷］舒尔曼：《科学文明与人类未来》，李小兵译，东方出版社1995年版。

［法］贝尔纳·斯蒂格勒：《技术与时间》，裴程译，译林出版社2004年版。

［德］卡西勒：《启蒙哲学》，顾伟铭等译，山东人民出版社1988年版。

［美］亚历山大：《世纪末社会理论》，张旅平等译，上海人民出版社2003年版。

［德］霍克海默、阿多诺：《启蒙辩证法》，渠敬东等译，上海人民出版社2003年版。

［德］阿多诺：《否定的辩证法》，张峰译，重庆出版社1993年版。

［德］马克斯·韦伯：《新教伦理与资本主义精神》，于晓、陈维刚等译，生活·读书·新知三联书店1992年版。

[德] 马克斯·韦伯:《学术与政治》,冯克利译,生活·读书·新知三联书店1998年版。

[德] 席美尔:《金钱、性别、现代生活风格》,顾仁明译,学林出版社2001年版。

[德] 马克斯·舍勒:《资本主义精神三论》,载《资本主义的未来》,罗梯伦译,生活·读书·新知三联书店1997年版。

[德] 马克斯·舍勒:《价值的颠覆》,罗悌伦等译,生活·读书·新知三联书店1997年版。

[德] 马克斯·舍勒:《舍勒选集》下卷,刘小枫选编,上海三联书店1999年版。

[加] 查尔斯·泰勒:《现代性之隐忧》,程炼译,中央编译出版社2001年版。

[美] 拉兹洛:《决定命运的选择》,生活·读书·新知三联书店1997年版。

[德] 胡塞尔:《欧洲科学危机和超验现象学》,张庆熊译,上海译文出版社1997年版。

[美] 大卫·库尔珀:《纯粹现代性批判——黑格尔、海德格尔及其以后》,藏佩洪译,商务印书馆2004年版。

[美] 马尔库塞:《单向度的人——发达工业社会意识形态研究》,刘继译,上海译文出版社2006年版。

[美] 罗洛·梅:《人寻找自己》,冯川等译,贵州人民出版社1991年版。

[美] 宾克莱:《理想的冲突》,马元德等译,商务印书馆1983年版。

[美] 蒂里希:《蒂里希选集 》上卷,何光沪选编,上海三联书店1999年版。

[美] 威利斯·哈曼:《未来启示录》,徐元译,上海译文出版社1988年版。

[美] 德尼·古莱:《发展伦理学》,高铦等译,社会科学文献出版社2003年版。

[德] 弗罗姆:《为自己的人》,孙依依译,生活·读书·新知

三联书店 1988 年版。

［古希腊］亚里士多德：《尼各马可伦理学》，廖申白译，商务印书馆 2003 年版。

［加］加里夫·贝克：《学会过美好生活》，中央编译出版社 1997 年版。

［法］卢梭：《论人类不平等的起源和基础》，商务印书馆 1982 年版。

［德］黑格尔：《哲学史讲演录》，贺麟等译，商务印书馆 1978 年版。

［德］伽达默尔：《赞美理论——伽达默选集》，夏镇平译，上海三联书店 1988 年版。

［法］利奥塔：《后现代状况——关于知识的报告》，岛子译，湖南美术出版社 1996 年版。

［法］福科：《必须保卫社会》，钱翰译，上海人民出版社 1999 年版。

［美］桑德拉·哈丁：《科学的文化多元性——后殖民主义、女性主义和认识论》，夏侯炳、谭兆民译，江西教育出版社 2002 年版。

［法］埃德加·莫兰：《复杂思想：自觉的科学》，陈一壮译，北京大学出版社 2001 年版。

［英］巴恩斯·巴里：《科学知识与社会学理论》，鲁旭东译，东方出版社 2001 年版。

［美］保罗·费耶阿本德：《自由社会中的科学》，兰征译，上海译文出版社 1990 年版。

［英］约翰·齐曼：《真科学——它是什么，它指什么》，曾国屏等译，上海科技教育出版社 2002 年版。

［美］理查德·罗蒂：《后形而上学希望》，张国清译，上海译文出版社 2003 年版。

［英］G. 柯林伍德：《精神镜像——或知识地图》，赵志义等译，广西师范大学出版社 2006 年版。

［印］阿马蒂亚·森：《以自由看待发展》，任赜等译，中国人

民大学出版社 2002 年版。

［美］大卫·理斯曼：《孤独的人群》，王昆等译，南京大学出版社 2002 年版。

［美］麦金太尔：《德性之后》，龚群等译，中国社会科学出版社 1995 年版。

［英］马尔科姆·卢瑟福：《经济学中的制度——老制度主义与新制度主义》，陈建波等译，中国社会科学出版社 1999 年版。

［美］埃里希·弗罗姆：《逃避自由》，刘林海译，国际文化出版公司 2002 年版。

［俄］尼古拉·别尔嘉耶夫：《论人的奴役与自由——人格主义哲学体验》，张百春译，中国城市出版社 2002 年版。

［瑞］耿宁：《什么是对意识的反思》，载《中国学术》第 15 辑，商务印书馆 2004 年版。

［奥］维特根斯坦：《逻辑哲学论》，郭英译，商务印书馆 1985 年版。

［美］丹尼尔·米都斯：《增长的极限——罗马俱乐部关于人类困境的报告》，李宝恒译，吉林人民出版社 1997 年版。

［英］戴维·弗里斯比：《现代性的碎片》，商务印书馆 2003 年版。

［美］乔治·麦克林：《传统与超越》，干春松等译，华夏出版社 2000 年版。

［俄］C. 谢·弗兰克：《社会的精神基础》，王永译，生活·读书·新知三联书店 2003 年版。

［俄］罗森塔尔、尤金编：《简明哲学辞典》，生活·读书·新知三联书店 1973 年版。

郑永廷：《现代思想道德教育理论与方法》，广东高等教育出版社 2000 年版。

郑永廷：《人的现代化理论与实践》，人民出版社 2006 年版。

李萍、钟明华：《文化视野中的青年道德社会化》，中山大学出版社 2003 年版。

钟明华、任剑涛、李萍：《走向开放的道德》，中山大学出版社

1994 年版。

高清海：《人的类生命与类哲学》，吉林人民出版社 1998 年版。

梁展编选：《全球化话语》，上海三联书店 2002 年版。

江怡：《维特根斯坦：一种后哲学的文化》，社会科学文献出版社 2002 年版。

胡适：《科学与人生观序》，载《科学与人生观》，亚东图书馆 1923 年版。

张世英：《新哲学讲演录》，广西师范大学出版社 2004 年版。

张世英：《自我实现的历程——解读黑格尔〈精神现象学〉》，山东人民出版社 2001 年版。

成复旺：《走向自然生命——中国文化精神的再生》，中国人民大学出版社 2004 年版。

韩庆祥：《能力本位》，中国发展出版社 1999 年版。

薛晓源、周战超：《全球化与风险社会》，社会科学文献出版社 2005 年版。

包亚明：《现代性与空间的生产》，上海教育出版社 2003 年版。

刘小枫：《现代性社会理论结论——现代性与现代中国》，上海三联书店 1998 年版。

陈嘉明：《现代性与后现代性》，人民出版社 2001 年版。

张一兵：《无调式的辩证想象》，生活·读书·新知三联书店 2001 年版。

张一兵：《神会马克思——马克思哲学原生态的当代阐释》，中国人民大学出版社 2004 年版。

张一兵：《文本的深度耕犁——西方马克思主义经典文本解读》，中国人民大学出版社 2004 年版。

张有奎：《现代性的哲学批判——从马克思生存论角度的分析》，社会科学文献出版社 2005 年版。

詹奇：《自组织的宇宙观》，中国社会科学出版社 1992 年版。

张灏：《幽暗意识与民主传统》，新星出版社 2006 年版。

鲁洁：《道德教育的当代论域》，人民出版社 2005 年版。

陆象淦：《发展——一个受到普遍关注的全球问题》，重庆出版社1998年版。

牟宗三:《道德的理想主义》，台湾：学生书局1978年版。

赵汀阳:《论可能生活》，中国人民大学出版社2004年版。

孙德文:《现代人的焦虑与希望》，生活·读书·新知三联书店1994年版。

陈嘉映:《存在与时间读本》，生活·读书·新知三联书店1999年版。

贺来:《辩证法的生存论基础——马克思辩证法的当代阐释》，中国人民大学出版社2004年版。

杨雁斌、薛晓源编选:《重写现代性——当代西方学术话语》，社会科学文献出版社2001年版。

王成兵:《当代认同危机的人学解读》，中国社会科学出版社2004年版。

石元康:《从中国文化到现代性：典范转移?》，生活·读书·新知三联书店2000年版。

郑也夫等:《中国社会中的信任》，中国城市出版社2003年版。

严春友:《人：西方思想家的阐释》，中国社会科学出版社2005年版。

罗荣渠:《现代化新论——世界与中国的现代化进程》，商务印书馆2004年版。

陈小鸿:《论人的自由全面发展》，人民出版社2004年版。

任平:《走向交往实践的唯物主义》，人民出版社2003年版。

韩庆祥、邹诗鹏:《人学：人的问题的当代阐释》，云南人民出版社2001年版。

衣俊卿等:《20世纪的文化批判——西方马克思的深层解读》，中国编译出版社2003年版。

邓晓芒:《邓晓芒讲黑格尔》，北京大学出版社2006年版。

李泽厚:《历史本体论》，生活·读书·新知三联书店2002年版。

张文喜:《马克思论“大写的人”》，社会科学文献出版社2004年版。

涂国艳:《走向自由——教育与人的发展问题研究》，华中师范大学出版社 1995 年版。

《管子·心术上》，《四库全书精华·子部》第 1 卷，中国文史出版社 1998 年版。

《庄子·内篇·养生主第三》。

王阳明：《大学问》。

《孟子·告子上》。

论文部分

［德］乌尔里希·贝克：《工业社会到风险社会》，《马克思主义与现实》2003 年第 3 期。

［英］斯科特·拉什：《风险社会与风险文化》，王武龙编译，《马克思主义与现实》2002 年第 4 期。

［英］阿德里安·里特尔：《论后工业社会主义》，郑一明编译，《马克思主义与现实》2002 年第 2 期。

［英］派特·斯崔德姆：《风险社会的认同与冲突》，丁开杰编译，《马克思主义与现实》2004 年第 4 期。

衣俊卿：《现代性的维度及其当代命运》，《中国社会科学》2004 年第 4 期。

郭大为：《镜像中的生存——现代性的反思与反思的现代性》，《中国社会科学》2005 年第 1 期。

宋镜明、周术国：《风险社会理论视角下和谐社会的建构》，《深圳大学学报》2006 年第 1 期。

李瑞昌：《社会变迁中的风险话语：发展的视角》，《人文杂志》2005 年第 5 期。

俞吾金：《马克思对现代性的诊断与启示》，《中国社会科学》2005 年第 1 期。

俞吾金：《从科学技术的双重功能看历史唯物主义叙述方式的改变》，《中国社会科学》2004 年第 1 期。

俞吾金：《自由概念两题议》，《开放时代》2000 年第 7 期。

俞吾金：《也谈“人的全面发展”问题》，《毛泽东邓小平理论研究》2004 年第 1 期。

郑永廷：《坚持科学发展观 促进人的全面发展》，《思想理论教育导刊》2004 年第 6 期。

晏辉：《当代生活世界的价值哲学批判》，《江海学刊》2004 年第 1 期。

冯必扬：《我国转型期竞争导致社会风险的原因探析》，《江苏行政学院学报》2001 年第 1 期。

何萍：《马克思博士论文中的本体论问题》，《学术月刊》2002 年第 9 期。

贺来：《马克思哲学与“存在论”范式的转换》，《中国社会科学》2002 年第 5 期。

徐长福：《重新理解马克思人论的四个命题——一种反思性的探讨》，《天津社会科学》2003 年第 3 期。

徐长福：《关于实践问题的两个第 11 条——〈形而上学〉卷 3 第 11 条和〈关于费尔巴哈的提纲〉第 11 条钩沉》，《中山大学学报》2004 年第 6 期。

张军：《马克思人的发展三形态论析》，《社会科学辑刊》2002 年第 1 期。

薛晓源、刘国良：《全球风险世界：现在与未来——德国著名社会学家、风险社会理论创始人乌尔里希·贝克教授访谈录》，《马克思主义与现实》2005 年第 1 期。

甘绍平：《忧那思等人的新伦理究竟新在哪里?》，《哲学研究》2000 年第 12 期。

潘斌：《风险社会与责任伦理》，《伦理学研究》2006 年第 3 期。

车玉玲：《启蒙精神逆转的理性根源》，《哲学研究》2002 年第 4 期。

沈湘平：《现代人的生存焦虑》，《山东科技大学学报》2005 年第 3 期。

高兆明：《信任危机的现代性解释》，《学术研究》2002 年第 4 期。

刘福林：《论发展伦理学——可持续发展观的伦理支点》，《江海学刊》2002 年第 6 期。

张世英：《崇尚有限与超越有限》，《社会科学战线》2003 年第 5 期。

张世英：《无限：有限者的追寻》，《社会科学战线》2000 年第 2 期。

邱慧：《实践的科学观》，《自然辩证法研究》2002 年第 2 期。

红苇：《“生活政治”是一种什么政治》，《读书》2002 年第 6 期。

李伟：《论自由与和谐的关系》，《中国特色社会主义研究》2006 年第 4 期。

盖光：《论人的生态性生存》，《理论学刊》2005 年第 3 期。

肖瑛：《从“理性 vs 非（反）理性”到“反思 vs 自反”社会理论中现代性诊断范式的流变》，《社会》2005 年第 2 期。

鲁品越、骆祖望：《资本与现代性的生成》，《中国社会科学》2005 年第 3 期。

英文原著部分

R. G. A. Dolby, *Uncertain Knowledge: An image of science for a changing world*, Cambridge: Cambridge University Press, 1996.

A. Picking (eds.), *Science as Practice and Culture*, Chicago and London: Chicago University Press, 1992.

后　记

本书是在博士学位论文的基础上完成的。作为在中山大学五年学习的成果，它的出版首先要感谢德学兼具的恩师钟明华教授。当选题汇报给钟明华教授时，他立即提出了一个最为关键的问题：能否称作风险社会？在何种意义上称作风险社会？这两个问题实际上把握住了我论文的根基，导师用一贯审慎的眼光提醒我必须选择一个真问题。其后，钟老师又在论文写作风格、对科学的认识等问题上给予了我许多引领与鼓励，并经常询问论文的进程。钟老师是一个善于给人肯定与鼓励，十分宽容的人，这减少了我的许多担忧。由于自己身缠“金箍”，人身不自由，如果没有钟老师的肯定与接纳，硕士两年后根本没有机会继续攻读博士学位，可以说帮我度过了人生中的一大挑战。攻读博士的三年，钟老师给予了我较为宽松的环境。钟老师深奥的见解常在不经意的闲聊中流出，我暗暗把这不经意的思想拿到本书的写作之中，受益匪浅。借此一角，向恩师致以深深的谢意！

本书的内容大多在春风化雨的康乐园中完成，中山大学教育学院的许多教师谆谆教诲让我受益匪浅。李萍教授以学识与人品集于一身的人格魅力感染着我们这些学生。郑永廷教授渊博的学识和严密的学术逻辑常让我辈们惊叹不已，留恋回味。叶启绩教授是个平和的学者，经常从那里听到非同一般的思想。郭文亮教授是个宽厚的学者，在不多的话语中常让人感受到鼓励。李辉教授是亦师亦友，在课堂上和平常时都能得到他的教诲。

本书的出版得益于暨南大学社会科学部学科建设基金的支持，在此感谢程京武主任和各位老师，感谢田明博士对本书英文摘要的修订。来到暨南大学这所华侨第一高校已经有6个年头了，许多同事都给予了我莫大的帮助和支持，让我更快地融入了这个和谐的大家庭。

在此书出版之际，借此深深感谢一起学习的博士同学：吴炜、程京武、罗明星、匡和平、刘社新、张国启、唐土红、张静、黎明老师、李新慧、姜正宇、冯永忠、何睿、张雪、荐志强等。与诸位相辅而行，同窗共读，十分愉悦。

感谢我的父母所给予的默默关心与支持，宽容地暂赦我尽孝之责。感谢妻子葛畅，她的辛勤劳作为我营造了一个相对舒适、稳定的家庭环境。本书从完成到出版，中间已隔了七年，女儿魏蔚然也已经七岁了，想把此书作为生日礼物献给我至爱的女儿。

最后，对中国社会科学出版社的大力支持表示感谢。责任编辑王茵博士细致、耐心的修改使本书增色不少，在此致以诚挚的感谢。

风险社会的话题在写作之初并没有得到学界大多的关注，多是理论引进、引述、解读和初步运用。这也使我对风险社会的研究失去了信心，并一度搁置。但短短的6年，它已经得到了学界的极大关注。这主要是风险事实的大量涌现，人们的风险意识逐渐增强的原因。本书的出版，让我重拾对风险社会研究的信心。正如结束语中所言，在风险社会中人的发展这一论题的研究中，我只是触及皮毛。再加上常出现创作冲动，非理性的观点和用词肯定很多，敬请专家批评指正。

魏传光

2014年冬于暨南园